Albrecht Beutel

Der „fromme Laie" Justus Möser

Albrecht Beutel

Der „fromme Laie" Justus Möser

Funktionale Religionstheorie im Zeitalter der Aufklärung

Mohr Siebeck

Albrecht Beutel, geboren 1957; Ordinarius für Kirchengeschichte und Leiter der Arbeitsstelle „Bibliothek der Neologie“ an der Evangelisch-Theologischen Fakultät der Westfälischen Wilhelms-Universität Münster; ord. Mitglied der Nordrhein-Westfälischen Akademie der Wissenschaften und der Künste.

Gefördert durch die Deutsche Forschungsgemeinschaft (DFG) im Rahmen der Exzellenzstrategie des Bundes und der Länder – EXC 2060 „Religion und Politik. Dynamiken von Tradition und Innovation – 290726039“

ISBN 978-3-16-159540-0 / eISBN 978-3-16-159678-0
DOI 10.1628/978-3-16-159678-0

Die Deutsche Nationalbibliothek verzeichnet diese Publikation in der Deutschen Nationalbibliographie; detaillierte bibliographische Daten sind im Internet über *http://dnb.dnb.de* abrufbar.

Das Buch wurde von Gulde Druck in Tübingen gesetzt, auf alterungsbeständiges Werkdruckpapier gedruckt und von der Buchbinderei Nädele in Nehren gebunden.

Printed in Germany.

Vorwort

Im Zeitalter der Aufklärung ist der Religionsdiskurs Allgemeingut geworden. Zwar hatten auch in früheren Zeiten schon Philosophen, Historiker, Literaten und selbst Nichtakademiker religiöse Fragen und Streitthemen öffentlich diskutiert. Nun aber, im Verlauf des 18. Jahrhunderts, begann sich die Erörterung solcher Gegenstände flächendeckend aus der Meinungsführerschaft der Berufstheologen zu lösen. Diese kommunikative Entgrenzung entsprach dem ausdrücklichen Anliegen aufklärerisch gesinnter Gottesgelehrter, manifestierte sich aber auch als die notwendige Folge einer vielgestaltig hervortretenden literarischen Öffentlichkeit und, damit verbunden, einer sich innerhalb der Grenzen obrigkeitlicher Zensur etablierenden Diskurskultur. So hat sich auch der protestantische Jurist, Historiker, Staatsmann und Literat Justus Möser (1720–1794) zeitlebens, obschon meist nur sporadisch, mit theologischen, religiösen, kirchlichen und frömmigkeitspraktischen Themen auseinandergesetzt.

Anders als die kirchlich und akademisch bestallten Religionstheoretiker reflektierte Möser dieses Problembündel stets im unmittelbaren Kontext der juristischen und politischen Berufstätigkeit, die er im Fürstbistum Osnabrück ausübte. Dies verlieh den Einsichten, Stellungnahmen und Postulaten des Religionsdenkers, der sich gerne als „ein frommer Laie" (SW III, 55) auswies, durchweg eine pragmatische, den konkreten gesellschaftlichen Verhältnissen und Herausforderungen verpflichtete Ausrichtung. Insofern repräsentiert Möser innerhalb des aufklärerischen Religionsdiskurses einen bemerkenswerten Sonderstatus, dem unter den gebildeten Zeitgenossen breite Aufmerksamkeit und Zustimmung widerfuhr. Mein 2018 publizierter Versuch, die funktionale Religionstheorie Mösers im Aufsatzformat zu erkunden (ZThK 115, 2018, 260–294), kam über erste, vorläufige Vermessungen nur wenig hinaus und soll nun in den erstmaligen Entwurf einer integrativen Gesamtschau vertieft werden.

In technischer Hinsicht ist Zweierlei zu bemerken: Die ärgerliche graphematische Uneinheitlichkeit der wörtlich eingespielten Möser-Texte war deshalb nicht zu vermeiden, weil die handschriftlichen Vorlagen sowie der vorzüglich edierte *Briefwechsel* (BW) in der ursprünglichen Zeichengestalt, die Textwiedergaben der die *Sämtliche[n] Werke* Mösers bietenden „Historisch-kritische[n] Ausgabe" (SW), welche die Attribute „historisch" und „kritisch" kaum verdient, aber nur in der dort vorliegenden, leicht modernisierten Schreibweise zitiert werden konnten. Und in der Verifikation der Fundstellen werden lediglich solche Texte, die für die jeweils verhandelte Sache insgesamt einschlägig sind, mit Überschrift, Seitenumfang und, sofern möglich, dem Entstehungs- oder Erscheinungsdatum versehen, während andernfalls der bloße Nachweis der Band- und Seitenangabe genügen soll.

Die vorliegende Publikation wurde in ihrem Entstehen sowie in der Ermäßigung der Druckkosten von dem an der Westfälischen Wilhelms-Universität Münster angesiedelten Cluster „Religion und Politik", dem ich als Hauptantragsteller zugehöre, großzügig subventioniert. Wesentliche Unterstützung erfuhr ich auch von meinen Mitarbeiterinnen Dr. des. Verena Susanne Mildner und Claudia Rüdiger M.A. Der Wissenschaftsverlag Mohr Siebeck und namentlich Frau Elena Müller, Frau Katharina Gutekunst sowie Herr Matthias Spitzner überführten das Typoskript in die vorliegende bibliophile Gestalt. Ihnen allen gilt mein herzlicher, persönlicher Dank.

Münster, am 7. April 2020 Albrecht Beutel

Inhaltsverzeichnis

I. Umstände

1. Fürstbistum Osnabrück

Der spätromanische Dom St. Peter zu Osnabrück markiert den historischen Ursprungsort des dortigen Fürstbistums. An dieser Stelle ließ Karl der Große, nachdem er 783 den von Widukind angeführten sächsischen Heerhaufen besiegt hatte, eine Kirche errichten und stattete sie mit etlichen Reliquien aus.[1] Der am Schnittpunkt alter Fernstraßen gelegene Grenz- und Missionsbezirk wurde um 800 zum Bistum erhoben; als erster Bischof amtierte der 804 gestorbene Friese Wiho. Noch im 9. Jahrhundert erhielt Osnabrück das Markt-, Münz- und Zollprivileg, spätestens um 1150 wurde der Siedlung das Stadtrecht verliehen. Im 13. Jahrhundert bildete sich eine dem Bischof von Osnabrück unterstehende Landesherrschaft mit eigener Kirchenverwaltung und Gerichtsbarkeit aus, die eine Fläche von etwa 2.700 Quadratkilometern umfasste und deren Grenzen mit Wehrburgen gesäumt wurden. Nun war der leitende Geistliche zugleich Kirchen- und Landesherr, Fürst und Bischof in einer Person.

Die Anfänge der lutherischen Reformation schlugen sich schon früh in Osnabrück nieder.[2] Bereits 1521 predigte dort der Augustinermönch Gerhard Hecker, wenn auch vorerst auf einsamem Posten, in evangelischem Sinn. Ein Mahnschreiben Kaiser Karls V., man möge der hergebrachten Glaubensweise

---

[1] Vgl. insgesamt L. Hoffmeyer, Chronik der Stadt Osnabrück, [6]1995; G. Steinwascher (Hg.), Geschichte der Stadt Osnabrück, 2006 (Lit.).

[2] Vgl. H. Stratenwerth, Die Reformation in der Stadt Osnabrück (VIEG 61), 1971.

treu bleiben, konnte nicht verhindern, dass bald auch andere Prediger auf die Einführung der Reformation drängten und der lutherische Pfarrer Dietrich Buthmann öffentliche Glaubensdisputationen abhielt. Als Bischof von Osnabrück, Münster und Minden spielte Franz von Waldeck[3] eine wichtige, wenn auch nicht gänzlich durchschaubare Rolle. Obschon er in seinen Wahlkapitulationen die Wahrung des alten Glaubens beschworen hatte, traten seine Sympathien für die evangelische Sache, die längst nicht nur von dem Wunsch, das Verhältnis mit seiner Mätresse Anna Pohlmann zu legalisieren, genährt waren, immer stärker hervor. Nachdem in den 1530er Jahren die Spannungen zwischen den jetzt zahlreich vertretenen lutherischen Pfarrern und dem katholisch dominierten Domkapitel[4] immer heftiger geworden waren, beauftragte Franz von Waldeck den Lübecker Superintendenten Hermann Bunnus, den der Rat der Stadt als Reformator nach Osnabrück gerufen hatte, 1543 mit der Erstellung einer lutherischen Kirchenordnung.

Trotz der heftigen kontroverstheologischen Auseinandersetzungen, in denen sich Katholiken und Lutheraner nicht nachstanden, verschwammen die Konfessionsgrenzen vor Ort oft bis zur Unkenntlichkeit. So gab es nicht wenige katholische Priester, die in der Messe das Abendmahl, wie es Luther gefordert hatte, unter beiderlei Gestalt austeilten, dazu auch unbekümmert evangelische Kirchenlieder in Gebrauch nahmen und die lutherische *Confessio Augustana* für ein vom Kaiser erlassenes Glaubensbekenntnis ansahen. Bezeichnend für die damalige konfessionelle Verworrenheit war auch das Ergebnis der 1624/25 im Hochstift Osnabrück durchgeführten Visitation, die von den insgesamt 73 Pfarrern etwa 20 als lutherisch, etwa

---

[3] Vgl. H.-J. Behr, Franz von Waldeck: Fürstbischof zu Münster und Osnabrück, Administrator zu Minden (1491–1553). Sein Leben in seiner Zeit, 2 Bde., 1996/98.

[4] Gemäß dem als *annus normalis* bestimmten Normaljahr 1624 umfasste das Domkapitel 23 katholische und drei evangelische Domherren.

13 als katholisch und alle übrigen als *dubii* oder *mixti*, mithin als in ihrer Konfessionszugehörigkeit nicht eindeutig bestimmbar auswiesen.[5]

Mit dem Dreißigjährigen Krieg (1618–1648) kam Osnabrück mehrfach in unmittelbare Berührung. Nachdem der Feldherr der katholischen Liga Johann T'Serclaes von Tilly 1628 das Fürstbistum eingenommen hatte, setzte dort eine massive Gegenreformation ein. Allerdings war es damit, als 1633 schwedische Truppen einrückten, schon wieder vorbei.[6] Bereits 1641 wurde Osnabrück neben Münster zum Verhandlungsort des in Aussicht genommenen Friedenskongresses bestimmt. Das *Instrumentum Pacis Osnabrugense* hat dann für das Fürstbistum Osnabrück eine reichsweit einzigartige Friedensordnung fixiert.

Sie bestand in dem Konzept einer *successio alternativa*,[7] die „unter allen absonderlichen Einrichtungen, die es im Heiligen Römischen Reich gab, sicher eine der merkwürdigsten"[8] war. Schon früher hatte man den Gedanken einer alternierenden Herrschaftsausübung bisweilen erwogen, so im 14. Jahrhun-

---

[5] Vgl. M.A. Steinert, Die alternative Sukzession im Hochstift Osnabrück. Bischofswechsel und das Herrschaftsrecht des Hauses Braunschweig-Lüneburg in Osnabrück 1648–1802 (Osnabrücker Geschichtsquellen und Forschungen 47), 2003, 10.

[6] Vgl. H. Krüger, Die Stadt Osnabrück zur Zeit der Schwedenherrschaft 1633–1643 (Osnabrücker Mitteilungen 56, 1936, 1–107).

[7] Die Monographie von Steinert (s. Anm. 5), die auch die wichtigste ältere Forschungsliteratur verzeichnet, erscheint weiterhin unübertroffen. Aus den zuvor erschienenen Arbeiten ist hervorzuheben: Ch. van den Heuvel, Beamtenschaft und Territorialstaat. Behördenentwicklung und Sozialstruktur der Beamtenschaft im Hochstift Osnabrück 1550–1800 (Osnabrücker Geschichtsquellen und Forschungen 24), 1984; M.F. Feldkamp, Die Ernennung der Osnabrücker Weihbischöfe und Generalvikare in der Zeit der „successio alternativa" nach römischen Quellen (RQ 81, 1986, 229–247); Ders., Zur Bedeutung der „successio alternativa" im Hochstift Osnabrück während des 17. und 18. Jahrhunderts (BDLG 130, 1994, 75–110).

[8] F. Dickmann, Der Westfälische Frieden, [5]1985, 404.

dert für die ältere und jüngere Linie des Hauses Wittelsbach oder von Karl V. für die beiden habsburgischen Familienzweige, doch waren diese Projekte am Widerstand der Betroffenen sowie der Reichsfürsten sogleich gescheitert.[9] Dagegen vermochte der Westfälische Friedenskongress dieses Modell erstmals zu realisieren. Anfang April 1647 brachte das protestantische Haus Braunschweig-Lüneburg, unterstützt von dem schwedischen Friedensunterhändler Johann Axelsson Oxenstierna, den Vorschlag ein, für das Hochstift Osnabrück eine Alternativsukzession vorzusehen, um damit den Verlust seiner Befugnisse in Magdeburg und Halberstadt zu kompensieren. Der Vorstoß löste heftige Diskussionen aus, in denen, auch um den harschen Protest des Osnabrücker Domkapitels zu entschärfen, mindestens sieben alternative Modelle geprüft wurden.[10] Obschon man sich damit keinesfalls im Zentrum der dem Friedenskongress aufgegebenen Verhandlungsfragen befand, schien der Fall Osnabrück, wie der kaiserliche Unterhändler Maximilian von Trautmansdorff befand, doch den positiven Ausgang des gesamten Friedensvertrages gefährden zu können.[11] Schließlich verständigte man sich am 3. Juni 1647, nachdem alle Alternativmodelle abgelehnt worden waren, tatsächlich auf das Konzept der *successio alternativa*, das 1648 in Art. XIII des Osnabrücker Friedensinstruments reichsrechtlich fixiert und auf dem Nürnberger Reichstag 1650 durch eine *capitulatio perpetua* konkretisiert wurde.

Diese Regelung sah vor, dass die Regierung des Fürstbistums Osnabrück nach dem Tod des katholischen Bischofs Franz Wilhelm von Wartenberg durch den evangelischen Herzog Ernst August von Braunschweig-Lüneburg wahrgenommen und nach dessen Ableben der Wechsel zwischen einem katholischen Regenten, den das überwiegend katholisch besetzte

---

[9] Vgl. Feldkamp, Zur Bedeutung (s. Anm. 7), 76–79.
[10] Vgl. aaO 82f.
[11] Vgl. aaO 83.

Domkapitel frei wählen könne, und einem ebenfalls vom Domkapitel zu bestimmenden Mitglied des protestantischen Hauses Braunschweig-Lüneburg fortgesetzt werde. Während der Regierungszeit eines Bischofs der Augsburger Konfession sollte der Erzbischof von Köln, der vor Ort einen ihn vertretenden Koadjutor bestellen mochte, für die geistlichen Angelegenheiten des katholischen Bevölkerungsteils zuständig sein.

Nachdem die schwedischen Truppen aus Osnabrück abgezogen waren, konnte Bischof Wartenberg im November 1650 erstmals nach 17 Jahren wieder in seiner Diözese residieren. Als er am 1. Dezember 1661 verstarb, wurde der erste konfessionelle Herrscherwechsel akut. Der Versuch der Kurie, dafür den Konvertiten Johann Friedrich von Braunschweig-Lüneburg, der 1651 in die katholische Religionspartei übergetreten war, zu gewinnen, widersprach dem Buchstaben und Geist des Friedensvertrags. An seiner Statt übernahm Ernst August I. von Braunschweig-Lüneburg im März 1662 die Regierungsgeschäfte. Auf seine 36 Jahre anhaltende Herrschaft folgte 1698 Karl Josef Ignaz von Lothringen, auf diesen 1716 Ernst August II. von Braunschweig-Lüneburg, ihm wiederum Clemens August von Bayern, der am 4. November 1728 gewählt wurde und am 6. Februar 1761 verstarb. Daraufhin wählte das Domkapitel, vom Hannoverschen Kurfürsten und König von England Georg III. bedrängt, dessen erst sechs Monate alten Sohn, den späteren Herzog Friedrich August von York (1763–1827), zum neuen Fürstbischof von Osnabrück. Da er als Minderjähriger nicht regierungsfähig war und sich später zumeist außer Landes aufhielt, gelangte nun ein erheblicher Teil der Exekutivfunktionen in die Hände von Justus Möser.[12] Mit dem Reichsdeputationshauptschluss von 1803 fiel das Territorium des Fürstbistums an das Kurfürstentum Hannover. Damit hatte

[12] S.u. Abschnitt I.2.

sich der geschichtliche Sonderfall der *successio alternativa*[13] nach 155 Jahren erledigt.

Anno 1772 ermittelte man für die Stadt Osnabrück eine Einwohnerzahl von 5.923 Personen, während sich die Bevölkerung des gesamten Fürstbistums auf knapp 117.000 Einwohner belief. Aufs Ganze gesehen hatte der konfessionelle Herrscherwechsel, mit dem sich jedes Mal auch ein zumindest partieller Austausch der hohen Beamtenschaft verband, leidlich gut funktioniert. Das schloss fortwährende konfessionelle Streitigkeiten, Konflikte und Ränkespiele keinesfalls aus. So mag, was Möser Mitte April 1782 an Friedrich Nicolai meldete, als annähernd zutreffende Momentaufnahme, aber schwerlich als für die Gesamtheit gültig erscheinen:

„Ueberhaupt hört man hier nichts von Staats-, Religions- und andern Beschwerden; die Regierung [...] lebt mit den Ständen sowie der catholische Religionstheil mit den Lutheranern und der Adel mit den Bürgern, wie es scheinet, in guter Harmonie. Doch rühmt man den Adel überall wegen seiner wahren Politesse, die beyderseitigen Obrigkeit[en] wegen ihrer billigen Denkungsart und vernünftigen Toleranz und Regierung und Stände wegen ihres beyderseitigen Wunsches, die allgemeine Ruhe zu erhalten [...]. Und dieses alles bey der wachsamsten und eyfersüchtigsten Aufmerksamkeit aller Theile auf ihre Rechte [...], indem in einem Lande, wo eine catholische und evangelische Regierung immerfort abwechseln und beyde Religionstheile gleiche Rechte haben, immer ein Theil gegen den andern Wache hält und die geringsten Ueberschritte bemerkt".[14]

---

[13] Dieser Sonderfall weist mit den paritätisch besetzten Magistraten einzelner süddeutscher Reichsstädte nur randständige Analogien auf (vgl. P. Warmbrunn, Zwei Konfessionen in einer Stadt. Das Zusammenleben von Katholiken und Protestanten in den paritätischen Reichsstädten Augsburg, Biberach, Ravensburg und Dinkelsbühl von 1548 bis 1648 [VIEG 111], 1983).

[14] Justus Möser an Friedrich Nicolai, vor dem 19. April 1782 (BW 622–628), 625f. – Ähnlich J. Möser, Die Stadt Osnabrück, o.J. (SW X, 210f): „Das geistliche Ministerium in der Stadt hat keine Zankerei unter sich und keine Ketzer zu verfolgen, und die Prediger sind ohne allen Einfluß auf das Politische. Beide Religionsteile leben in guter Ein-

Insgesamt dürfte das in Osnabrück praktizierte geistliche Wahlfürstentum die zeittypische Tendenz zu absolutistischer Strukturbildung spürbar gedämpft und die Einübung religiöser Toleranz wie überhaupt die Entstehung modernitätsträchtiger Gesellschafts- und Lebensverhältnisse nachhaltig befördert haben.

2. Jurist und Politiker

Nicht ohne Grund rangiert Justus Möser unter den bedeutendsten Persönlichkeiten, die der Nordwesten des Heiligen Römischen Reiches im Zeitalter der Aufklärung hervorgebracht hat.[15] Er war vielseitig gebildet und interessiert, erntete als Historiker, Lyriker, Schriftsteller und Journalist großen Ruhm, doch als biographische Konstante erwies sich in alledem seine Berufstätigkeit als Osnabrücker Jurist und Politiker.[16]

Möser entstammte einer namhaften evangelischen Juristen- und Theologenfamilie, die im späten 17. Jahrhundert aus der Kurmark über Kiel und Hamburg, wo der Urgroßvater Zacharias Möser (1601–1681) als Schulrektor gewirkt hatte, nach Os-

---

tracht; Kontroversprediger sind aus der Mode, und man sieht mehr auf Handlungen als auf Glauben".

[15] Als Quellengrundlage dienen: Justus Mösers Sämtliche Werke. Historisch-kritische Ausgabe in 14 Bänden, hg. von der Akademie der Wissenschaften zu Göttingen, 1943–1990 (abgekürzt: SW). – J. Möser, Briefwechsel, hg. von W. F. Sheldon (Veröffentlichungen der Historischen Kommission für Niedersachsen und Bremen 21), 1992 (abgekürzt: BW).

[16] Vgl. dazu die grundlegende, Stoff und Leser gleichermaßen erschöpfende Monographie von K. H. L. Welker, Rechtsgeschichte als Rechtspolitik. Justus Möser als Jurist und Staatsmann (Osnabrücker Geschichtsquellen und Forschungen 38), 1996. – Bündige Erstinformation bietet Th. Heese / M. Siemsen (Hg.), Justus Möser 1720–1794. Aufklärer – Staatsmann – Literat. Die Sammlung Justus Möser im Kulturgeschichtlichen Museum Osnabrück (Möser-Studien 1), 2013.

nabrück übersiedelt war. Dort war seinem Vater Johann Zacharias Möser (1690–1768), dem Sohn des an St. Marien wirkenden Hauptpastors Johann Möser (1663–1699), ein beachtlicher gesellschaftlicher Aufstieg geglückt: 1756 wurde er Direktor der Land- und Justizkanzlei sowie Konsistorialrat, später sogar Konsistorialpräsident und damit Verwaltungschef sowie oberster Justiziar der evangelischen Kirchenleitung im Fürstbistum Osnabrück. Durch seine Heirat mit Regina Gertrude Elverfeld (1695–1758), der Tochter des Osnabrücker Bürgermeisters Justus Itel Elverfeld, zementierte er seine Zugehörigkeit zur städtischen Oberschicht.

Am Samstag, dem 14. Dezember 1720, morgens um 7.45 Uhr kam Justus Möser als zweites von insgesamt neun Kindern[17] im Haus der Eltern zur Welt. Traditionsbewusst zeichnete der Vater das Datum handschriftlich in die große, alte Familienbibel ein. Getauft wurde Justus Möser in der Marienkirche, wo er später auch seine Grablege fand. Das Elternhaus am Markt, das im Zweiten Weltkrieg zerstört wurde, lag halben Weges zwischen dem katholischen Dom und der evangelischen Marienkirche und brachte damit dem Heranwachsenden die in Osnabrück herrschende Bikonfessionalität[18] zu handfester Anschaulichkeit.

In seinen Mannesjahren gab Möser ein stattliches Erscheinungsbild ab.[19] Das lag an seiner enormen Körpergröße von annähernd zwei Metern,[20] aber auch an seiner Vorliebe für ge-

---

[17] Fünf Geschwister Mösers starben vor ihrem 21. Lebensjahr (vgl. die „Möserische Stammtafel“ in F. NICOLAI, Leben Justus Mösers, 1797, Nachdruck 1995, 110).

[18] S.o. Abschnitt I.1.

[19] Vgl. E. HAARMANN, Wie sah Möser aus? (Mitteilungen des Vereins für Geschichte und Landeskunde von Osnabrück 59, 1939, 1–44).

[20] Der Vater, wusste Friedrich Nicolai zu berichten, habe ihm bis zum Tod des Preußenkönigs Friedrich Wilhelm I. (1688/1713–1740) jede über die Grenzen des Fürstbistums hinausführende Reise untersagt, damit er nicht in das preußische Grenadierregiment der sog. „langen Kerls“, deren Körpergröße mindestens 188 Zentimeter auf-

pflegte Kleidung, große Hüte und ausladende Perücken. Er galt als zuvorkommend, gastfreundlich und gesellig,[21] bevorzugte erlesene Speisen und ausgesuchte Weine, vergnügte sich beim risikoreichen Kartenspiel, unterhielt eine opulente Bibliothek, sammelte Münzen und mittelalterliche Autographen.[22] Die außerordentliche Schaffenskraft, die er zeitlebens erwies, war einer konstitutionellen Kränklichkeit, insbesondere der periodisch wiederkehrenden heftigen Migräne, abgerungen.[23]

In der Bereitschaft zu biographischen Selbstauskünften blieb Möser überaus spröde und bot das Wenige, das er preisgab, meist in der dritten Person. Aus seiner Feder ist nur bekannt, dass er im Alter von zwölf Jahren zusammen mit den Jugendfreunden Carl Gerhard Wilhelm Lodtmann und Ernst August Bertling, die später den akademischen Karriereweg einschlugen, eine gelehrte Gesellschaft gegründet hatte; in der von den Knaben dazu erfundenen Kunstsprache, für die sie ein Wörterbuch und eine Grammatik erstellten, fassten sie Kalender und eine eigene Zeitung ab. Nachdem Möser drei Jahre später dabei ertappt worden war, wie er aus dem väterlichen Tresor einige Groschen entwendete, floh er nach Münster und ernährte sich dort etliche Tage lang durch Bettelei.[24] Als Zögling des Osna-

---

weisen musste, verschleppt werde (vgl. Nicolai, Leben Justus Mösers [s. Anm. 17], 102).

[21] Vgl. die panegyrische Charakterschilderung des ersten Biographen: „Möser hatte die Gabe anmuthig zu seyn, doch nicht fade, munter zu seyn ohne Gernwitz, freymüthig zu seyn ohne zu beleidigen, viel zu sagen ohne Prätension, belehrend zu seyn ohne Lehrerton, ausführlich ohne Langeweile, deutlich ohne Seichtigkeit, gründlich ohne Dunkelheit und Steifsinn" (Nicolai, Leben Justus Mösers [s. Anm. 17], 91f).

[22] Vgl. H. Beckers, Justus Möser und die beginnende Wiederentdeckung der mittelalterlichen deutschen Literatur im 18. Jahrhundert (in: Möser-Forum 1, 1989 [Osnabrücker Geschichtsquellen und Forschungen 27], 99–116).

[23] Vgl. Welker (s. Anm. 16), 21–27.

[24] Vgl. J. Möser, Ansätze zu Autobiographischem, o.J. (SW II, 201–207), 202f.

brücker Ratsgymnasiums beteiligte er sich hingebungsvoll an dem von Rektor Johann Christoph Köcher geleiteten Schultheater. Im letzten Schuljahr verkörperte er auf der Bühne sogar den Reformator Philipp Melanchthon.[25] Allerdings hat der *Praeceptor Germaniae*, anders als Martin Luther,[26] in Mösers späteren theologischen Erörterungen und Reflexionen nirgendwo eine Rolle gespielt.

Am 7. Oktober 1740 immatrikulierte sich Möser als Student der Jurisprudenz an der Universität Jena. Zum Wintersemester 1742/43 wechselte er an die Universität Göttingen. Der dortigen *Deutsche[n] Gesellschaft*, der er sogleich beitrat, stellte er sich noch vor Weihnachten 1742 mit der Ode *Betrübtes Teutschland, seufze nur*[27] vor. Das Heldengedicht auf Georg II. von England, das er im Sommer 1743 publizierte,[28] trug ihm eine erste, würdigende, an prominenter Stelle gedruckte Rezension ein.[29] An modernen Fremdsprachen beherrschte Möser das Französische, Englische und Italienische fließend.

Ende 1743 brach er, ohne promoviert worden zu sein oder überhaupt ein Examen erworben zu haben, das Studium ab und kehrte in den Ort seiner Herkunft zurück. Dort war er bereits 1741, nicht zuletzt durch Unterstützung seines Vaters, zum Sekretär der überwiegend evangelisch besetzten Osnabrücker Ritterschaft gewählt worden. Mit dem am 21. Januar 1744 abgelegten Diensteid nahm er die Arbeit auf und eröffnete zugleich

---

[25] Vgl. W. PLEISTER, Die geistige Entwicklung Justus Mösers (Mitteilungen des Vereins für Geschichte und Landeskunde von Osnabrück 50, 1929, 1–89), 8.

[26] S.u. Abschnitt II.3.b.

[27] J. MÖSER, Betrübtes Teutschland, seufze nur, 1742 (SW II, 27–32).

[28] J. MÖSER, Die gerechten und siegreichen Waffen Seiner Königlichen Majestät in Großbritannien und Kurfürstlichen Durchlaucht zu Hannover Georgs des Andern besungen im Namen der Deutschen Gesellschaft in Göttingen, 1743 (SW II, 48–59).

[29] Göttingische Zeitungen von gelehrten Sachen, 80. Stück, 7.10. 1743, 712 (wieder abgedruckt in: HEESE / SIEMSEN, Justus Möser [s. Anm. 16], 17).

eine Rechtsanwaltspraxis, die ihm fortan zu gediegenem Wohlstand verhalf. Trotz der damit anhebenden beruflichen Karriere war Möser kein Karrierist: Ihm genügte die gesicherte finanzielle Unabhängigkeit, von der Jagd auf Titel und andere Ehrenbezeugungen hielt er sich fern.

Als Sekretär der Ritterschaft sah sich Möser sogleich in die vor Ort ausgetragenen Konfessionskonflikte verwickelt und mit der vom katholischen Domkapitel betriebenen hegemonialen Personalpolitik konfrontiert.[30] Weil Gustav Mühlenkampf, der als Syndikus der Ritterschaft vorstand, an Alkoholismus litt, musste Möser alsbald vertretungsweise auch dessen Aufgabenfeld wahrnehmen. So erstellte er im September 1745 einen ausführlichen, gegen das Domkapitel gerichteten Gravamina-Katalog der protestantischen Ritterschaft[31] und verfasste, als es 1747 zu konfessionellen Streitigkeiten um die Besetzung des Archidiakonats gekommen war, die an den Reichshofrat gerichtete ritterschaftliche Klage.[32] Die Bitte des jungen Leipziger Historikers Gottfried Leonhard Baudis, ihm Abschriften aus dem Archiv des Domkapitels anzufertigen, musste er mit der sarkastischen Bemerkung abschlagen, dieses Archiv sei „noch wohl niemahls durch einen Ketzer entweihet worden".[33] 1756 trat Möser dann auch förmlich in das Amt des ritterschaftlichen Syndikus ein.[34] Zudem war er schon 1747 zum *Advocatus patriae*, der den Landesherrn in Rechtsstreitigkeiten zu vertreten hatte, ernannt worden.

Im Sommer 1746 erhielt Möser das reiz- und ehrenvolle Angebot, als Kabinettssekretär an den Hof Herzog Karls I. von

---

[30] Vgl. Möser an Johann Friedrich von dem Bussche-Hünnefeld, ca. Winter 1745 (BW 17f).

[31] Vgl. Möser an Philipp Maximilian von Hammerstein-Gesmold, 21.9.1745 (BW 16).

[32] Vgl. Möser an Johann Friedrich von dem Bussche-Hünnefeld, 14.10.1747 (BW 29).

[33] Möser an Johann Michael Meißner, 11.9.1748 (BW 42f), 42.

[34] Vgl. Welker (s. Anm. 16), 692–754.

Braunschweig-Wolfenbüttel zu kommen. Nach kurzer Bedenkzeit lehnte er die Offerte mit der Begründung ab, er wolle weder sein Vaterland noch seine Familie im Stich lassen.[35] Indessen kam ein anderer, ausschlaggebender Grund noch hinzu: Am 25. Oktober 1546 verehelichte sich Möser mit seiner „Doris",[36] der wenig älteren Regina Juliana Elisabeth Brouning (1716–1787), einer Tochter des zuletzt in Osnabrück tätigen, 1736 verstorbenen Geheimen Kammersekretärs Carl Wilhelm Brouning. Bereits im Juni 1746 hatte sich Möser, um seiner Gesundheit aufzuhelfen, erstmals zur Kur nach Bad Pyrmont begeben. An dieser Gepflogenheit hielt er zeitlebens fest, insgesamt verbrachte er in diesem berühmten Heilbad 18 Sommeraufenthalte von durchschnittlich drei Wochen Dauer, bei denen er sich später manchmal von Tochter und Schwiegersohn, jedoch niemals von seiner Gattin begleiten ließ.[37]

Dem Ehepaar wurden zwei Kinder geschenkt. Am 5. Juni 1749 kam die Tochter Johanna Wilhelmina Juliana, die später meist Jenny genannt wurde, zur Welt. Sie stand ihrem Vater bei etlichen seiner literarischen Unternehmungen hilfreich zur Seite.[38] Nachdem die 1766 eingegangene Verlobung mit Thomas Abbt (1738–1766) durch dessen plötzlichen Tod hinfällig ge-

---

[35] Vgl. Möser an Johann Friedrich von dem Bussche-Hünnefeld, 9.9.1746 (BW 21–23).

[36] Die Chiffre „Doris" ist eine von Johann Wilhelm Ludwig Gleim aufgebrachte, in seinem anakreontischen Korrespondentennetz kursierende, manches Rätselraten provozierende Kunstfigur, hinter der man eine konkrete, liebevoll verehrte Frauengestalt zu verbergen pflegte (vgl. Ch. Perels, Studien zur Aufnahme und Kritik der Rokokolyrik zwischen 1740 und 1760, 1974, 75f). Auch Möser, der mit Gleim in Kontakt und Austausch stand (s.u. Abschnitt I.3), bediente sich gelegentlich dieser Chiffre (vgl. etwa SW II, 113; ferner M. Siemsen, Nachwort [in: Ders. (Hg.), Justus Möser Lesebuch (Nylands Kleine Westfälische Bibliothek 63), 2017, 144–153], 144f).

[37] Vgl. B. Erker, Justus Möser in Pyrmont. 1746–1793 (Schriftenreihe des Museums im Schloss Bad Pyrmont 17), 1991.

[38] S.u. Abschnitt I.3.

worden war,[39] verheiratete sie sich am 4. Mai 1768 mit dem Gutsbesitzer und Forstkommissar Johann Gerhard von Voigts (1741–1797) und übersiedelte in dessen 30 Kilometer östlich von Osnabrück gelegenen Wohn- und Wirkungsort Melle. Als zweites Kind wurde am 2. September 1753 der Sohn Johann Ernst Justus geboren, dessen Zustand in den ersten Tagen durchaus fragil erschien.[40] Er sollte dem Berufsweg des Vaters folgen, ist aber 1773 als Göttinger Student der Rechtswissenschaften einer Infektionskrankheit, wahrscheinlich den Masern, erlegen.[41]

Auswärtige Abwerbungsangebote erreichten Möser auch später. Im Sommer 1753 trug man ihm die mit 800 Reichstalern vorzüglich dotierte Stelle eines Justizrats im Fürstentum Braunschweig-Lüneburg an. Mit der Ablehnung tat er sich, wie etliche Briefe der Zeit belegen,[42] keinesfalls leicht. Dass er nicht die geringste Neigung verspürte, seiner gewohnten Umgebung den Rücken zu kehren, spielte dabei eine tragende Rolle. Nach außen hin ventilierte er vornehmlich die Sorge, angesichts ihrer derzeitigen numerischen Überlegenheit käme die katholische Seite in die Lage, „nach meinem Abgange zum erstenmahl ei-

---

[39] Vgl. Thomas Abbt an Möser, 21.5.1766 (BW 404f). – Vgl. W.F. SHELDON / U. SHELDON, Im Geist der Empfindsamkeit. Freundschaftsbriefe der Mösertochter Jenny von Voigts an die Fürstin Luise von Anhalt-Dessau 1780–1788 (Osnabrücker Geschichtsquellen und Forschungen 17), 1971, 10f; ferner insgesamt W.F. SHELDON, Jenny von Voigts. 1749–1814 (Niedersächsische Lebensbilder 8, 1973, 243–266).

[40] „Der neugebohrne Sohn befindet sich zwar sehr schwach, hat aber jedoch sich bereits so viel erhohlet, daß ich an seinem Aufkommen weniger als vorhin zweifle“ (Möser an Henrietta Dorothea Johanna von dem Bussche-Hünnefeld, 7.9.1753 [BW 162]). „Mein kleiner Sohn und seine Mutter erhohlen und bessern sich zusehens; [...] die Hofnung, hier zu bleiben und noch lange Hochderoselben Gnade zu geniessen, hat bereits Knospen gewonnen“ (Möser an Henrietta Dorothea Johanna von dem Bussche-Hünnefeld, 11.9.1753 [BW 162f], 162).

[41] Die bereits früh geäußerte Vermutung, er sei an den Folgen eines Duells verstorben, ist nicht zu belegen (vgl. WELKER [s. Anm. 16], 18).

[42] Vgl. BW 156–164.

nen catholischen Secretarium […] zu erwählen und auch folgends durch ihr Uebergewichte alles nach Belieben durchzusetzen".[43] Als Möser Anfang 1556, wie es die Ordnung vorsah, vom Sekretär zum Syndikus der Ritterschaft aufstieg, sah er sich zu der entsprechenden Befürchtung veranlasst: „Verschiedene von denen Herrn Catholicis gehen mit dem Gedanken um, künftig einen Syndicum ihrer Religion und jetzo einen Secretarium zu erhalten, auf dessen Geschicklichkeit und Raffinement sie sich desfals verlassen können".[44] Tatsächlich vermochte er nicht zu verhindern, dass man ihm den altgläubigen Friedrich Joseph Schelver als Sekretär zuwies. Anders als bei der Berufung ins Lüneburgische Celle scheint Möser auf das 1763 ergangene Angebot, als Oberpolizeikommissar und Bürgermeister nach Göttingen zu wechseln,[45] kaum einen Gedanken verschwendet zu haben.

Inmitten des Siebenjährigen Krieges (1756–1763) verstarb der katholische Osnabrücker Fürstbischof Clemens August von Bayern. Es war klar, dass ihm ein Mitglied des evangelischen Hauses Braunschweig-Lüneburg nachfolgen und sich dadurch für Möser eine wesentlich günstigere berufliche Wirkungsmöglichkeit einstellen würde. Wenn er just zu dieser Zeit den Gedanken erwog, sich als ein „homme libre" zu privatisieren,[46] scheint dies allenfalls der Laune eines Augenblicks entsprungen zu sein. Nahm doch Möser während des Krieges seine politische Verantwortung in ungebrochener Ernsthaftigkeit wahr. Als Vertreter nicht allein der Ritterschaft, sondern des ganzen Landes glückte ihm das Verhandlungsgeschick, die dem Fürstbistum unterbreiteten Kontributionsforderungen erheblich herabzusetzen. Zu diesem Zweck, verbunden mit anderen

[43] Möser an David Georg Strube, 5.9.1753 (BW 159f), 160.

[44] Möser an Ernst Philipp Ferdinand von Grothaus-Ledenburg, November 1755 (BW 188f), 188.

[45] Vgl. Möser an Thomas Abbt, vor 26.3.1763 (BW 289).

[46] Johanna Friederica von Bar an Möser, 24.6.1761 (BW 251–253), 252.

dienstlichen Aufgaben und Interessen, hielt sich Möser von November 1763 bis April 1764 in London auf.[47]

Während der Regierungszeit des protestantischen Herzogs Friedrich August von York, der zunächst minderjährig und danach meist außer Landes war, avancierte Möser nicht förmlich, aber faktisch zum führenden Staatsmann von Osnabrück. In kluger Umsicht nutzte er seinen Einfluss, um zwischen den konfessionellen Partikularinteressen zu vermitteln und nach den Verwüstungen des Krieges einen effektiven materiellen Wiederaufbau sowie die gesellschaftliche Konsolidierung voranzutreiben. Wirtschaftspolitisch dominierte bei Möser insofern ein konservativer Zug, als er das überkommene Zunft- und Gildewesen tunlichst zu reaktivieren und damit das Standesbewusstsein der genossenschaftlichen Korporationen zu stärken suchte.

Die Grundrichtung, auf die er den ihm verfügbaren politischen Gestaltungsspielraum ausrichtete, brachte sein Vergleich der bürgerlichen Gesellschaft mit einer Aktiengesellschaft[48] zu deutlichem Ausdruck. Da er den Besitz bürgerlicher Rechte an die Eigentumsverhältnisse zwingend gebunden sah, zog er eine scharfe Trennlinie zwischen Staatsangehörigen und bloßen Einwohnern, zwischen Bürgern und Menschen.[49] Ein Staat, so Möser, dürfe niemals „auf das Recht der Menschheit gegründet werden",[50] weil er sonst unfehlbar „de[n] helle[n] Weg zum demokratischen Despotismus"[51] einschlagen würde. Dieses durch

---

[47] Vgl. M. Maurer, Justus Möser in London (1763/64). Stadien seiner produktiven Anverwandlung des Fremden (in: C. Wiedemann [Hg.], Rom – Paris – London. Erfahrung und Selbsterfahrung deutscher Schriftsteller und Künstler in den fremden Metropolen [Germanistische Symposien. Berichtsbände VIII], 1988, 571–583).

[48] S.u. Abschnitt II.2.b.cc.

[49] Vgl. G.K. Schmelzeisen, Justus Mösers Aktientheorie als rechtsgedankliches Gefüge (ZSRG.G 97, 1980, 254–272).

[50] J. Möser, Über das Recht der Menschheit, insofern es zur Grundlage eines Staates dienen kann (SW IX, 155–161), 160.

[51] J. Möser, Wann und wie mag eine Nation die Konstitution ver-

die Erfahrung der Französischen Revolution noch verstärkte konservativ-antiegalitäre Staats- und Standesverständnis erhielt allerdings dadurch eine gewisse Auflockerung, dass Möser entschieden für eine dezentral-föderalistische Verfassung plädierte, die den lokalen Besonderheiten eine möglichst weitgehende Berücksichtigung sichern sollte.

Die politische Autorität Mösers wurde 1768 durch die Berufung zum Regierungsreferendar noch zusätzlich unterstrichen. In dieser Funktion hatte er zahlreiche staatsrechtliche Gutachten abzufassen.[52] Eine besondere Herausforderung zog die 1773 von Papst Clemens XIV. verfügte Auflösung der *Societas Jesu* nach sich, weil nun beispielsweise zu klären war, wie die von Jesuiten unterhaltene Domschule in Osnabrück fortgeführt und das Ordenspersonal künftig versorgt werden sollten.[53] Eine Übernahme der Domschule durch den Franziskanerorden begrüßte Möser insbesondere deshalb, weil er den in dieser Kongregation kultivierten modernen naturwissenschaftlichen Geist außerordentlich schätzte.[54] Je länger er mit juristischen Ordnungsfragen beschäftigt war, desto mehr wurde ihm die Problematik einer rechtlichen Über- bzw. tendenziellen Totalregulierung bewusst. In einem Journalbeitrag des Jahres 1772 fand Möser dafür die ebenso launigen wie ernsthaften Worte: „Wir wollen alles mit Verordnungen zwingen und diese besser machen als Gott sein Wort, über dessen Sinn die verschiednen Parteien nun schier über achtzehnhundert Jahre streiten".[55] Als

ändern? (SW IX, 179–182), 182. – Vgl. hierzu bündig: W. Rother, Justus Möser (in: H. Holzhey / V. Mudroch [Hg.], Die Philosophie des 18. Jahrhunderts. Bd. 5: Heiliges Römisches Reich Deutscher Nation, Schweiz, Nord- und Osteuropa, 2014, 668–672).

[52] Vgl. beispielhaft Mösers Gutachten „Über die osnabrückischen Zehnten" (Niedersächsisches Staatsarchiv Osnabrück, Rep 150 II Nr. 381), auszugsweise gedruckt in SW VII, 287–306.

[53] Vgl. Welker (s. Anm. 16), 850–869.

[54] Vgl. Möser an Friedrich Nicolai, vor 19.4.1782 (BW 622–628), 626.

[55] J. Möser, Nichts ist schädlicher als die überhandnehmende Ausheurung der Bauerhöfe, 1772 (SW VI, 238–255), 244.

realitätszugewandter Pragmatiker vermochte er, was sein Freund und erster Biograph Friedrich Nicolai mehrfach herausstrich, den abstrakten politischen Theoriebildungen keinen praktischen Nutzwert abzugewinnen.[56]

Es scheint, als sei es Möser tatsächlich gelungen, die im Fürstbistum ausgetragenen konfessionellen Zwistigkeiten, die ihm anfangs noch erheblich zugesetzt hatten, weithin zu befrieden oder jedenfalls wirksam zu dämpfen. Seine persönliche Autorität war oder schien unangefochten, und man mag getrost für bare Münze nehmen, was er Mitte April 1782, durchaus augenzwinkernd, an Friedrich Nicolai vermeldete: „Der Rath Möser, welcher, wie ich bald vergessen hätte zu schreiben, mit in der Regierung sitzt und den Vortrag in allen Staats- und Regierungs-Sachen hat, geniesset das Vertrauen aller Theile".[57] Legt man das Datum seiner Wahl zum ritterschaftlichen Sekretär zugrunde, so konnte der Jurist und Politiker Möser 1791 sein 50jähriges Dienstjubiläum begehen. Zu diesem Anlass ehrte ihn die Osnabrücker Ritterschaft mit der Errichtung eines öffentlichen Denkmals. In Stadt und Fürstbistum war Möser längst zu einer personifizierten Institution geworden.

Aus einer fiebrigen Erkältung, deren Symptome sich mit Jahresbeginn 1794 bemerkbar machten, erwuchs überraschend[58]

---

[56] „So tolerant er über Meinungen urtheilte; so lächelte er dennoch [...] über die Anmaßung derjenigen, welche glauben, durch Lehren der Theorie die Praxis der bürgerlichen Gesellschaft regieren zu können, besonders aber derjenigen, welche jetzt wieder so laut ankündigen, daß sie mit ihren theoretischen formalen Grillen die wirkliche Welt, die sie nicht kennen, sehr kräftig verbessern oder gar umkehren wollen" (NICOLAI, Leben Justus Mösers [s. Anm. 17], 16f). – „Möser gehörte nicht zu den theoretischen Politikern, welche sich mit Träumen über ein leicht zu entwerfendes, nie aber auszuführendes Ideal einer vollkommenen Staatsverfassung herumtreiben; sondern er lebte in der wirklichen Welt, und suchte darin zu wirken" (aaO 59). – Im Übrigen s. u. Abschnitt II.1.a.

[57] Möser an Friedrich Nicolai, vor 19.4.1782 (BW 622–628), 626.

[58] Im Februar 1775 hatte Möser ein von ihm gefertigtes Portrait an

die tödliche Krankheit. In den Morgenstunden des 8. Januar 1794 ist Möser gestorben. In seiner Lebensbeschreibung teilte Nicolai mit, Möser habe, als er den Ernst der Lage erkannte, „mit größter Gleichmüthigkeit" gesagt: „Ich habe den Prozeß verloren!"[59] Es bleibt unergründlich, weshalb der Biograph dabei nicht dem Bericht von Mösers Tochter gefolgt war, die ihm als Augenzeugin unter dem Datum des 28. Januar 1794 übermittelt hatte: „[...] mit den Worten Herr in deine Hände befehl ich meinen Geist [Ps 31,6a] ging er um halb sieben in ein besseres Leben über".[60] Die Beisetzung in der Osnabrücker Marienkirche fand am Abend des 14. Januar 1794 unter sehr großer Anteilnahme der Bevölkerung statt.

3. Historiker und Literat

Die juristische und politische Berufstätigkeit nahm Möser mächtig in Anspruch, füllte ihn aber nicht vollständig aus. Jedenfalls achtete er zeitlebens darauf, für seine historiographischen und literarischen Neigungen zumindest „einige Nebenstunden"[61] abzweigen zu können. Dadurch erwarb er sich über

Nicolai gesandt und hinzugefügt, es sei „nöthig dabey zu bemerken [...]: Geb den 14. Dec. 1720, gemalt 1774. Vom Gestorben wollen wir bey dieser Ausgabe noch nichts erwähnen. Ich denke, es bis zu Ende dieses Jahrhunderts zu verschieben" (Möser an Friedrich Nicolai, 20.2.1775 [BW 498f], 498).

[59] Nicolai, Leben Justus Mösers (s. Anm. 17), 108.

[60] Jenny von Voigts an Friedrich Nicolai, 28.1.1794, zit. nach Siemsen, Justus Möser Lesebuch (s. Anm. 36), 143. – Vgl. J.E. Biester (Hg.), Möser's Tod: am 8. Jänner 1794 im 74sten Jahr seines Lebens (Berlinische Monatsschrift 23, 1794, 277–283); J.F. Kleuker, Noch etwas über Möser's Tod. An Herrn Bibliothekar Biester (Berlinische Monatsschrift 23, 1794, 486–491); zuletzt M. Siemsen, Justus Mösers (1720–1794) letzte Worte. Zu Friedrich Nicolais Möser-Biographie (Osnabrücker Mitteilungen 122, 2017, 253–257).

[61] SW XII/2, 41.

sein staatsmännisches Ansehen hinaus auch als Geschichtsschreiber, Journalist und Schriftsteller weit ausstrahlenden, bleibenden Ruhm. Im Sommer 1778 gestand er Friedrich Nicolai ganz unverblümt seine literarische Leidenschaft: „Können Sie alt werden, ohne zu schreiben? Mich dünkt, das Schreiben ist eine Krankheit, die mit den Jahren zunimmt und nicht eher nachläßt, als bis man stirbt".[62]

Mit seiner ganz aus den Quellen gearbeiteten *Osnabrückische[n] Geschichte* trug Möser zur Verwissenschaftlichung der frühneuzeitlichen Historiographie auch seinerseits bei.[63] Nachdem er 1768 die *Allgemeine Einleitung*[64] vorgelegt hatte, folgten 1780 zwei umfangreiche materiale Teile;[65] aus dem Nachlass publizierte Johann Carl Bertram Stüve 1824 noch einen weiteren Teil.[66] Doch das nur bis in die Mitte des 13. Jahrhunderts ausgeführte Werk blieb, obwohl Möser fast bis zuletzt auf die Möglichkeit der Vollendung gehofft hatte,[67] Fragment. Es präsentierte sich als eine im Horizont der gesamtdeutschen Geschichte verfasste Territorialgeschichte, die den Fokus nicht mehr auf die Entwicklung des Herrscher- und Fürstenhauses legte, sondern die Wirtschafts- und Sozialgeschichte ins Zentrum rückte und dabei insbesondere die Bedeutung der dem un-

---

[62] Möser fuhr fort: „Es geht damit wie mit den Weibern; im Alter hat man sie am nöthigsten und oft noch am liebsten, wenn einen alles verläßt und ein gutes Weib unsre Plagen theilt" (Möser an Friedrich Nicolai, 16.8.1778 [BW 556f], 557).

[63] Vgl. P. Schmidt, Studien über Justus Möser als Historiker. Zur Genesis und Struktur der historischen Methode Justus Mösers (Göppinger Akademische Beiträge 93), 1975, 57–145.

[64] SW XII/1.

[65] SW XII/2; SW XIII, 41–226.

[66] SW XIII, 229–357.

[67] „Ich denke, meine noch übrige Zeit bloß der vaterländischen Geschichte zu widmen, die mir immer am Herzen liegt und jetzt die Stelle der Andacht bey mir vertritt, wozu die Damen ihre Zuflucht nehmen sollen, wenn sie nicht mehr kokettiren können" (Möser an Friedrich Nicolai, 22.3.1786 [BW 672]).

tätigen Hochadel antagonistisch gegenüberstehenden Schicht der freien bäuerlichen Landeigentümer hervorhob. Indessen wusste Möser durchaus, dass er die Geschichtsschreibung nicht professionell betrieb und deshalb weit hinter dem eigentlich Notwendigen zurückbleiben musste:

> „Die Geschichte der Religion, der Rechtsgelehrsamkeit, der Philosophie, der Künste und schönen Wissenschaften ist auf sichere Weise von der Staatsgeschichte unzertrennlich und würde sich mit obigem Plan vorzüglich gut verbinden lassen. Von Meisterhänden, versteht sich".[68]

Gleichwohl stieß das unvollendete Werk weithin auf Interesse und Zustimmung. Johann Gottfried Herder rühmte es als einen Pionierwurf der Nationalhistoriographie[69] und machte die „Vorrede" in leicht gekürzter Gestalt unter den Vertretern der Sturm-und-Drang-Bewegung bekannt.[70]

In seiner Jugend verfasste Möser etliche lyrische Etüden,[71] meist in deutscher, bisweilen in lateinischer oder französischer Sprache, vereinzelt sogar in niederdeutscher oder sächsischer Mundart. Sie bezeugten eine vitale dichterische Begabung, auch wenn sie schwerlich mit den Produkten der hohen zeitgenössischen Dichtkunst zu konkurrieren vermochten. Das harsche Urteil, Möser habe sich dabei nur als ein „Nachtreter geprägter Formen"[72] im barocken, anakreontischen oder rokokohaften Ton erwiesen, unterschätzt freilich seine individuelle Begabung und erscheint ungerecht. Mit dem 1749 publizierten

---

[68] SW XII/1, 43.

[69] Vgl. P. Göttsching, Justus Mösers Staats- und Geschichtsdenken. Der Nationalgedanke des aufgeklärten Ständetums (Der Staat 22, 1983, 33–61), 35; A. Erler / E. Kaufmann (Hg.), Handwörterbuch zur deutschen Rechtsgeschichte, Bd. 3, 1984, 712.

[70] J.G. Herder (Hg.), Von Deutscher Art und Kunst. Einige fliegende Blätter, 1773, 165–182.

[71] SW II, 21–114.

[72] W. Kohlschmidt, Justus Mösers Almanachgedichte (in: Nachrichten von der Gesellschaft der Wissenschaften zu Göttingen. Philologisch-Historische Klasse, N.F. 8, 1938, 147–162), 153.

Trauerspiel *Arminius*,[73] das im Winter 1750/51 auf der Bühne des Wiener Stadt-Theaters geboten wurde, konnte sich Möser breite dichterische Anerkennung erwerben.[74] Dagegen kam sein jahrelang verfolgtes Vorhaben, eine Ausgabe aller deutscher Poeten des hohen und späten Mittelalters zu veranstalten,[75] niemals über die Sammel- und Planungsphase hinaus.

Mit dem souveränen Essay *Harlekin, oder Vertheidigung des Groteske-Komischen*,[76] der 1761 erschien und 1777 eine zweite, verbesserte Auflage erfuhr, war Möser dann der entscheidende literarische Durchbruch gelungen.[77] Darin widersprach er, ohne den Gegner beim Namen zu nennen, der von Johann Christoph Gottsched in dessen *Versuch einer Critischen Dichtkunst* (1730) propagierten, streng moralischen, an den Theorien von Aristoteles und Horaz orientierten Poetologie, indem er für die Bühnenfigur des Harlekin, der in komödiantischer Übertreibung die „Torheiten einer eignen Vollkommenheit"[78] entlarvt, das unbedingte Existenzrecht einklagte und dies mit der Einsicht belegte, es sei „die größte und wichtigste Wahrheit [...]: daß jeder Mensch wechselweise klug und närrisch ist".[79] Der auch ins Englische, Französische und Dänische übersetzte

---

[73] SW II, 117–197.

[74] Vgl. U. Lochter, Justus Möser und das Theater. Ein Beitrag zur Theorie und Praxis im deutschen Theater des 18. Jahrhunderts (Osnabrücker Geschichtsquellen und Forschungen 10), 1967, 174–203; R. Stauf, Justus Mösers Konzept einer deutschen Nationalidentität. Mit einem Ausblick auf Goethe (Studien zur deutschen Literatur 114), 1991, 59–69. 353–428; Welker (s. Anm. 16), 92–120; Ch. Senkel, Patriotismus und Protestantismus. Konfessionelle Semantik im nationalen Diskurs zwischen 1749 und 1813 (BHTh 172), 2015, 183–190.

[75] Vgl. Möser an Ernst August Bertling, 21.1.1750 (BW 67–69); Möser an Johann Wilhelm Ludwig Gleim, 24.7.1756 (BW 191–196).

[76] SW II, 306–342.

[77] „Seine Schriften haben einen ganz originalen Charakter, und erheben den Verfasser zu einem der ersten deutschen prosaischen Schriftsteller" (Nicolai, Leben Justus Mösers [s. Anm. 17], 7).

[78] SW II, 321.

[79] AaO 340. – Mit dem Lustspiel *Die Tugend auf der Schaubühne*

Essay stieß auf weite, lebhafte Zustimmung und wurde von namhaften Literaten wie Gotthold Ephraim Lessing oder Herder ausdrücklich gerühmt.[80]

Nachdem er bereits seit 1746 in etlichen Journalen kleinere Texte publiziert hatte, gründete Möser 1766 die *Wöchentliche[n] Osnabrückische[n] Anzeigen*. Dieses Intelligenzblatt umfasste einen Annoncenteil, der amtliche Verlautbarungen, aber auch Anzeigen von Privatpersonen enthielt, sowie *Nützliche Beylagen* mit unterhaltsamen, popularwissenschaftlichen oder praktisch-ökonomischen Abhandlungen.[81] Bis 1782 versah Möser die Redaktion dieser Wochenschrift, auch schrieb er die *Beylagen*, sofern er die darin gebotenen Stücke nicht aus anderen Blättern bezog, größtenteils selbst, weil die meisten ihm zum Abdruck angebotenen Artikel seinem kritischen Auge nicht standhielten. Während Herder diese Wochenzeitung als „das Vollkommenste Deutsche Nationalblatt" bejubelte,[82] schätzte Möser das eigene journalistische Vermögen ungleich geringer ein. So ließ er den Aufklärungstheologen Johann Friedrich Wilhelm Jerusalem, mit dem er befreundet und über seine Frau auch verwandt war, im Spätherbst 1773 wissen: „Ich schreye nur bisweilen einmahl *kick!*, um an meinem verborgnen Orte nicht ganz vergessen zu werden [...]. Sie aber, hochzuehrender Herr Vetter, arbeiten für Nationen und können auf den Beyfall der gegenwärtigen und künftigen Zeiten rechnen".[83]

---

oder: Harlekins Heirat (aaO 343–389) demonstrierte Möser 1763 die Möglichkeit einer theaterpraktischen Umsetzung.

[80] Vgl. Welker (s. Anm. 16), 135–155. – Viele der späteren journalistischen Arbeiten Mösers erwecken den Eindruck, als habe ihm Harlekin bei der Abfassung über die Schulter geschaut.

[81] Vgl. W. Hollmann, Justus Mösers Zeitungsidee und ihre Verwirklichung (Zeitung und Leben 40), 1937.

[82] J. G. Herder, Rez. der Wöchentlichen Osnabrückischen Anzeigen (Allgemeine deutsche Bibliothek 17, 1772, 2. Stück, 609–613), 610.

[83] Möser an Johann Friedrich Wilhelm Jerusalem, 21.11.1773 (BW 484).

Ab 1774 begann Möser seine *Beyträge*, die er um gattungsgleiche neue Texte vermehrte, bandweise unter dem Titel *Patriotische Phantasien* zu publizieren. Friedrich Nicolai, der die Ausgabe angeregt hatte, brachte sie in seinem Berliner Verlagshaus zum Druck. Angesichts des Verkaufserfolgs drängte Nicolai mehrfach auf baldige Fortsetzung. Die zweite Folge erschien bereits 1775, die dritte 1778, die vierte 1786;[84] eine geplante fünfte Ausgabe kam danach nicht mehr zustande. Anfangs empfand Möser gegenüber dem Ansinnen, seine Lokalglossen reichsweit bekanntzumachen, aufrichtige Skrupel:

> „Ich besorge [...], daß dasjenige, was auf einem Provinzial-Theater erträglich geschienen, auf der großen Bühne Deutschlandes nicht gefallen werde. Vieles ist zu lokal und bezieht sich auf einheimische Verbesserungen, die zum Teil gemacht, zum Teil mißlungen sind. [...] Daher wird vieles auswärts einen Erdgeschmack haben".[85]

Doch der anhaltende enorme Publikumserfolg – selbst die preußische Königin Elisabeth Christine, die Gattin Friedrichs des Großen, zollte lebhaften Beifall[86] – wischte den Kleinmut alsbald beiseite. Die unsystematische Abfolge der jeweils nur wenige Seiten umfassenden Texte entsprach programmatischer Absicht, denn es verführe, befand Möser, „manchen, ein ernsthaftes Stück mit anzusehen, wenn es so zwischen den lustigen steht".[87] Die von Nicolai immer wieder beklagte Verzögerung der Bandfolge wusste Möser mit zeitökonomischen[88] und pro-

---

84 SW IV–VII.

85 SW IV, 9.

86 Vgl. Möser an Friedrich Nicolai, 20.2.1775 (BW 498f), 499 Anm. 6.

87 Möser an Friedrich Nicolai, 9.7.1777 (BW 528f), 528. – Schon 1747 hatte Möser die seinem *Versuch einiger Gemälde von den Sitten unsrer Zeit* (SW I, 1–289) zugrundeliegende Disposition ähnlich erläutert: „Wir haben das Lehrreiche unter dem angenehmen Schein von Erzählungen und Belustigungen vorgestellet und lieber durch zehen schmeichelhafte Züge einen gewinnen als durch einen schwarzen Strich zehne abschrecken wollen" (aaO 2f).

88 „Meine verwünschten Amtsarbeiten [...] entreissen mir meine besten Stunden, und ich komme nicht zu den Musen als mit einem

duktionsästhetischen Hemmnissen zu begründen: Sein Humor beginne zu vertrocknen, und ein dem Schreiben günstiger Augenblick lasse sich nicht künstlich herbeizwingen.[89] Auch hielt die konzentrierte Ausarbeitung seiner sprudelnden Ideenfülle immer weniger stand. So gab er dem Verleger im Oktober 1780 zu wissen:

> „An einen vierten Theil meiner ‚Phantasieen' kann ich höchstens übers Jahr denken. […] Ich habe noch eine Menge von Aufsätzen liegen, die ich bey guter Laune angefangen habe, aber nicht zu Ende bringen kann, weil der erste Augenblick nicht wiederkommt; und ehe ich einen alten endige, fange ich zehnmal lieber einen neuen an, wofür mir das Blut wallet". [90]

Aus eigenen Journalbeiträgen ging auch die wahrscheinlich bekannteste Schrift Mösers hervor: *Ueber die deutsche Sprache und Litteratur. Schreiben an einen Freund* (1781).[91] Sie replizierte auf die Publikation des preußischen Königs *De la littérature allemande* (1780), in der Friedrich der Große, durchaus polemisch, die Literarizität des Deutschen in Zweifel gezogen hatte. Dagegen legte Möser ein engagiertes Bekenntnis zur kulturellen Eigenständigkeit und zur Bedeutung der durch Dichter wie Klopstock, Goethe oder Bürger beförderten deutschen Nationalliteratur vor.[92]

Möser wusste, wovon er schrieb. War er doch mit den wichtigsten literarischen Werken und auch mit etlichen Autoren sei-

---

schwindlichten Kopfe. […] Geschrieben auf meinem Pulpet d. 29. Sept. als dem Tage des Erzengels" (Möser an Thomas Abbt, 29.9.1764 [BW 343–345], 345).

[89] „Einen dritten Theil zu den Phantasieen kann ich Ihnen noch zur Zeit nicht liefern; vielleicht geschieht es übers Jahr, wenn ich meinem allmählich vertrocknenden Humor noch so viel entreißen kann. Aufsätze diese Art erfordern ihren eignen Augenblick; fehlt dieser, so wird alles steif und lahm, und man wird pédagogue ohne Beruf" (Möser an Friedrich Nicolai, 20.6.1776 [BW 516f], 516).

[90] Möser an Friedrich Nicolai, 21.10.1780 (BW 596f), 596.

[91] SW III, 71–90. – Vgl. Stauf (s. Anm. 74), 323–344.

[92] Vgl. SW III, 77 u. passim.

ner Zeit wohl vertraut. Sein Briefwechsel stellt diesbezüglich eine kaum zu überschätzende Fundgrube dar. Korrespondierte er anfangs fast ausschließlich in französischer oder lateinischer, vereinzelt in englischer Sprache,[93] so schrieb er seine Briefe seit Beginn der 1760er Jahre fast nur noch auf deutsch.

Mit dem philosophischen Schriftsteller Thomas Abbt (1738–1766) stand Möser in dichtem brieflichen Austausch. Dabei erörterte man ausführlich literarische, historische, theologische und philosophische Gegenstände oder diskutierte in kritischer Geneigtheit die eigenen Schriften. Etliche Male war Abbt auf einige Wochen bei Möser zu Gast,[94] und nachdem er sich bei solcher Gelegenheit in Mösers Tochter Jenny verliebt hatte, wäre er, wie erwähnt, beinahe zum Schwiegersohn des Gastgebers geworden. Zuletzt beriet ihn Möser mehrfach in der Frage, ob er die Berufung zum gräflichen Schaumburg-Lippischen Hof-, Regierungs- und Konsistorialrat annehmen solle; es scheint, als habe Abbt, der Ende 1765 tatsächlich nach Bückeburg ging, obwohl ihm Professuren in Marburg und Halle offeriert waren, die vornehme Reserviertheit, die Möser hinsichtlich eines Wechsels nach Bückeburg zum Ausdruck brachte, überhört oder als abwegig erachtet. Nach seinem frühen Ableben am 3. November 1766 ist ein langer Brief, den Möser an Nicolai schrieb, zum freundschaftlichen Nachruf geworden:

„Der Tod unsers rechtschaffenen und vortrefflichen Freundes wird uns und allen, die ihn gekannt haben, gewiß allezeit gleich empfindlich bleiben. Er fing erst an, sich zu bilden und seiner Stärke diejenigen Annehmlichkeiten zu geben, welche den Helden zum großen Mann machen. [...] Er hatte sein eigenes Zimmer in meinem Hause und ward von den Meinigen als ein Sohn und Bruder aufgenommen, wenn er zu uns kam; und dieses that er so oft, als er nur entwischen konnte. [...] Gewiß ein unvergleichlicher Freund, der ohne einige Fehler durch sei-

[93] Manchmal wechselte er innerhalb eines Briefes, ja sogar eines Satzes die Sprache (vgl. etwa Möser an Johann Friedrich von dem Bussche-Hünnefeld, 15.1.1751 [BW 89]).

[94] Vgl. Möser an Friedrich Nicolai, 3.11.1773 (BW 483).

ne Größe unerträglich geworden seyn würde! Man war froh, ihm etwas verzeihen zu können".[95]

Auch mit Johann Wilhelm Ludwig Gleim (1719–1803), dem Hauptvertreter der anakreontischen Lyrik, war Möser persönlich bekannt. In jungen Jahren erörterte er mit ihm eingehend den Plan einer vollständigen Ausgabe der mittelalterlichen Minnesänger[96] und informierte ihn über aktuelle Entwicklungen des Siebenjährigen Krieges.[97] Dezente Polemiken aus späterer Zeit deuten allerdings darauf hin, dass Möser zu der von Gleim repräsentierten Anakreontik, die in Liebe und Wein ihre beiden bevorzugten Sujets gefunden hatte, auf kritischen Abstand gegangen war:

„Darf ich nun auch wohl fragen, wozu es eigentlich dienen solle, die Reizungen der Liebe noch reizender zu malen und den Geschmack für den Wein noch mehr zu schärfen? [...] Die Dichter sollten es sich zur Hauptpflicht machen, von nichts als dem Glücke zu singen, ein großes unverschuldetes Eigentum zu besitzen".[98]

Nachdem der bedeutende aufklärerische Schriftsteller und Verleger Friedrich Nicolai (1733–1811) sein Gefallen an Mösers *Harlekin* kundgetan hatte, wandte sich dieser am 24. Januar 1764 aus London erstmals an den Berliner Unternehmer, indem er ihm ein neues Manuskript anbot und sich nach dem Druck einer schon länger ausgefertigten Schrift erkundigte.[99] Der dabei noch angeschlagene ehrerbietige Ton wich dann schon bald freundschaftlicher Vertrautheit, und nachdem Nicolai sein Verleger geworden war, riss der briefliche Gesprächsfaden

---

[95] Möser an Friedrich Nicolai, 11.2.1767 (BW 419–421), 419.

[96] Vgl. Möser an Johann Wilhelm Ludwig Gleim, 24.7.1756 (BW 191–196).

[97] Vgl. Möser an Johann Wilhelm Ludwig Gleim, 26.2.1757 (BW 196).

[98] J. Möser, An einen jungen Dichter, 1778 (SW VII, 79–82), 79f. – Entsprechend etwa Ders., Vom Hüten der Schweine, 1775 (SW VI, 178–193), 178; Ders., Singen und Tanzen, um 1780 (SW X, 262f).

[99] Vgl. Möser an Friedrich Nicolai, 24.1.1764 (BW 304–306).

nicht mehr ab. So erwuchs eine intensive menschliche Verbundenheit zwischen den beiden; mit keinem Repräsentanten der literarischen Welt hat Möser, wie es scheint, zahlreichere Briefe gewechselt. Im Frühjahr 1782 kehrte Nicolai auf etliche Tage in Mösers Haus ein,[100] zudem traf man sich nun regelmäßig zur Brunnenkur in Pyrmont.

Ein anderer bedeutender Kontakt lässt sich, weil die brieflichen Zeugnisse verloren sind, nicht mehr zureichend rekonstruieren. Gesichert ist aber, dass Georg Christoph Lichtenberg (1742–1799), als ihn eine Dienstreise im September 1772 nach Osnabrück führte, dort auch mit Möser bekannt wurde. Im Tagebuch machte Lichtenberg aus seiner Bewunderung keinen Hehl:

> „Dieser berühmte Mann ist recht für den Umgang gemacht, munter und gefällig im höchsten Grad, und spricht unverbesserlich gut, er weiß sich zu jedermanns Fähigkeiten herabzulassen und zu erheben, und offt weiß er den Reden anderer Personen so zu begegnen, daß sie sich wundern solche Einfälle gehabt zu haben".[101]

Während sich auch danach die Lobsprüche häuften – „Möser, nach meinem Urtheil einer der vollkommensten Männer",[102] schrieb Lichtenberg einmal an seinen Bruder –, hat Möser den Publikationen des Göttinger Gelehrten hohe, konstruktive Anerkennung gezollt;[103] ein fortgehender Briefwechsel ist zumindest indirekt nachweisbar. Gelegentlich besuchte Lichtenberg das Grab des in Göttingen bestatteten Sohnes von Möser,[104] und

---

[100] Vgl. Möser an Friedrich Nicolai, vor 19.4.1782 (BW 622–628), 622.

[101] G. Ch. Lichtenberg, Tagebuch (Staats- und Universitätsbibliothek Göttingen, Ms. Lichtenberg IV,7), 103.

[102] Georg Christoph Lichtenberg an Friedrich Christian Lichtenberg, 13.8.1773 (in: G. Ch. Lichtenberg, Briefwechsel. Im Auftrag der Akademie der Wissenschaften zu Göttingen hg. von U. Joost / A. Schöne, Bd. 1, 1983, 342–349), 344.

[103] Vgl. etwa Georg Christoph Lichtenberg an Johann Andreas Schernhagen, 19.3.1778 (aaO 805f).

[104] Vgl. U. Joost, „… nach meinem Urtheil einer der vollkommens-

seinen einstigen Osnabrücker Gesprächspartner rühmte er nach dessen Tod als einen unvergleichlichen Grandseigneur: „Wenn man mit *Mösern* oft in Gesellschaft kommt, so fängt man an zu glauben, man wisse etwas und sey etwas“.[105]

Mit Lessing, den Möser aus den Pyrmonter Kuraufenthalten persönlich kannte[106] und dessen Werk er schätzte,[107] scheint sich der Umgang nicht weiter vertieft zu haben. Auch mit dem Berliner Aufklärer Johann Erich Biester korrespondierte Möser bisweilen und traf ihn gelegentlich in Pyrmont.[108] Insgesamt reichte der Kreis der Literaten, mit denen er verkehrte, weit über die genannten Vertreter hinaus.

Höchst bedeutsam war zumal der eigentümliche Kontakt mit Johann Wolfgang von Goethe (1749–1832). Nachdem der junge Schriftsteller durch Mösers das alte deutsche Faustrecht behandelnden Aufsatz *Der hohe Stil der Kunst unter den Deutschen* (1770)[109] zu seinem Drama *Götz von Berlichingen* (1773) inspiriert worden war,[110] feierte er den „alten Patriarchen“[111] in höchsten Tönen und zeigte sich überzeugt, es sei unter „den bewährtesten Männern des Vaterlands [...] vor allen andern der herrliche Justus Möser zu nennen“.[112] In seiner umfangreichen Autogra-

---

ten Männer“. Lichtenberg und Justus Möser, und dabei etwas zu Lichtenberg in Osnabrück (Lichtenberg-Jahrbuch 2005, 45–67), 58.

[105] G. Ch. Lichtenberg, Goettinger Taschen Calender. Taschenbuch zum Nutzen und Vergnügen 1796, 200f.

[106] Vgl. Möser an Thomas Abbt, 9.7.1766 (BW 410); Möser an Thomas Abbt, Anfang Oktober 1766 (BW 413f).

[107] Vgl. J. Möser, Zu Lessings Laokoon, o.J. (SW X, 319f).

[108] Vgl. Möser an Johann Erich Biester, 26.3.1791 (BW 706f).

[109] SW IV, 263–268.

[110] Vgl. S. Efler, Der Einfluß Justus Mösers auf das poetische Werk Goethes, 1999, 57–79.

[111] Johann Wolfgang von Goethe an Jenny von Voigts, 21.6.1781 (BW 602–604), 603.

[112] J.W. von Goethe, Dichtung und Wahrheit III/13, 1814 (in: Goethes Werke. Hg. im Auftrage der Großherzogin Sophie von Sachsen, Bd. I/28, 1890, Nachdruck 1987), 237.

phensammlung befand sich auch ein Brief Mösers.[113] Gleichwohl hat Goethe offenbar niemals den direkten Austausch mit Möser gesucht, umso intensiver hingegen mit dessen Tochter Jenny von Voigts korrespondiert. Von ihr ließ er sich ein lebensgroßes Schattenbild ihres Vaters zusenden,[114] auch signalisierte er größtes Interesse an den Folgebänden der *Patriotische[n] Phantasien*, deren erste Ausgabe ihm 1773 als Sprungbrett für die Berufung nach Weimar gedient hatte.[115] Ein besonderer Ehrenerweis kam dadurch zustande, dass Möser, wie es scheint, der Einzige blieb, den Goethe um kritische Einschätzung der dritten Fassung seines in der griechischen Antike angesiedelten Schauspiels *Iphigenie auf Tauris* gebeten hat,[116] wenn auch nicht auf direktem Weg, sondern wiederum über Jenny von Voigts. Ihr übersandte er am 5. Mai 1782 das Manuskript mit der freundlichen Anweisung: „Legen Sie es, wie es ist, Ihrem Herrn Vater vor, und dann bitte ich Sie recht aufrichtig und ausführlich zu seyn und mir umständlich zu melden, was er drüber sagt. Mir ist eben so wohl um sein Lob als um seinen Tadel zu thun".[117] Für die Antwort wählte Möser denselben Weg und teilte der Tochter, durch Krankheit verzögert, am 20. Juli seine zwischen Anerkennung und Skepsis oszillierende Einschätzung mit:

„Die Verbindung des Simplen und Hohen, des Wahren und Großen, sowohl in den Thaten als in den Gedanken, die Herr Goethe so glüklich getroffen hat, habe ich beym Durchlesen mächtig gefühlet […]. Ich zweifle indeßen doch, daß die Iphigenie bey der Vorstellung unser deutsches Publikum rühren werde. Dieses ist zu sehr von ienen Zeiten entfernt und durch die französische Zärtlichkeit zu verwöhnt, um sich zu ihr hinaufempfinden zu können. Es scheint mir durchaus ein Stük

---

[113] Vgl. BW 475.

[114] Vgl. Johann Wolfgang von Goethe an Jenny von Voigts, 21.6.1781 (BW 602–604), 603.

[115] Vgl. Goethe, Dichtung und Wahrheit (s. Anm. 112), 315–319.

[116] Vgl. U. Sheldon, Mösers Urteil über Goethes „Iphigenie" (3. Fassung) (Goethe-Jahrbuch 52, 1975, 256–265), 261.

[117] Johann Wolfgang von Goethe an Jenny von Voigts, 5.5.1782 (BW 629f), 630.

für Kenner zu seyn, und wie wenig giebt es derer? Meine Danksagung für Herrn Goethens gütiges Zutrauen wirst du beßer besorgen, als ich es selbst thun kann [...]".[118]

4. Christenmensch

Möser stand mit etlichen zeitgenössischen Theologen in freundschaftlichem oder familiärem Kontakt. Sein Großvater Johann Möser war 1688 als Hauptpastor an die evangelische Marienkirche nach Osnabrück berufen worden. Der Jugend- und Studienfreund Ernst August Bertling (1721–1769), mit dem Möser zeitlebens in guter Verbindung blieb, ging 1749 als Theologieprofessor an die Universität Helmstedt, bevor er 1753 das Rektorat des akademischen Gymnasiums in Danzig übernahm. Zu dem bedeutenden Aufklärungstheologen Jerusalem, mit dem er über seine Frau verwandt war und den er deshalb stets als „Herr Vetter" anredete, unterhielt Möser seit 1746 bis zu dessen Tod 1789 einen intensiven, offenen, von tiefem gegenseitigen Vertrauen getragenen Kontakt.[119] Übrigens scheint Jerusalems Ehefrau Martha Christina, geb. Pfeiffer (1710–1778), die 1751 geschlossene Ehe zwischen Mösers Schwester Ernestine Juliane (1729–1765) und dem Juristen Johann Georg Friderici (1719–1790) vermittelt zu haben.[120] Ein weiterer familiärer Kontakt hatte sich 1750 durch die Heirat von Mösers Schwägerin Gerhardine Margarete Brouning (1723–1790) mit Gottfried Schwarz (1707–1786), der im selben Jahr eine theologische Professur an der Universität Rinteln antrat, ergeben. Zudem pflegte Möser freundschaftlichen Umgang mit etlichen namhaften Gottesgelehrten, so mit dem Uslarer Superintendenten Ger-

[118] Möser an Jenny von Voigts, 20.7.1782 (BW 634).

[119] Der nur bruchstückhaft erhaltene Briefwechsel zwischen Möser und Jerusalem umfasst elf Schreiben, die Zahl und Dichte ihrer persönlichen Begegnungen lässt sich nicht mehr rekonstruieren.

[120] Vgl. Möser an Ernst August Bertling, 13.4.1751 (BW 94f).

hard Christian Otto Hornbostel (1725–1780),[121] mit dem wie Schwarz an der Universität Rinteln tätigen Johann Jakob Plitt (1727–1767), der 1762 das kirchliche Seniorat in Frankfurt am Main übernahm, ferner mit dem in Melle, dem Wohnort seiner Tochter Jenny von Voigts, bestallten Pastor Johann Caspar Neuschäfer (1732–1789) oder dem berühmten Göttinger Orientalisten, Theologen und Polyhistor Johann David Michaelis (1717–1791).[122]

Solide Bibelkenntnis kann bei einem protestantischen Gelehrten des 18. Jahrhunderts, der noch dazu in solche Beziehungen eingebettet war, kaum überraschen. Gleichwohl ist die Intensität und Gewichtung, die Mösers Bezugnahmen auf die Heilige Schrift aufweisen, durchaus bemerkenswert. Dabei fällt eine gewisse Vorrangstellung des Alten Testaments und näherhin des Pentateuchs ebenso ins Auge wie das besondere Interesse an der mosaischen Rechtsordnung und Gesetzgebung.[123]

Die mit Abstand am häufigsten frequentierte Bibelstelle ist der Satz, den Gott bei der Vertreibung aus dem Paradies zu Adam sprach: „Im Schweiße deines Angesichts sollst du dein Brot essen" (Gen 3,19a). Möser verwandte ihn auf zweifache Weise. Einerseits galt ihm die eigenhändige Erwerbsarbeit insgesamt als der „Fluch, womit Gott das menschliche Geschlecht segnete",[124] und weil er darin die schöpfungsgemäße Bestimmung des Mannes fixiert sah, konnte er dem Freund Johann Lorenz Benzler ganz unironisch dergestalt zur Geburt seines Stammhalters gratulieren: „Gott segne ihn für und für und lasse ihn sein Brod im Schweisse seines Angesichts [...] essen".[125] Andererseits machte er von diesem „wohltätigen Fluch"[126] aber

[121] Vgl. Möser an Juliane Margarethe Hedemann, 15.2.1761 (BW 243f).

[122] Vgl. Möser an Johann David Michaelis, 12.8.1768 (BW 443).

[123] Für vielfältige sachdienliche Hilfe weiß ich mich meinem Münsteraner Fakultätskollegen Reinhard Achenbach dankbar verbunden.

[124] SW IV, 15.

[125] Möser an Johann Lorenz Benzler, Mai 1782 (BW 631).

[126] SW V, 77.

auch in gesellschaftsdifferenzierender Weise Gebrauch, weil ihm die schweißtreibende Arbeit des Handwerkers und Landmanns der abstrakten Tätigkeit des Theoretikers allemal überlegen schien. So war, mag es auch lustig klingen, doch eine gehörige Portion Ernst im Spiel, wenn Möser empfahl, jeder Gelehrte solle um seiner Gesundheit willen auch ein Handwerk erlernen, denn „der allgemeine Grund der immer mehr und mehr überhandnehmenden Hypochondrie liegt wahrscheinlich darin, daß wir nicht in dem Schweiße unsers Angesichts unser Brod erwerben".[127]

Auch sonst kam er bisweilen auf die biblische Urgeschichte zurück und glaubte das Unveränderliche, selbst die Freiheit der Mark Brandenburg,[128] in seinem Ursprung augenzwinkernd auf den Sündenfall oder die Schöpfung datiert.[129] Überhaupt trieb er damit gerne ein scherzhaftes Spiel, indem er Eva eine „heroische Seele" zusprach[130] oder aus der Frage, wie unsere aus dem Paradies vertriebenen Ureltern den ersten Jahreswechsel erlebt haben mochten, eine ganz hinreißende, ironisch erbauliche, literarisch brillante Legende hervorgehen ließ.[131] Der von Noah in treuem Gottesgehorsam bewältigten Sintflut (Gen 6–8) gewann er sowohl wirtschafts- und handelspolitische Vorbildfunktion[132] als auch drollige Zeitkritik ab.[133]

---

[127] SW VI, 118.

[128] Vgl. SW V, 169.

[129] Vgl. etwa SW IV, 215; SW V, 64; SW V, 68.

[130] „Eva hatte das größte Herz, das jemals ein Weib gehabt hat. Sie wagte den Gedanken, Gott gleich zu werden, und sprach mit dem Teufel ohne Zittern" (J. Möser, Fromme Stümper und heroische Seelen, o.J. [SW IX, 203f], 204).

[131] Vgl. J. Möser, Der erste Jahreswechsel, eine Legende, 1777 (SW VI, 132–135); s.u. Anhang 3.

[132] „Der Erzvater Noah [würde] sehr unvorsichtig gehandelt haben, wenn er mehr Menschen und Tiere in seinen Kasten genommen hätte, als er würde haben ausfuttern können" (J. Möser, Gedanken über die Getreidesperre, an den Deutschen, 1772 [SW V, 44–50], 45).

[133] Vgl. J. Möser, Der Meier mit der Sündflut, o.J. (SW IX, 50–53).

Als Politiker und Jurist maß Möser dem, was Mose bezüglich des Sabbat- und Erlassjahres (Lev 25), aber auch anderer Rechtsbestimmungen festgelegt hatte, entscheidende aktuelle Bedeutung zu. Dabei wurde er nicht müde, die Anweisung Gottes an Mose „Ihr sollt das Land nicht verkaufen für immer, denn das Land ist mein“ (Lev 25,23; vgl. Ps 24,1) auf die im Fürstbistum Osnabrück zu regulierenden Eigentums- und Besitzverhältnisse anzuwenden.[134] Auch der gleichmäßigen Umlegung der Kriegslast, die Mose verordnet hatte (vgl. Num 1,2–16),[135] oder der einem frisch verheirateten Mann gewährten Befreiung vom Kriegsdienst (Dtn 20,7)[136] erkannte er für seine Zeit unverminderte regulative Verbindlichkeit zu. Dass die rechtshistorische Bibelauslegung Mösers nicht in jedem Fall sachgemäß war, offenbart seine Behauptung, es stehe „nichts vom Kindesmorde in den mosaischen Gesetzen [...]. Einer bekümmerte sich nicht, was im Innern der andren Hütte vorging“,[137] die sich durch die schlichte Lektüre zweier mosaischer Kapitel (Dtn 22,13–29; 24,10–17)[138] unschwer als fehlerhaft ausweisen lässt. Vereinzelt finden sich auch Anspielungen auf Wendungen und Passagen aus den Kleinen Propheten,[139] dem Buch Hiob[140] oder dem Psalter.[141]

Wendungen und Geschichten des Neuen Testaments hat Möser ebenfalls vielfältig aufgenommen, wenn auch größten-

---

[134] Vgl. u. a. J. Möser, Gedanken über die Mittel, den übermäßigen Schulden der Untertanen zu wehren, 1768 (SW IV, 119–129); Ders., Hörigkeit und Leibeigentum, o.J. (SW IX, 289f).

[135] Vgl. SW XII/2, 67f.

[136] Vgl. SW IX, 353.

[137] SW IX, 259.

[138] Vgl. R. Achenbach, Überlegungen zur Rekonstruktion des Urdeuteronomiums 2: Die Reform der Rechtsordnung in Deuteronomium 16–19 (ZAR 25, 2019, 213–245).

[139] Vgl. etwa SW IX, 219 (zu Ez 47,9); BW 354 (zu Sach 9,14); SW IX, 306 (zu Dan 3).

[140] Vgl. SW 1, 212.

[141] Vgl. etwa SW IX, 217 (zu Ps 8,5a).

teils nur im Gestus beiläufiger Anspielung. So finden sich etwa Bezugnahmen auf die Gleichnisse vom anvertrauten Zentner (Mt 25,14–30)[142] und vom Sämann (Lk 8,4–15),[143] dazu auf den selbstherrlichen Gottesdank des Pharisäers (Lk 18,11),[144] das Magnifikat (Lk 1,52; vgl. Hi 5,11; Ps 147,6),[145] die Goldene Regel (Mt 7,12),[146] eine Bitte des Vaterunsers (Mt 6,10b),[147] das Bildwort vom guten Hirten und feigen Mietling (Joh 10,12f)[148] oder die berühmte Pilatusfrage (Joh 18,38),[149] ferner die autobiographisch auf das Gleichnis vom verlorenen Sohn (Lk 15,11–32) verweisende Skizze[150] oder die biblische Bekräftigung des von Jean-Jacques Rousseau erhobenen Vorwurfs, die christliche Religion verweigere sich mit der Auskunft Christi „mein Reich ist nicht von dieser Welt" (Joh 18,36a) jeder religiösen Staatslegitimierung.[151]

Doppelt zweifelhaft erscheint die Feststellung, dem zu Jesus zeitgenössischen Judentum sei eine Selbstrache bis zum Sonnenuntergang erlaubt gewesen, weil dies zum einen dem intentionalen Gehalt der Aufforderung „lasset die Sonne nicht über eurem Zorn untergehen" (Eph 4,26) nicht entspricht und zum anderen dieser bei Möser als Christuswort ausgewiesene Satz in Wirklichkeit von Paulus notiert worden ist.[152] Sehr eindringlich und in juristisch geschärfter Differenzierung hat Möser die in Lk 23,13–25 berichtete jüdische Sitte, wonach das Volk zum

142 Vgl. SW IX, 374.
143 Vgl. Möser an Thomas Abbt, nach 6.8.1764 (BW 334–339), 334.
144 Vgl. SW VI, 25.
145 Vgl. SW X, 85.
146 Vgl. SW X, 44.
147 Vgl. SW VI, 71.
148 Vgl. SW VII, 243.
149 Vgl. SW X, 32.
150 Vgl. SW X, 240.
151 Vgl. SW XII/1, 104f. – Auch findet sich eine indirekte Anspielung auf die in Mk 10,25 parr erörterte Schwierigkeit, „dass ein Reicher ins Reich Gottes komme" (vgl. SW VII, 30).
152 Vgl. SW VII, 117.

Passafest die Freilassung eines Gefangenen einfordern dürfe, mit den synoptischen und johanneischen Parallelen verglichen und den kritischen Befund historisch eingehend analysiert.[153] Unverkennbar eigenes religiöses Engagement begegnete dort, wo Möser auf das Ansinnen, eine Grabinschrift für den verstorbenen „besten Freund" Georg Eberhard Hedemann (gest. 1760) zu entwerfen, neben anderen Erwägungen den von ihm in Differenz zur Lutherbibel übersetzten Vers „Vielleicht ist er darum eine Zeitlang von Dir gerissen, dass Du ihn ewig wieder hättest" (Phlm 15), vorschlug.[154]

Einen Grenzfall markiert die im Februar 1779 im Brief an Johanna Catharina Friderici aufscheinende Wendung „wir sind ja arme Menschenkinder".[155] Das Wort *Menschenkinder* ist in Luthers Bibelübersetzung vielfach belegt, jedoch niemals in Verbindung mit dem Adjektiv *arm*. Es ist nicht auszuschließen, dass sich darin eine Aufnahme der vierten Strophe des im Vorjahr publizierten *Abendlied[s]* von Matthias Claudius[156] niederschlug, die freilich nur aus einer Kontraktion der beiden Verse „Wir stolze Menschenkinder / sind eitel arme Sünder" entstanden sein könnte. –

Darüber hinaus verfügte Möser über eine gediegene theologische Bildung. Während seiner in Jena verbrachten Studienzeit rezipierte er eingehend die zeitgenössische theologische Fachliteratur und setzte sich insbesondere mit Fragen der Eschatologie auseinander.[157] Auch mit den Grundzügen der Kirchen-

---

153 Vgl. J. Möser, Von der Gewohnheit des jüdischen Volks, auf das Osterfest die Loslassung eines Gefangnen zu fordern, 1779 (SW VII, 118–121).

154 Vgl. Möser an Juliane Margarethe Hedemann, 16.11.1760 (BW 235f).

155 Möser an Johanna Catharina Friderici, 28.2.1779 (BW 570).

156 Vgl. A. Beutel, „Jenseit des Monds ist alles unvergänglich". Das „Abendlied" von Matthias Claudius (in: Ders., Protestantische Konkretionen. Studien zur Kirchengeschichte, 1998, 192–225).

157 Vgl. Möser an Carl Gerhard Wilhelm Lodtmann, 5.2.1742 (BW 6–9).

geschichte machte er sich vertraut. So war ihm etwa der Briefwechsel zwischen Plinius, dem römischen Statthalter von Bithynien, und Kaiser Trajan, der die Rechtslage der Christen im frühen 2. Jahrhundert beleuchtet, geläufig.[158] Und selbstverständlich fand der Reformator Martin Luther bevorzugtes Interesse. Nachdem Möser im Dezember 1743 aus Göttingen nach Hause zurückgekehrt war, übersandte er dem bedeutenden Theologen Christoph August Heumann (1681–1764), mit dem er sich an seinem letzten Studienort in persönlichem Umgang befunden hatte, einen umfangreichen Stapel angeblicher Luther-Epigramme.[159] Auch später blieb ihm Luther ein wichtiges Studien- und Deutungsobjekt, wofür es monographische[160] und beiläufige Zeugnisse gibt.[161]

Für die eigene Positionierung scheint ihm zumal die aufklärerische Theologie der Zeit maßgeblich geworden zu sein. So lässt bereits die frühe Schrift *Der Wert wohlgewogener Neigungen und Leidenschaften* (1746)[162] Mösers Übereinstimmung mit der neologisch temperierten Tugend- und Pflichtenlehre

---

[158] Vgl. SW X, 252.

[159] Vgl. Möser an Christoph August Heumann, 23.12.1743 (BW 10–15).

[160] Vgl. J. Möser, Lettre à Mr. de Voltaire contenant un Essai sur le caractère du Dr. Martin Luther et sa Réformation, 1750 (SW II, 286–298). Zu diesem aufschlussreichen Werk s. u. Abschnitt II.3.b.

[161] Vgl. etwa den folgenden Briefeingang: „Würdiger, Lieber Herr! Erschrecken Sie nicht, liebster Freund, daß ich Ihnen eben den Titel gebe, welchen ich nach D. Luthers Vorschrift nur meinem Beichtiger schuldig bin!" (Möser an Johann Lorenz Benzler, 28.8.1776 [BW 519–522], 519). – Tatsächlich hatte Luther in seinem 1529 erstmals gedruckten *Kleine[n] Katechismus* die Anleitung „Eine kurtze weise zu beichten für die einfeltigen" mit der Anrede „Wirdiger, lieber herr" versehen (M. Luther, Der Kleine Katechismus, 1529 [in: Ders., Werke. Kritische Gesamtausgabe, Bd. 30,1, 1910], 343). Vgl. dazu A. Peters, Kommentar zu Luthers Katechismen. Bd. 5: Die Beichte. Die Haustafel. Das Traubüchlein. Das Taufbüchlein, hg. von G. Seebass, 1994, 72–76.

[162] SW II, 221–265. – Die Schrift entstand 1746, wurde aber erst zehn Jahre später publiziert.

erkennen.[163] Und im Austausch mit Thomas Abbt schlug sich die Aufnahme der entstehenden historischen Bibelkritik nieder, die ihn von einer christlichen Überformung der jüdischen Religion abrücken ließ: „Unsre Theologie verdirbt nun hier alles. Sie bringt nun einen heiligen Geist ins Alte Testament, der so wenig darin paßt als Apollo im Klopstock".[164]

Als in Osnabrück eine juristische Neujustierung der Ehehindernisse anstand, konsultierte Möser diesbezüglich, da ihm die mosaischen Bestimmungen in der Originalsprache verschlossen blieben, „die grösten Theologen", auf deren Urteil er sich verließ: „Wenn ich diesen Weg einschlage, so kann mir Gott nichts zur Last legen; oder er müste alle Leute verdammen, die kein hebräisch verstünden und zu wenig Nachricht von Moses Zeiten hätten, um alles selbst prüfen zu können".[165] Also folgte er Luthers Bibelübersetzung und vertiefte sich in die einschlägigen Werke des Berliner Frühaufklärers Johann Gustav Reinbeck (1683–1743), des in Halle schulbildenden Siegmund Jacob Baumgarten (1706–1757), des einflussreichen Übergangstheologen Johann Lorenz von Mosheim (1694–1755) oder des niederländischen Juristen und Rechtshistorikers Hugo Grotius (1583–1645).[166] Im Übrigen dokumentiert sich die theologische Urteils- und Innovationskompetenz Mösers

---

[163] „Meine Absicht ist, die Wollust, welche aus der Erfüllung unser Pflichten und aus dem Bewustseyn wahrhafft tugendhaffter Handlungen, so wohl im ganzen Leben, als in der letzten grossen Stunde unsers Absterbens entsteht, auf eine gewisse Art abzuhandeln" (Möser an Henrietta Dorothea Johanna von dem Bussche-Hünnefeld, Ende Dezember 1753 [BW 165f], 166).

[164] Möser an Thomas Abbt, 29.9.1764 (BW 343–345), 343.

[165] Möser an Hans Werner von Hammerstein-Equord, 16.9.1763 (BW 293–297), 295.

[166] Vgl. ebd. – Der dem Briefwechsel Mösers beigegebene Kommentar von William F. Sheldon führt in groteske Irre, wenn er für „Reinbeck" auf den Hamburger Gymnasialprofessor Jacob Reneccius (1572–1613) oder für „Moßheim" auf den Passauer Domdechanten Ruprecht von Mosham (1493–1543) verweist (vgl. aaO 297, Anm. 8 u. 11).

auch in den vielfältigen Aspekten seiner funktionalen Religionstheorie.[167] –

So deutlich also die bibelkundliche und theologische Bildung des Osnabrücker Juristen und Staatsmanns hervortritt, so unverkennbar ist zugleich dessen Scheu, den eigenen religiösen Seelenhaushalt zu offenbaren. Abgesehen von den wenigen direkten Zeugnissen, die es noch zu bedenken gilt, dürften diesbezüglich zumal die von ihm bemerkenswert häufig gebrauchten religiösen Redensarten einigen Aufschluss gewähren. Selbstverständlich entbehren Wendungen wie „mein Gott" oder „das weiß der Himmel" zumeist jedes konfessorischen Charakters, weil man sie in floskelhafter Gedankenlosigkeit zu gebrauchen pflegt. Doch gerade in dieser unreflektierten Verwendung mag sich mitunter eine subkutan wirksame religiöse Prägung ausdrücken. Außerdem finden sich bei Möser etliche sprachliche Wendungen, in denen eine allgemein gebräuchliche religiöse Floskel mit individuellem Bedeutungsgehalt konnotiert worden ist. Bemerkenswert sind nicht allein die stattliche Anzahl von 142 verschiedenen Redensarten, die sich in Mösers Schriften und Briefen aufweisen lassen,[168] oder die erstaunliche Bandbreite, in der sie begegnen, sondern dazu auch die gleichmäßige Streuung, in der sie über das gesamte Œuvre verteilt

---

[167] S.u. Kapitel II. – Dieses Thema ist bislang nur äußerst randständig bearbeitet worden. Welker (s. Anm. 16) hat es mehrfach partiell, aber nicht in seinem Gesamtzusammenhang berücksichtigt. An einschlägigen Spezialuntersuchungen sind zu nennen: F. Blanckmeister, Justus Möser, der deutsche Patriot, als Apologet des Christentums (in: Sammlung von Vorträgen für das deutsche Volk XIV/10, 1885, 395–436); H. M. Wolff, Mösers religiöus [!] Anschauungen und die Aufklärung (GermR 16, 1941, 161–176); G. Wagner, Justus Mösers Verhältnis zu Kirche und Christentum (Osnabrücker Mitteilungen 89, 1983, 122–138); A. Beutel, Von der Nutzbarkeit des Glaubens. Die Umrisse einer funktionalen Religionstheorie bei Justus Möser (ZThK 115, 2018, 260–294).

[168] S.u. Anhang 1.

sind: Es gibt in ihrem Gebrauch weder auffallende Verdichtungen noch eine irgend erkennbare Entwicklung.

Bei näherem Zusehen zeigt sich, dass Möser diese Redensarten fast durchweg mit dem Subjekt „Gott" oder „Himmel" versah und den so bezeichneten Akteuren nicht selten eine gleichlautende Wendung zuwies: „Gott!" / „Himmel!", „Gott weiß" / „der Himmel weiß", „um Gottes willen" / „ums Himmels willen", „Gott sei Dank" / „dem Himmel sei Dank", „Gott ist mein Zeuge" / „der Himmel ist mein Zeuge", „Gott sei N.N. gnädig" / „der Himmel sei N.N. gnädig".[169] Manchmal wird als Subjekt solcher Redensarten „der mächtige Schöpfer", „die Gottheit", „der Allerhöchste", „der Allmächtige", „die Hand der Allmacht" oder „die Vorsehung", vereinzelt auch „die Natur" oder „das Glück" eingesetzt.[170]

Banale Gebrauchsformen wie „gottlob!", „geliebt es Gott", „so Gott will", „der Himmel gebe" oder „das weiß der Himmel"[171] mögen getrost dahinstehen, desgleichen sprichwörtliche Fixierungen wie „dem lieben Gott den Tag stehlen" oder „wem Gott das Amt gibt, dem gibt er auch den Verstand".[172] Darüber hinaus finden sich freilich etliche Spuren einer unverkennbar individuell geprägten Anverwandlung. Bereits die Aufforderung, man möge „die Güte des Schöpfers bewundern",[173] oder die einen transzendenten Vorbehalt geltend machende Frage „aber […] wenn es Gott doch so versehen hät-

---

169 SW III, 139 / SW VI, 26; SW IV, 161 / SW IV, 106; SW X, 271 / SW I, 299; BW 538 / SW IX, 27; BW 684 / SW V, 205; SW V, 139 / SW IV, 112. – Hier und nachfolgend werden auch die mehr- oder vielfach aufscheinenden Wendungen jeweils nur mit einem einzigen Nachweis versehen.

170 BW 354; SW V, 55f; BW 457; SW VII, 247; SW X, 238; SW IV, 145; SW VII, 41; SW VII, 115.

171 SW V, 251; BW 373; SW V, 181; BW 484; SW VI, 14.

172 SW IV, 224; SW IX, 92.

173 SW VII, 40; ähnlich etwa auch: „die unendliche Gütigkeit des Schöpfers" (SW I, 44).

te?“[174] lassen eine mit Bedacht gewählte eigene Formulierung erkennen. Auch der Anfang Januar 1784 an die Kusine Johanna Catharina Friderici übermittelte Wunsch zum neuen Jahr, „der Himmel überschütte es mit seinem besten Segen“,[175] dürfte doch wohl von authentisch bewegter Empfindung diktiert worden sein. Die Freude am gewitzten Sprachspiel, die Möser des Öfteren zu erkennen gab, trat beispielsweise dort hervor, wo er eine religiöse Formel, mit der man die Mitteilung eines Todesfalls zu eröffnen pflegte, in den Glückwunsch ummünzte, es habe „dem Allerhöchsten gefallen, Euer Wohlgeborn und die Frau Gemahlin mit einem jungen wohlgestalt[et]en Sohne zu erfreuen“.[176]

Die Fälle, in denen Möser eigene religiöse Wendungen prägte, setzten sich fort. Mehrfach blitzte dabei das Vergnügen an überraschenden Wort- und Sachverbindungen auf. Nachdem ihm eine junge Verwandte die Angst, die sie angesichts ihrer bevorstehenden ersten Entbindung erfüllte, anvertraut hatte, tröstete er sie mit den frommen Worten „Hilf Gott mit Gnaden!“, um dann in neckischem Ton fortzufahren: „Es ist ja so manches Dingerle von zärtlichem Gefieder in’s Kindbette gekommen, daß man eben nicht fürchten darf, die Einzige unter Tausenden zu sein, die dabei ihre schöne Taille verliert. Kinderkriegen ist ja kein Halsab; und wer A sagt, muss auch B sagen“.[177] Und in galanter Verehrung nannte er einmal „das schöne Geschlecht [...] des Himmels letztes Meisterstück“.[178] Dagegen erwies er ironiefreie Ernsthaftigkeit zumal dort, wo der Blick auf das Ende des irdischen Lebens gerichtet war, wo Gott einen Vater abfordert,[179] wo „die herannahende Ewigkeit [...]

---

[174] SW VI, 47.

[175] Möser an Johanna Catharina Friderici, 4.1.1784 (BW 653f), 653.

[176] Möser an Joachim Andreas Friedrich Warnecke, 6.2.1771 (BW 457f), 457.

[177] Möser an Auguste Regine Juliane Buch, 13.12.1778 (BW 562).

[178] SW VIII, 151.

[179] Vgl. SW IV, 78.

ein empfindliches Herz" bestürmt[180] und „einer sich zum Übergang in die Ewigkeit bereitet".[181] Auch die 1768 den Lesern seiner *Allgemeine[n] Einleitung* in die *Osnabrückische Geschichte* bezeugte Versicherung, dass er, „wenn mir Gott Leben und Gesundheit verleihet, den ersten Teil meiner Geschichte [...] bald zu liefern gedenke",[182] war gewiss Ausdruck aufrichtiger Glaubenseinsicht in die Unverfügbarkeit des eigenen Daseins.

Besonders aparte semantische Sorgfalt trat in dem fingierten Schreiben eines Königs[183] zutage, der dem Adressaten die Unmöglichkeit, als oberster Souverän bürgerliche Freundschaften unterhalten zu können, mit den Worten bekräftigte: „Dies ist unser Los, und zwar unser von Gott gezogenes Los".[184] Damit sollte keineswegs Gott als Lotteriespieler karikiert und der Gang des Lebens als der bloße Auswurf einer Lostrommel fatalisiert werden. Vielmehr zielte diese bemerkenswerte Wendung darauf ab, das, was gemeinhin als ein schicksalhaftes Verhängnis anonymisiert wird, in das allmächtige Walten Gottes zu überführen und dergestalt gleichsam die Kehrseite des königlichen Gottesgnadentums sichtbar zu machen.

Zumindest einmal hat Möser den Gebrauch einer religiösen Redensart seinerseits kritisch beleuchtet. Dies bezog sich auf die Äußerung einer Frau, die, nachdem für ihren dem Wahnsinn verfallenen Ehemann jede Hoffnung zerstoben war, von sich bezeugte: „Ich habe den allmächtigen Gott um Stärke [...] gebeten und sie endlich in einer völligen Unterwerfung gefunden". Möser, der sich selbst als den Gesprächspartner der armen Frau inszenierte, bemerkte dazu, dass er sie „zum erstenmal von Gott sprechen hörte", während sie „ihre vorigen Unglücksfälle mit der natürlichen Hülfe ihres Geistes und Herzens er-

---

[180] SW VII, 97.

[181] SW VII, 95.

[182] SW XII/1, 44.

[183] J. Möser, Große Herren dürfen keine Freunde haben. Schreiben des Königs von – an – –, 1778 (SW VII, 137f).

[184] AaO 137.

tragen" habe. Damit verband er die Überlegung, ob diese religiöse Wendung nicht vielleicht „ein selbstsüchtiges Opfer" darstelle, mit dem „unser teures Selbst sich durch den bloßen Ruhm einer erwiesenen Standhaftigkeit oft über alle Maßen entschädiget".[185] Dass er den Gedanken aber sogleich durch die Bemerkung „doch dieses in Vorübergehen"[186] marginalisierte, entsprach der artifiziellen Unverbindlichkeit,[187] in die er seine Erzählungen einzubetten pflegte, und dürfte zugleich die selbstkritische Scheu vor eigenen Glaubensbekundungen dokumentiert haben. –

So finden sich von Mösers eigener Frömmigkeit und Glaubensüberzeugung über die religiösen Redensarten hinaus nur ganz vereinzelte Spuren. Der regelmäßige Kirchgang war ihm selbstverständlich[188] und entsprach, zumal bei einem Repräsentanten der städtischen Oberschicht, damaliger bürgerlicher Gepflogenheit. Immerhin gibt es für Mösers latentes Unbehagen, das ihm die lebensweltliche Blässe vieler in der Marienkirche vorgetragener Kanzelreden auslöste, ein randständiges Indiz, auch wenn er den Plan, für alle Sonntage des Kirchenjahres solche Predigttexte zusammenzustellen, „die in das gemeine Beste schlagen",[189] niemals zur Ausführung brachte.

Die spärlichen Zeugnisse, aus denen sich Mösers religiöse Daseinsdeutung erahnen lässt, machen eine konservative Grundierung wahrscheinlich. Dazu zählten nicht zuletzt die Freude an der Schöpfung und die Dankbarkeit für die Treue des Schöpfers.[190] Freilich war diese Freude nicht umsonst zu genie-

---

185 J. MÖSER, Der Rasende und seine Frau, o.J. (SW X, 236f), 237.

186 Ebd.

187 Vgl. R. BRINKMANN, Theodor Fontane. Über die Verbindlichkeit des Unverbindlichen (Untersuchungen zur deutschen Literaturgeschichte 19), ²1977.

188 Vgl. etwa Möser an Henrietta Dorothea Johanna von dem Bussche-Hünnefeld, 11.3.1752 (BW 142f).

189 SW X, 331.

190 Vgl. SW X, 325.

ßen, da die Natur „ihre Gaben nur in Verhältnis unser Mühe" austeile[191] und ein fröhlicher Einklang mit der Schöpfung die aktive Wahrnehmung der Pflichten gegen Gott, die Mitmenschen und sich selbst zur Voraussetzung habe.[192] Zudem zeigte sich Möser davon überzeugt, die Eltern und weltlicher Obrigkeit zustehende Autorität sei von Gott eingesetzt und von ihm gewollt,[193] wobei „große Könige, die Gottes Statthalter auf Erden sind, [...] auch als Menschen dem Ebenbilde Gottes gleich zu werden sich bemühen müssen".[194] Diese kärglichen Spolien geben noch längst kein differenziertes, eigenständiges Glaubenssystem zu erkennen, sondern entsprechen schlichtweg dem Normenkodex der im Zeitalter der Aufklärung üblichen christlichen Bürgerlichkeit.

Allerdings zeigte sich bei Möser doch ein Erfahrungsfeld, auf dem er die selbstverordnete religiöse Verschwiegenheit immer wieder durchbrach. Es fand sich am Grenzrain des Lebens, also dort, wo der „unerforschliche Wille Gottes" in Unglücks-[195] und Todesfällen sich Bahn brach.[196] In seinem unmit-

[191] SW X, 163.

[192] „Man kann alle Freuden in der Welt genießen, nur muß man dabei die Pflichten gegen Gott, gegen sich und gegen andre nicht verletzen. Die Pflichten gegen Gott sind der dankbare Genuß" (SW X, 263).

[193] Vgl. etwa SW III, 67; SW IV, 262.

[194] SW IX, 258.

[195] SW VI, 18.

[196] „So empfindlich auch die lange Erwartung des betrübtesten Zufalls vor mich gewesen, und so gros die Gelassenheit war, womit ich die Rathschläge der Vorsicht zu verehren glaubte, so muß ich doch gestehen, daß die gestrige Nachricht von dem höchstseeligen Ende des Herrn von dem Busche meinen Vorsatz, diesen schmerzhafften Fall in stiller Wehmuth anzunehmen, nicht bestehen lassen" (Möser an Henrietta Dorothea Johanna von dem Bussche-Hünnefeld, 1.6.1752 [BW 149f], 149). – Für das Grabmal seines Freundes Georg Eberhard Hedemann empfahl er, um Rat gefragt, „einen bequemen biblischen Spruch oder doch einen ganz allgemeinen Satz [...], wie zum Exempel dieser, welcher mir eben in die Feder kömmt: Früh vor dem nahen Fall erlöst der Herr die Seinen, / Die Engel freuen sich; doch wie viel Arme weinen?"

telbaren familiären Umfeld hatte Möser mehrere schmerzliche Verluste zu bestehen.

Nachdem sein jüngerer Bruder Itel Ludewig am 27. Januar 1745 im Alter von 19 Jahren verstorben war, nutzte Möser die damalige lyrische Phase,[197] um seinem Schmerz, in dem trotziges Aufbegehren und stille Ergebenheit miteinander rangen, einen emotional und poetisch ungezügelten Lauf zu lassen:

> [...] Des Schmerzens klügelnd Richten stutzt, begreift sich, seufzt und schweigt,
> Wann die Vorsicht mir von weitem ihre dunkle Tiefe zeigt. [...]
> Dein geheiligtes Geheimnis ist zwar furchtbar, doch auch schön,
> Es läßt uns das Wohl der Zukunft, aber auch ihr Weh nicht sehn. [...]
> Schweige, Weisheit, laß den Satz der Schrift verfechten;
> Die entrafft dem Sündenfall den erwähleten Gerechten.
> Aber warum wird der Sünder nicht vor der Geburt gerafft?
> So würd er gewiß und sicher vor dem Falle weggeschafft.
> Soll die kleinste Kreatur seines Schöpfers Ruhm erzählen,
> Warum soll mein Bruder denn diesen Endzweck nur verfehlen?
> Reuts den Schöpfer? oder aber hat er sich etwa bedacht
> Und ihn ohne Grund und Absicht aus dem Nichts hervorgebracht?
> War er fromm, wo bleibt denn doch das verheißne lange Leben?
> War ers nicht, wo die Geduld, die zur Buße Zeit gegeben?
> Schweigt, ihr Zweifler! dies ist ewig: Gott ist doch der beste Mann,
> Der auch über unser Denken noch gar vieles wirken kann. [...]
> Wär es gleichwohl nicht erwiesen, daß die Seele ewig sei,
> Fiel ich doch dem süßen Irrtum lieber als der Wahrheit bei. [...][198]

Anders als der Bruder, der offenbar „sanft und selig entschlief“,[199] war Mösers Schwester Anna Maria Elisabeth (1734–1754) einem fürchterlichen Todeskampf ausgesetzt. Als unmittelbarem Augenzeugen verging Möser dabei jede lyrische An-

---

Für den Fall, dass ein Doppelgrab geplant sei, legte er die Verse nahe: „Nicht ohne Schmerz getrennt in diesem kurzen Leyde, / Vereinigt uns der Herr zu ewig beßrer Freude“ (Möser an Juliane Margarethe Hedemann, 16.11.1760 [BW 235f]).

[197] S.o. Abschnitt I.3.

[198] J. Möser, Seinem Lieben Bruder Itel Ludewig Möser [...] Zum zärtlichen und betrübten Angedenken, 1745 (SW II, 60–63), 61f.

[199] AaO 60.

wandlung. Nun konnte er nur noch „den Himmel vor meiner Schwester Tod als um die gröste Wohlthat bitten. [...] Ich hoffe nicht", schrieb er einer Herzensfreundin, „daß es noch eine Stunde währen soll; der Tod würget sie wie ein Scharfrichter, der sein Handwerk nicht versteht".[200] Nachdem die Schwester noch am Abend des 2. Mai 1754 verstorben war, teilte er den ihm Nahestehenden lakonisch mit, sie sei „endlich glücklich von dem Jammer erlöset worden, worin wir ihr den Tod als die letzte Errettung wünschen musten".[201]

Überraschend verstarb im Januar 1768 Mösers Vater. Die gedruckte Todesanzeige, die er als der älteste Sohn aufsetzen ließ, gibt in ihrer rituellen Formelhaftigkeit doch zweifellos auch eine von Möser geprägte Sprachführung zu erkennen. Er habe, heißt es darin, „mit gröster Betrübnis anzuzeigen, wie es leider dem Allerhöchsten gefallen, meinen lieben Vater [...] an einer Brustkrankheit im 78ten Jahr seines Alters am 23ten dieses aus der Zeitlichkeit in die Ewigkeit zu versetzen".[202] Weitere persönliche Trauerbekundungen sind nicht überliefert, hingegen fügte Mösers Ehefrau noch einige handschriftliche Zeilen hinzu und übernahm die postalische Versendung der schmerzlichen Nachricht.

Noch deutlich härter als das plötzliche Ableben des Vaters traf ihn der am 9. Mai 1773 eingetretene Tod seines Sohnes. Die wiederum gedruckte Todesanzeige teilte mit, es habe „dem Allerhöchsten gefallen, meinen lieben einzigen Sohn [...] von dieser Welt abzufordern". Sein Schmerz „über diesen unvermutheten Todesfall", hieß es weiter, sei „zu gros", um davon auch nur andeutende Kenntnis zu geben. Gleichwohl übermittelte Möser den Empfängern den Wunsch, „daß der Höchste Hochdieselben für alle empfindlichen Trauerfälle in Gnaden bewahren

[200] Möser an Henrietta Dorothea Johanna von dem Bussche-Hünnefeld, 2.5.1754 (BW 170).

[201] Möser an Henrietta Dorothea Johanna von dem Bussche-Hünnefeld, 4.5.1754 (BW 170).

[202] Möser an Johann Heinrich Jung, 26.1.1768 (BW 438).

wolle", was seine Ehefrau in eigenen, handschriftlich beigefügten Worten bekräftigte.[203] Der Freund Jerusalem, der ein halbes Jahr zuvor den eigenen Sohn durch Suizid verloren hatte, überstellte mit nächster Post einen ausführlichen Kondolenzbrief, dessen überbordende Frömmigkeitsbekundungen den krassen Gegensatz zu Mösers diesbezüglicher Einsilbigkeit darstellten.[204]

Diese Asymmetrie wiederholte sich beim Ableben von Mösers Ehefrau, die am 9. Juli 1787 verstorben war. In einem printtechnisch vervielfältigten Sendschreiben gab der Witwer schlichtweg bekannt, es habe „der Vorsicht [...] gefallen[,] meine geliebte Frau [...] im 71ten Jahre Ihres Alters, aus dieser Welt zu rufen. Eine Krankheit von verschiedenen Wochen endigte Ihr irdisches Leben. In einer 41jährigen ehlichen Verbindung hat sie meine Tage versüßet". Danach bekräftigte er wiederum seine auf die Adressaten zielende Hoffnung, „daß der Allmächtige Sie vor empfindlichen Trauerfällen bewahren wolle".[205] Jerusalem kondolierte postwendend, abermals ausführlich und glaubensstark; der Tod, schrieb er,

> „ist für uns nur Uebergang zu der nächsten höhern Stuffe der Vollkommenheit; der Verlust der Unsrigen nun auch kein Verlust mehr für uns. Wir werden gewiß wieder mit ihnen vereinigt; über das *Wie* und *Wo* können wir, theuerster Freund, die kurze Zeit uns leicht beruhigen".[206]

Als habe er sich diese Worte des ihm am nächsten stehenden theologischen Freundes zu Herzen genommen, verfügte Möser in seinem am 13. April 1789 ausgefertigten Testament, sein bereits bezahltes Grab stehe in der Marienkirche bereit, „und ist

---

[203] Möser an Johann Heinrich Jung, 17.5.1773 (BW 477).

[204] Vgl. Johann Friedrich Wilhelm Jerusalem an Möser, 24.5.1773 (BW 478f).

[205] Möser an Kaspar Friedrich von Boeselager, 3.6.1787 (BW 681f), 681.

[206] Johann Friedrich Wilhelm Jerusalem an Möser, 9.6.1787 (BW 682f).

solches neben meiner lieben Frauen, womit ich im Tode wieder vereiniget zu werden wünsche, in der Hoffnung, daß wir dann ewig vereiniget bleiben werden".[207]

So dürfte, alles in allem, an der aufrichtigen Frömmigkeit Mösers kaum ein Zweifel bestehen. Diese Einsicht wird als Folie bei der Analyse seiner funktionalen Religionstheorie,[208] die etliche ungewöhnliche, durchaus provozierende, mitunter geradezu abenteuerliche Sinn- und Deutungsexperimente anstellt, durchweg zu berücksichtigen sein. Als ahne er die Gefahr, in die er sich dabei begab, hatte er bereits 1764 den Freund Thomas Abbt ermahnt, seine diesbezüglichen Äußerungen bloß nicht misszuverstehen, zumal er sich darin

„in flüchtiger Eile unvollkommen und unzulänglich ausgedrückt habe. Es fehlen überall Zwischensätze; und ich würde für einen Verächter der christlichen Religion, das ich wahrlich nicht bin, passiren, wenn solche Schreiberey in Hände fiele, die mich nicht kennen und den Zusamm[enh]ang meiner Gedanken nicht wie Sie errathen können".[209]

Indessen mag, wer ihn in den geschilderten Umständen kennengelernt hat, sich nun auch füglich seiner bemerkenswerten Religionstheorie zuwenden.

---

207 Möser an keinen bestimmten Empfänger, 13.4.1789 (BW 697).

208 S.u. Kapitel II.

209 Möser an Thomas Abbt, 29.9.1764 (BW 343–345), 344.

II. Aspekte

1. Theologie

a) Metaphysik und Erfahrung

Der abstrakten theologischen Theoriebildung vermochte Möser kaum etwas abzugewinnen. Überspitzte Scharfsinnigkeit, dessen zeigte er sich gewiss, riskiere allemal die empirische Bodenhaftung und provoziere mentale Schwindelzustände.[1] Doch drohe der Religion, wie er sogleich beschwichtigte, durch solche reflexive Verflüchtigung kaum ernstlicher Schaden,[2] zumal, wie die Erfahrung lehre, „die Würkung aller Spekulationen in der spekulativen Welt bleibt"[3] und darum jeder Einflussmöglichkeit auf den Wirklichkeitszusammenhang des Lebens beraubt ist.[4] Metaphysische Spekulation galt Möser insofern als ein vielleicht unterhaltsamer, jedenfalls aber nutzloser „Luxus der Seele".[5] Im Gestus spöttischer Überlegenheit attestierte er den „sogenannten [!] Philosophen"[6] weltfremde Borniertheit, in welcher sie „über die Grenzen der Menschheit hinausschweifen",[7]

---

1 Vgl. SW III, 183. – „Das genaue Anatomisier[en] verdirbt den Mediziner, die Gelehrsamkeit den guten Christen" (SW X, 287).

2 Vgl. SW III, 183.

3 SW IX, 205.

4 „In der spekulativen Welt [...] kann man ins Unendliche teilen und ins Unendliche vor- oder rückwärts gehen, ohne hier auf eine erste Ursache und dort auf einen letzten Punkt zu treffen" (ebd.).

5 Ebd. – „Die Herrn Philosophen mögen sagen, was sie wollen, die schönste Theorie würkt doch nur als ein geistiges Vergnügen auf sie" (SW IX, 277).

6 SW X, 133.

7 Ebd.

dabei den beschränkten eigenen Reflexionsradius mit den Grenzen der wirklichen Welt verwechseln[8] und, „wenn sie mit ihrem Maßstabe zu kurz kommen, eher das Unendliche leugnen, als ihren Maßstab zu kurz finden wollen".[9] Dass Möser seinerseits zu spekulationskritischen Reflexionen durchaus bereit war, zeigt seine Feststellung, die transzendente Welt lasse sich ihrem Wesen nach weder begrifflich erfassen noch sprachlich adäquat abbilden.[10] In der Wahrnehmung des Unendlichen gelange der Mensch niemals über hypothetische Konstruktionen hinaus, wobei ein Metaphysiker den Bereich des Hypothetischen vielleicht zu verfeinern, aber keinesfalls zu überschreiten vermöge.[11]

Das grundsätzliche Missbehagen, das Möser gegenüber einer im Spekulativen verharrenden theologischen Metaphysik geltend machte, war insbesondere durch fünf einander berührende, teilweise auch überschneidende Bedenken genährt. So bleibe sie in praktischer Hinsicht gänzlich ineffizient, ja halte die Menschen, die sich in ihrer theoretischen Vielwisserei geschmeichelt dünken, sogar von der notwendigen Erwerbsarbeit

---

[8] „Diesen Vorwurf [sc. der empirischen Blindheit] mögte ich den Theoretikern machen, die in ihren Prinzipien zu hoch steigen, da sie doch aus einem Prinzip der *reinen* Vernunft nichts als *reine* Resultate folgern können" (J. Möser, Über Theorie und Praxis, o.J. [SW X, 141–157], 142f; der genannte Aufsatz, der auch gegen die kritische Philosophie Immanuel Kants polemisiert, ist insgesamt einschlägig). – „Die gar zu lebhafte Vorstellung transzendentalischer Gegenstände führt den Menschen in Einöden, worin niemand zu Hause ist" (SW X, 254).

[9] SW IX, 205.

[10] Vgl. etwa SW IX, 205. – „Auf die Dauer gleicht die Sprache nur dem Gelde, wodurch keine neuen Wahren im Handel kommen, sondern nur die darin vorhandenen bezeichnet werden" (Möser an Rudolf Zacharias Becker, 28.1.1786 [BW 670f], 671).

[11] „In der Erkenntnis von Gott wird und muß es immer Hypothesen geben, die nach dem Grade unser Empfänglichkeit bald große und bald kleine […] sind. Wir haben Hypothesen in der Götterlehre, aber die Hypothesen der Aufklärer verfeinern sich" (SW IX, 230).

ab.[12] Während die früher in den *artes liberales* gewährte philosophische Ausbildung dazu gedient habe, den Studenten die für ihre spätere Berufsausübung erforderlichen sprachlichen und logischen Fertigkeiten zu vermitteln, hätten sich die neueren philosophischen Disziplinen als derart realitätsflüchtig erwiesen, dass sie „der Geschäfftsmann so gut wie ein Billiardspieler die Mathematick entbehren kann".[13] Zudem drohe metaphysische Spekulation die Glaubensgewissheit des einfachen Mannes zu untergraben,[14] weshalb auch die Vermutung abwegig sei, dass „die aufgeklärten Menschen frömmer wären als die von der vorigen Saison", während sie doch tatsächlich nur bei „uns [!] Ungelehrten die Zweifel vermehren".[15] Überdies verliere das praktische Leben, wenn der christliche Glaube erst einmal wegdisputiert ist, jeglichen Stand und Halt, und unzählige Menschen blieben ohne Trost und Hoffnung zurück, wenn sie der Wirklichkeit Gottes nicht offenbarungshaft könnten versichert sein, sondern – welch treffliches Bild! – „sich an dem Faden der Metaphysik zu ihm hinauf spinnen müßten".[16]

Seine Skepsis sah Möser des Weiteren durch die Erfahrung bekräftigt, dass sich die „Seelenüppigkeit" der theologischen Metaphysiker doch nur als ein grundloser Selbstbetrug auswei-

---

[12] Vgl. Möser an Rudolf Zacharias Becker, 28.1.1786 (BW 670f), 671.

[13] Möser an Wilhelm von Edelsheim, 28.9.1786 (BW 676–678), 677; vgl. auch den Brief insgesamt. – „Ich glaube, daß der praktisch erzogne Mensch, wenn es zur Tat kömmt, sein Ebenteuer besser bestehe als der andre" (SW VII, 26).

[14] „Ja, fast mögte ich sagen, [...] unter den Gelehrten gebe es mehr Atheisten als unter der Menge, welcher sich Gott unmittelbar in seinen Werken offenbaret" (Möser an Christian Garve, 11.2.1784 [BW 654f], 654). – „Das Geschichtgen von dem Erhenkten, der an dem Baume zur Ader gelassen wurde, wird mehr würken als der mitberührte Unterricht in der Religion, der, so vortreflich und schön er auch ist, den Landmann doch nur auf die Gränze der Metaphysick bringt, wo die Zweifel ihren Anfang nehmen" (Möser an Rudolf Zacharias Becker, 28.1.1786 [BW 670f], 671).

[15] SW IX, 229f.

[16] SW III, 209.

se, der sie allenfalls so lange „Gottes verwöhnte Geschöpfe" sein lasse, „bis sie seiner Hülfe nötig haben".[17] Als das entscheidende Grundproblem identifizierte Möser schließlich die Unzulänglichkeit der Metaphysiker, ihre aus reinen Vernunftprinzipien gewonnenen Grundsätze für konkrete lebensweltliche Herausforderungen applikabel zu machen.[18] Deutlicher dürfte die Mahnung, die Religion um der Defizienzstruktur menschlichen Lebens willen entschieden praktisch zu machen, kaum einmal formuliert worden sein.

Als Schlüsselwort seiner pragmatischen Erkenntnistheorie wählte Möser in Opposition zu der ihm nutzlos erscheinenden metaphysischen Abstraktheit den Begriff *Totaleindruck*.[19] Damit sollte das Phänomen einer ganzheitlichen, erfahrungsbasierten, situationsgerechten und handlungsleitenden Gesamtwahrnehmung bezeichnet sein. Zur Anschauung verwies Möser auf die ersten Lebensjahre, in denen Kinder, noch bevor sie zum Objekt konkreter pädagogischer Maßnahmen heranreifen, „bloß durch Total-Eindrücke" belehrt werden und eben dadurch „erstaunende Schritte" machen:

„Nichts wird ihnen erklärt, sie haben bloß ihre Sinne offen; alles, was hineinfallen kann, fällt hinein, und sie haben schon im dritten und vierten Jahre eine solche Summe von Kenntnissen, wodurch sie in ihren Handlungen geführt werden, daß man Mühe hat, sie durch abgezogene Regeln in ihrem starken Laufe aufzuhalten".[20]

---

17 SW IX, 209.

18 „Der Empiriker […] kennt […] gewisse große Grundsätze: als z.B., daß man den steuerbaren [i.e. steuerpflichtigen] Stand so viel möglich schonen und den Befreiungen wehren müsse. Allein, wie und wo er davon in einem gegebenen Falle die Anwendung machen müsse, darüber glaubt er von dem Theoretiker, welcher von reinen Vernunftprinzipien ausgehet, nichts lernen zu können; weil dieser kein Gott ist, in dessen Verstande alle wirkliche Individuen gegenwärtig waren, ehe sie einmal erschaffen worden; und er folglich seine allgemeine Theorie auf individuelle Fälle mit menschlichem Vermögen nicht ausdehnen kann" (SW X, 148).

19 Z.B. SW X, 192.

20 J. Möser, Über Volksbildung, o.J. (SW III, 193f), 193.

Als machtvolle zeitgenössische Repräsentanten einer aus Totaleindrücken bezogenen Tatkraft zitierte Möser den englischen Seefahrer, Entdecker und nautischen Kartographen James Cook (1728–1779) sowie den höchst erfolgreichen preußischen Reitergeneral Hans Joachim von Zieten (1699–1786) herbei, und dies pikanterweise ausgerechnet gegenüber einem Mann, der an dem von Johann Bernhard Basedow (1724–1790) gegründeten Dessauer Philanthropinum als Lehrkraft bestallt war:

> „Diejenigen, welche wie ein General Ziethen oder ein Capitain Cook durch lauter Erfahrungen und Handlungen unterrichtet werden, greifen geschickter an und würken mächtiger als andre, die durch schrifftlichen oder mündlichen Unterricht gezogen sind; und der Landmann, wenn er nur auf der rechten Stelle steht, kann alles, was er in seiner Sphere gebraucht, auf jene Art lernen. Die Aufklärung durch Handanlegen oder in der Werkstätte der Natur wird daher noch selbst einer Realschule mit Rechte vorgezogen“.[21]

Dabei beschränkte sich die Empfehlung einer aus Totaleindrücken gewonnenen Bildung durchaus nicht auf das männliche Geschlecht, da gleichermaßen etwa auch eine vornehme Dame ungleich mehr Geschicklichkeit, Vernunft und Anstand aus dem eigenen Erfahrungsumgang als aus der Lektüre noch so vieler Bücher erlerne.[22]

Gegen alle Versuche einer spekulativen Bemächtigung des Transzendenten brachte Möser darum mit Nachdruck auch die *religiöse* Erfahrung ins Spiel. Denn nicht zuletzt in Glaubenssachen stand für ihn fest: „Aus wirklichen Begebenheiten schließt sich oft richtiger als aus gar zu hohen Vordersätzen“.[23]

---

[21] Möser an Rudolf Zacharias Becker, 28.1.1786 (BW 670f). – Vgl. etwa auch SW X, 273; ferner Möser an Christian Garve, 11.2.1784 (BW 654f), 655. – Zu Mösers hier anklingendem Konzept einer praktischen Aufklärung s.u. Abschnitt III.2.

[22] Vgl. J. Möser, Die allerliebste Braut, 1768 (SW IV, 110–117), 113 u. passim.

[23] SW X, 152.

Während sich der theologische Metaphysiker zumeist auf das, was ihm theoretisch plausibel erscheint, engherzig versteife, sei ihm die Erfahrungsklugheit mit der ihr eigenen pragmatischen Elastizität allemal überlegen. An gewitzter Anschaulichkeit und feinsinniger temporaler Differenzierung ließ es Möser auch hierbei nicht fehlen:

„Es ist immer sehr angenehm, die Wege, welche die Theorie vorschlägt, mit denen, so die Erfahrung gebahnt hat, zu vergleichen und zu sehen, wie klüglich diese einen kleinen Umweg genommen hat, wo jene einen Fels zu sprengen nötig findet".[24]

Die von Möser postulierte Superiorität einer empirisch-erdnahen Bodenhaftung gegenüber jedweder realitiätsfernen Spekulation war keineswegs von einem affekthaften Antirationalismus diktiert. Denn als das genuine Medium der Erfahrungsklugheit bestimmte er auch in religiöser Hinsicht ausdrücklich den „gesunde[n] Verstand",[25] den „schlichte[n] Menschenverstand".[26]

Solche religiöse Rationalität, befand Möser, habe Gott dem Menschen zugewiesen, damit dieser „in dem großen Buche der Schöpfung [...] buchstabieren"[27] und ihn „aus seinen Werken anschauend erkennen, lieben und verehren"[28] lerne. Dergestalt gewähre der Totaleindruck der Schöpfung[29] den eigentlichen, „praktische[n] Religionsunterricht",[30] welcher den Menschen

---

[24] SW IX, 231. – „Daß man immer den kürzesten Weg zum Ziele gehen müsse, ist ein reines Vernunftprinzip, dessen Erfindung einem nicht viel Mühe gemacht haben kann. Desto schwerer aber ist es, unter einer Menge gegebener Umstände jedesmal zu sagen, welches der kürzeste sei. Hier wird allemal der praktische Mann, welcher [...] sogleich einen Totaleindruck von allen Umständen hat, den Theoretiker übertreffen, der die Umstände zählen und summieren will" (SW X, 192).

[25] SW IX, 183.

[26] SW X, 149.

[27] SW X, 273.

[28] SW III, 183.

[29] Vgl. SW VII, 29.

[30] SW VII, 27.

in all seinen transzendenten Bedürfnissen zureichend versorge, so dass er jederzeit, selbst angesichts seines bevorstehenden Todes, „ohne aller der Tröstungen zu bedürfen, die sich der Gelehrte gesammelt hat",[31] beruhigt ist und sich in seiner Sterbestunde nicht „wie ein Philosoph zu gebärden"[32] braucht, sondern selbst dann noch den „metaphysischen Atheisten"[33] verlachen kann:

> „Keiner trägt ein Unglück standhaffter als der Landmann; keiner stirbt ruhiger als er; keiner geht so gerade zu im Himmel wie dieser. Und warum? Weil seine Tugend nicht auf Sylben, sondern auf Totaleindrücken der Schöpfung, die er so wenig in deutliche Begriffe auflösen als mit Worten bezeichnen kann, beruhet."[34]

Nun mag man umstandslos zugestehen, dass Möser die Todesgetrostheit eines schlichten Gläubigen aus vielfältiger eigener Anschauung und Erfahrung vertraut war. Indessen scheint er doch einen notwendigen Reflexionsschritt versäumt zu haben. Denn wie wäre es zu begründen, dass sich die tröstliche Gewissheit, die verstorbenen Angehörigen im ewigen Leben wiederzusehen,[35] allein aus dem „großen Buche der Schöpfung"[36] und also unter Absehung von dem Buch der Bibel gewinnen lässt?

Die Personifikation der von ihm betonten religiösen Rationalität erkannte Möser in der bevorzugt aufgerufenen Gestalt des erdnahen Bauern, der sich mit seinem Abendgebet in die Hand des Allmächtigen begibt und danach im Vertrauen auf Gottes Fürsorge auch in widrigen Zeiten zu ruhigem Schlaf

---

[31] Ebd.

[32] SW X, 288.

[33] SW VII, 29.

[34] Möser an Rudolf Zacharias Becker, 28.1.1786 (BW 670f), 671.

[35] „Die christliche Religion hat unstreitig ihr großes Glück dadurch gemacht, daß sie dem Menschen außerordentlich in seiner Haushaltung zustatten kommt. Stirbt mein Weib, mein Kind, mein Freund, so sehen wir uns im ewigen Leben wieder, der Sterbende dauret uns minder, weil wir wissen, daß er nun bei Gott ist" (J. MÖSER, Christliche Religion und Haushaltung, o.J. [SW IX, 216]).

[36] S. Anm. 28.

finden kann. Der Landmann, der, von dem Totaleindruck der Schöpfung überwältigt, betend auf seine Knie sinkt, wurde Möser zum Sinnbild gläubiger Demut und Ergebenheit: „Dieser Ausdruck religiöser Empfindungen hat mir immer der mächtigste unter allen geschienen, deren der Mensch fähig ist".[37] Eine solche auch den ärgsten Widrigkeiten des Lebens standhaltende Gottesfurcht erachtete Möser für die einzig angemessene Glaubenshaltung, die den wohlfeilen Beschwichtigungen der „süßen Sittenlehrer, die den Weg zum Himmel ebner als unsre Heerstraßen machen und zur Bequemlichkeit für die vornehmen Sünder mit Pelouse [i.e. Rasen] belegen",[38] allemal überlegen sei.

Gegenüber den Bedrängnissen des Lebens wusste Möser kein besseres „Rad für die Schiene", will sagen: kein zuverlässigeres Mittel der Bewältigung, als voller Gottvertrauen in den 1657 von Georg Neumark gedichteten Choral einzustimmen:

> „Wer nur den lieben Gott lässt walten
> und hoffet auf ihn allezeit,
> den wird er wunderbar erhalten
> in aller Not und Traurigkeit".[39]

Solche glaubensstarke Standhaftigkeit sah er wiederum in der Figur des Landmanns vorbildhaft repräsentiert. Dies brachte Möser verschiedentlich zum Ausdruck,[40] am eindrücklichsten in seiner wahrscheinlich um 1786 entstandenen *Bauren-Theodicee*.[41] Darin fingierte er sich als den Besucher eines Landmanns, dessen schlichte Hütte in der vorausgehenden Nacht durch Überschwemmung ruiniert worden war und dessen verbliebene Habseligkeiten nun schutzlos herumstanden. Wie er

---

[37] SW III, 193.

[38] SW IV, 305. – Zum Motiv der „Furcht Gottes" vgl. insgesamt J. Möser, Klagen einer Hauswirtin, 1770 (SW IV, 304–306).

[39] SW IV, 113.

[40] Vgl. etwa SW VII, 26–30; SW X, 24 f.

[41] J. Möser, Eine Bauren-Theodicee, um 1786 (SW IX, 210–212); s.u. Anhang 5.

mitsamt seiner Frau und den kleinen Kindern unter solchen Umständen noch ruhigen Schlaf finden könne, fragte ihn Möser in staunender Anteilnahme. Mit seiner Antwort verwies der durch Naturgewalt geschädigte Bauer auf die religiöse Mentalitätsdifferenz zwischen Stadt und Land: Hier draußen, wo an nachbarschaftliche Hilfe und polizeilichen Schutz nicht zu denken sei, pflege man sich allabendlich der Obhut Gottes anzubefehlen, tröste sich sodann mit dem die dritte Vaterunser-Bitte variierenden Gebetswunsch „Was Gott will, das geschehe! und damit schlafen wir ruhiger ein, als wenn alle Wächter aus der Stadt uns die Ohren voll bliesen. Wer dem lieben Gott vertraut, dem steht er in allen seinen Nöten wunderbarlich bei".[42] Nachdem sich Möser verabschiedet hatte, machte er „die natürliche Anmerkung, daß die Religion auf dem Lande weit stärker sei als in den Städten", weil man dort ohne „einen so starken Glauben"[43] schlechterdings nicht zurechtkommen würde.

Die *Bauren-Theodicee* ist eindrücklich komponiert und erzählt, bleibt aber in ihrer Botschaft ambivalent, denn die sich unmittelbar nahelegende Quintessenz, die Religion erscheine doch nur als eine Strategie zur Kontingenzbewältigung für die Bewohner einsamer Landbauernhöfe, während sie den etliche Sicherungssysteme genießenden Städtern zumindest tendenziell entbehrlich sei, wurde von Möser nicht reflektiert, ja nicht einmal andeutend zur Sprache gebracht.

Tatsächlich oszillierten die optimistischen Religionsprognosen, die er andernorts kundgab, zwischen zwei kaum vereinbaren Polen. Die zuversichtlich vorgetragene Überzeugung, dass, „wenn auch die sogenannte feinere Welt alle Religion aus der Welt wegdisputierte, die Bedürfnisse des Landmanns sie allemal wieder zurückrufen würden",[44] schien durchaus einen religiösen Antagonismus von städtischer Bürgerlichkeit und land-

---

[42] AaO 211.

[43] AaO 211f.

[44] AaO 212.

sässiger Bauernschaft nahezulegen.[45] Jedoch hat Möser die partiell beschränkte Überlebenshoffnung christlicher Religion mehrfach auch generalisiert, so wenn er an der genannten Stelle fortfuhr: „Die Not würde *überall* und *allemal* wieder beten lehren“[46] oder die Religion schlechthin zu einer *conditio humana* erhob, derzufolge nicht etwa nur der Landmann, sondern der Mensch als solcher sein Handeln stets durch Totaleindrücke bestimmt sein lasse.[47] So dürfte Möser, was der Bauer exemplarisch darzustellen schien, wohl doch als eine Konstante des gesamten humanen Lebensvollzugs eingeschätzt haben.[48]

Gott zu vertrauen, ohne ihn zu ergründen, und an den Schöpfer zu glauben, ohne ihn begreifen zu können, bezeichnete für Möser den Glücksfall gelingender Frömmigkeit. Und eben um solches Lebensglück zu erlangen und festzuhalten, sei dem Menschen, wie er meinte, die Vernunft geschenkt. Insofern erschien ihm der schlichte, unspekulative Gottesglaube geradewegs als die Zielweisung der Vernunft.[49]

---

[45] In dem zuletzt zitierten Satz dürfte das Verb „wegdisputierte“ schwerlich als Irrealis zu deuten sein.

[46] SW IX, 212; Hervorhebungen von mir.

[47] „Sein Sie unbesorgt, meine Beste, die Bücher gegen die Religion schaden so viel nicht, wie Sie fürchten. Der Mensch handelt immer nach Totaleindrücke; und diese sind mächtiger als alle abstrakte Wahrheit. Es würde auch wunderlich in der Welt aussehen, wenn sich die Menschen so nach ihren Schlüssen, die sie in ihrer Muße ausspinnen, richten könnten und nicht vielmehr durch die unendliche Macht des auf ihre Sinne und Vernunft würkenden Ganzen zu ihren Unternehmungen bestimmt würden“ (J. Möser, Bücher gegen die Religion schaden so viel nicht, o.J. [SW IX, 204f]).

[48] „Die Religion wird immer oben bleiben, wenn sie auch noch so sehr gedrückt wird; der Mensch bedarf ihrer zu sehr, um sie gänzlich zu entbehren; er wird sie immer unter den Ruinen wieder hervorsuchen, wenn es jemals einem Herostratus gelingen sollte, ihren Tempel zu verbrennen“ (J. Möser, Über Toleranz, o.J. [SW III, 183f], 183).

[49] Vgl. SW IX, 208. – Zu diesem Konzept einer vernünftig begründeten und vernünftig wirksam werdenden Offenbarungsreligion s.u. Abschnitt II.4.c.

b) Judentum und Christentum

Zur Mitte des 18. Jahrhunderts dürften in den Territorien des Heiligen Römischen Reiches Deutscher Nation etwa 65.000 Juden ansässig gewesen sein.[50] Sie lebten zumeist in Siedlungszentren, freilich nicht allein in Metropolen wie Prag, Hamburg oder Frankfurt am Main, sondern selbstverständlich auch in kleineren Städten wie Osnabrück. Gleichwohl gibt es für die Frage nach Mösers Verhältnis zum deutschen Judentum seiner Zeit kaum brauchbare Spuren. Indizien eines manifesten antijüdischen Ressentiments finden sich dabei nicht. Wenn Möser einmal von „Kornjuden“[51] sprach und ein anderes Mal den „Schutzjude[n] Nathan zu S.“[52] als Autor einer gegen das Lotteriespiel votierenden Denkschrift fingierte,[53] entsprach dies dem damals landläufigen, allenfalls subkutan pejorativen Sprachgebrauch. Beiläufige Abfälligkeiten, die das Handels-[54] und Finanzgebahren der Juden[55] aufs Korn nehmen, begegnen

[50] Vgl. M. Breuer, Frühe Neuzeit und Beginn der Moderne (in: Ders. / M. Graetz [Hg.], Deutsch-jüdische Geschichte in der Neuzeit. Bd. 1: Tradition und Aufklärung 1600–1780, 1996, 83–247), 141–150; S. Jersch-Wenzel, Bevölkerungsentwicklung und Berufsstruktur (in: M. Brenner / Dies. / M. A. Meyer [Hg.], Deutsch-jüdische Geschichte in der Neuzeit. Bd. 2: Emanzipation und Akkulturation 1770–1871, 1996, 57–95).

[51] SW V, 52.

[52] SW VI, 98.

[53] J. Möser, Alleruntertänigstes Memorial. Der Schutzjude Nathan zu S. bittet alleruntertänigst, daß dem Pfarrer seines Orts die Lotteriekollektion verboten werden möge, 1776 (SW VI, 98–100).

[54] „Es soll kein Jude oder ander reisender Krämer gegen euch geduldet werden“ (SW IV, 162) – „Was soll dem Juden die Geschichte des Handels? Er betriegt den Christen, der sie gelernt hat, hundertmal und versteht sich tausendmal besser auf ein Gesicht als alle Physiognomen“ (SW X, 292).

[55] „Wo ist jetzt der Landstädter, der sich rühmen kann, […] die Ursache eines steigenden und fallenden Wechsels zeitig zu bemerken […] und sofort seine Maßregeln darnach zu nehmen? […] Moses und Abraham rechne ich aber nicht mit. Diese können freilich Wechsel in Menge

im erzählerischen Werk nur vereinzelt und dürfen nicht unkritisch mit der Meinung des Autors identifiziert werden. In Mösers Briefen suchte man irgendwelche antijüdischen Invektiven vergebens.

Das Einzige, was ihn nachweislich interessierte, war das historische Verhältnis von jüdischer und christlicher Religion. Bereits im Alter von 25 Jahren äußerte er sich dazu in einem auf den 3. August 1746 datierten Journalbeitrag,[56] der auf manche Grundgedanken, die Gotthold Ephraim Lessing in der religionsgeschichtlichen Konstruktion seiner Schrift *Die Erziehung des Menschengeschlechts* (1777/80) entfalten sollte, vorauszuweisen schien. So hielt es der junge Möser für ausgemacht, dass Gott die begriffsfreie Sinnlichkeit der alten Israeliten in Rechnung gestellt und ihnen deshalb, „um ihre sterbliche Frömmigkeitslust zu ernähren", nur „äußerliche Dinge" zum Gesetz gemacht habe.[57] Indessen sei aus der Befolgung dieser Vorschriften eine „Veränderungsbegierde" erwachsen, der Gott mit „heilsamen Prophezeiungen" zu genügen suchte, „welche immer stärker wurden, sobald die schwächere bei ihnen veraltet waren".[58] Allerdings ließ Möser die Entstehung der aus dem

---

schreiben; aber darf man fragen, wie? […] Der Hamburger, Bremer oder Holländer gewinnet also daran ein Halbes vom Hundert […] und Moses und Abraham sicher ein Ganzes" (SW IV, 17).

[56] Vgl. SW I, 164–168.

[57] AaO 168. – Ähnlich bei Lessing: „Ein Volk aber, das so roh, so ungeschickt zu abgezognen Gedanken war, noch so völlig in seiner Kindheit war, was war es für einer *moralischen* Erziehung fähig? Keiner andern, als die dem Alter der Kindheit entspricht. Der Erziehung durch unmittelbare sinnliche Strafen und Belohnungen. […] Noch konnte Gott seinem Volke keine andere Religion, kein anders Gesetz geben, als eines, durch dessen Beobachtung oder Nichtbeobachtung es hier auf Erden glücklich oder unglücklich zu werden hoffte oder fürchtete. Denn weiter als auf dieses Leben gingen seine Blicke nicht" (G.E. Lessing, Die Erziehung des Menschengeschlechts, §§ 16f [in: Ders., Werke. Bd. 8: Theologiekritische Schriften III. Philosophische Schriften, hg. von H.G. Göpfert, 1989, 489–510], 492).

[58] SW I, 168.

Judentum hervorgehenden christlichen Religion an dieser Stelle noch ganz aus dem Blick.

Knapp zwei Jahrzehnte später schien sein religionsgeschichtliches Konzept dann vollständig geworden zu sein. Jedenfalls übermittelte er am 29. September 1764 an Thomas Abbt seine etwas kryptisch angedeutete Überzeugung, der Adressat würde zweifellos beipflichten, „wenn ich Ihnen meine Idee, wie die christliche Religion aus der jüdischen nothwendig entstanden, hier erklären könnte".[59] Auch aus der Bemerkung, man müsse „Christum als das große Genie betrachten" und die Entstehung des Christentums „einer göttlichen Begeisterung zuschreiben",[60] ließen sich die Umrisse seines Konzeptes vorerst nur erahnen.

Dies änderte sich grundlegend, als Möser im Frühjahr 1773 seine einschlägige Hauptschrift herausgab. Sie erschien in Amsterdam unter dem ausladenden Titel *Schreiben an Herrn Aaron Mendez da Costa, Oberrabbiner zu Utrecht, über den leichten Übergang von der pharisäischen Sekte zur christlichen Religion*.[61] Ob dem Verfasser bewusst war, dass er damit ein vielfach vermintes Themenfeld betreten und großes strittiges Aufsehen erregen würde, ist nicht erwiesen, aber, bedenkt man die umsichtige Aufmerksamkeit, die er den intellektuellen Debatten seiner Zeit zuwandte, doch wohl zu vermuten. Die Hintergründe lassen sich mit wenigen Strichen umreißen.

Als die deutsche Aufklärung längst in Blüte stand und sich in reflexiver Selbstwahrnehmung als einen epochalen Transformationsprozess zu verstehen begann, entstand seit der Mitte des 18. Jahrhunderts die jüdische Parallelbewegung der Haskala.[62]

---

[59] Möser an Thomas Abbt, 29.9.1764 (BW 343–345), 343. – Auch in dieser Hinsicht dürfte ein vergleichender Blick auf Lessings *Erziehungsschrift* aufschlussreich sein.

[60] Ebd.

[61] J. MÖSER, Schreiben an Herrn Aaron Mendez da Costa, Oberrabbiner zu Utrecht, über den leichten Übergang von der pharisäischen Sekte zur christlichen Religion, 1773 (SW III, 34–42).

[62] Vgl. etwa M. PELLI, The Age of Haskalah. Studies in Hebrew

Ihre Ursprünge lagen in der preußischen Residenzstadt Berlin, von dort griff sie bald auf weite Teile des Kontinents aus. Die zumal in den Städten florierende bürgerlich-kulturelle Vielfalt und Modernität erwies sich dafür als überaus günstig. Hier fand und nutzte die intellektuelle Avantgarde des Judentums das Forum vorurteilsfreier Geselligkeit, verkehrte in den Kaffeehäusern, Konzertsälen und Theatern, frequentierte das säkulare Bildungsinventar und setzte sich dergestalt, ohne die eigene religiöse Wurzelprägung zu leugnen, einem umfassenden, höchst folgenreichen Akkulturationsprozess aus.

Eine signifikante Besonderheit der Haskala lag in der ihr eigenen intentionalen Ambivalenz. Denn stets war sie den beiden gegenläufigen, doch komplementären Zielen verpflichtet, einerseits die gleichberechtigte Teilhabe an deutscher Aufklärung zu erlangen, andererseits eine identitätswahrende Aufklärung des Judentums sicherzustellen. In der erstgenannten Hinsicht suchten sich die als Maskilim titulierten Schüler und Verfechter der Haskala dadurch aus der jahrhundertelangen Diskriminierung zu lösen, dass sie eine intellektuelle, soziale und kulturelle Ebenbürdigkeit erstrebten, etwa durch die autodidaktische Rezeption der allgemeinen bürgerlichen Wissensstoffe, den Wechsel vom jiddischen Idiom in die Nationalsprache oder die Gründung eigener Publikationsforen und Sodalitäten.[63] Demgegenüber suchten die nach innen gerichteten Absichten der Haskala die Errungenschaften der deutschen und europäischen Aufklärung in den jüdischen Binnendiskurs einzuspeisen, die eigene religiöse Tradition dadurch als aufklärungs- und neuzeitaffin zu erweisen und somit die Vereinbar-

---

Literature of the Enlightenment in Germany, 1979; J. Allerhand, Das Judentum in der Aufklärung, 1980; Ch. Schulte (Hg.), Haskala. Die jüdische Aufklärung in Deutschland 1769–1812 (Das achtzehnte Jahrhundert 23, 1999, 143–246); Ders., Die jüdische Aufklärung. Philosophie, Religion, Geschichte, 2002.

[63] Vgl. K.L. Berghahn, Grenzen der Toleranz. Juden und Christen im Zeitalter der Aufklärung, [2]2001, 232–262.

keit von jüdischer Identität und kultureller Modernität zu gewährleisten.

Die katalysatorische Bedeutung, die Moses Mendelssohn (1729–1786) als dem Inaugurator der Berliner Haskala zukam, lässt sich kaum überschätzen.[64] Er war 1747 von Dessau nach Berlin übersiedelt und dort 1763 in den Status eines außerordentlichen Schutzjuden gelangt. Mit Lessing verband ihn enge, aufrichtige Freundschaft, desgleichen mit dem einflussreichen Großverleger und Schriftsteller Friedrich Nicolai.[65] Dessen *Allgemeine deutsche Bibliothek* machte das Publikum vorbehaltlos mit den Produkten jüdischer Autoren bekannt, Mendelssohn seinerseits konnte bedeutende Werke, darunter sein *Phädon oder über die Unsterblichkeit der Seele* (1767), in der Offizin des Freundes Nicolai, dieses tätigen Philosemiten,[66] verlegen.

Das kulturelle Adaptionsinteresse der Haskala stieß bei den deutschen Aufklärern insgesamt auf höchst verhaltene Resonanz.[67] Unter den namhaften Vertretern waren es einzig Les-

---

[64] Vgl. etwa A. ALTMANN, Moses Mendelssohn. A Biographical Study, 1973; M. ALBRECHT u.a. (Hg.), Moses Mendelssohn und die Kreise seiner Wirksamkeit, 1994; S. FEINER, Moses Mendelssohn. Ein jüdischer Denker in der Zeit der Aufklärung, 2009.

[65] Vgl. J.H. SCHOEPS, Das Dreigestirn der Berliner Aufklärung. Eine Skizze der Freundschaftsbeziehungen zwischen Moses Mendelssohn, Gotthold E. Lessing und Friedrich Nicolai (in: S. STOCKHORST [Hg.], Friedrich Nicolai im Kontext der kritischen Kultur der Aufklärung, 2013, 275–295).

[66] Vgl. U. SCHNEIDER, Friedrich Nicolais Perspektive(n) auf die Berliner Juden und die jüdische Aufklärung (in: STOCKHORST, Nicolai [s. Anm. 65], 297–314).

[67] Vgl. K. CARMELY, Wie aufgeklärt waren die Aufklärer im Bezug auf die Juden? (in: E. BAHR / E.P. HARRIS / L.G. LYON [Hg.], Humanität und Dialog. Lessing und Mendelssohn in neuer Sicht. Beiträge zum Internationalen Lessing-Mendelssohn-Symposion 1979, 1982, 177–188); A. BEUTEL, Deutsche Aufklärung und Judentum. Eine Feldvermessung in exemplarischem Zugriff (in: D. WENDEBOURG / A. STEGMANN / M. OHST [Hg.], Protestantismus, Antijudaismus, Antisemitismus. Konvergenzen und Konfrontationen in ihren Kontexten, 2017, 181–204).

sing und Nicolai, die offene Zustimmung artikulierten. Mit seinem frühen Lustspiel *Die Juden* (1749) hatte Lessing weithin Befremden erregt. Selbst der aufklärerisch gesinnte Göttinger Orientalist und Theologe Johann David Michaelis hielt die von Lessing dort gezeichnete Gestalt des guten Juden für „allzu unwahrscheinlich".[68] Noch ein Vierteljahrhundert später meinte Michaelis in dem „Nationalcharakter" der Juden ein unüberwindliches Integrationshindernis zu erkennen.[69] Immanuel Kant sah in Lessings *Nathan der Weise* (1779) nur den zweiten Teil des Lustspiel *Die Juden* und hielt mit seiner Distanznahme ebenfalls nicht hinter dem Berg.

In den Augen etlicher Aufklärer schien Johann Caspar Lavater (1741–1801) den Bogen dann aber doch überspannt zu haben.[70] Als junger Kandidat der Theologie war er 1763 mehrfach im Hause Mendelssohn eingekehrt und hatte dabei den irrigen Eindruck gewonnen, der Gastgeber stehe kurz vor seinem Übertritt zum Christentum. Übrigens hielten damals auch andere Intellektuelle, etwa Johann Arnold Ebert, eine Konversion zum protestantischen Christentum für die notwendige Konsequenz jüdischer Aufklärung.[71] Auslöser der bekannten Lavater-Mendelssohn-Affäre war die Zueignung, die der enthusiastische Zürcher Gottesmann seiner 1769 publizierten

[68] J.D. Michaelis, Rez. G.E. Lessing, Die Juden (GAGS vom 13.6.1754, 621).

[69] „So lange die Juden Mosis Gesetze halten, so lange sie z. E. nicht mit uns zusammen speisen, und bey Mahlzeiten oder der Niedrige im Bierkrug vertrauliche Freundschaft machen können, werden sie [...] nie mit uns so zusammenschmelzen, wie Catholike und Lutheraner, Deutscher, Wende und Franzose, die in einem Staat leben" (zit. nach Ch. W. Dohm, Ueber die bürgerliche Verbesserung der Juden. Zweyter Theil, 1783, Nachdruck 2013, 41).

[70] Der Lavater-Mendelssohn-Streit ist mehrfach eingehend behandelt worden; vgl. zuletzt B. Pecina, Mendelssohns diskrete Religion (BHTh 181), 2016, 213–235 (Lit.).

[71] Vgl. M.A. Meyer, Von Moses Mendelssohn zu Leopold Zunz. Jüdische Identität in Deutschland 1749–1824, 1994, 33.

Teilübersetzung von Charles Bonnets *Untersuchung der Beweise für das Christenthum*[72] vorangestellt hatte. Darin sah sich der jüdische Aufklärer öffentlich aufgefordert, entweder die Beweise Bonnets stichhaltig zu widerlegen oder aber zur „wahren" Religion überzutreten. Als geradezu infam musste dabei erscheinen, dass Lavater unverblümt einklagte, Mendelssohn möge tun, „was Socrates gethan hätte", nachdem der so Herausgeforderte in seinem kurz zuvor gedruckten *Phädon* die Figur des Sokrates als Sprachrohr seiner eigenen, jüdischen Religionsphilosophie eingesetzt hatte[73] und daraufhin seinerseits als der „deutsche Sokrates" apostrophiert worden war.[74] Im Fortgang der Auseinandersetzung wahrte Mendelssohn vornehme Noblesse, während Lavater bei aller Höflichkeit ohne Einsicht blieb und über den selbstgerechten Seufzer „Schade für die schöne Seele"[75] im Grunde niemals hinauskam.

Im Umfeld dieser Affäre erfuhr Mendelssohn namhafte Solidaritätsbekundungen, etwa durch den seinerseits einer Lavaterschen Bekehrungsattacke ausgesetzten Johann Wolfgang von Goethe oder, in glänzend ironischer Brechung, durch Georg Christoph Lichtenberg.[76] Auf diesem Hintergrund musste sich Mösers *Schreiben an Herrn Aaron Mendez da Costa* wie ein ins Feuer gegossener Ölkanister ausnehmen. –

---

[72] Herrn Carl Bonnets […] philosophische Untersuchung der Beweise für das Christenthum […]. Aus dem Französischen übersetzt und mit Anmerkungen hg. von J. C. LAVATER, 1769.

[73] Die Vermutung, dass der Berliner Propst Johann Joachim Spalding dabei „seine Hände im Spiel hatte" (ALLERHAND, Das Judentum [s. Anm. 62], 91f), ist haltlos und abwegig; vgl. nur Johann Joachim Spalding an Johann August Nösselt, 6.5.1770 (in: J. J. SPALDING, Briefe, hg. von A. BEUTEL / O. SÖNTGERATH, 2018, 177).

[74] Vgl. S. TREE, Moses Mendelssohn (rm 50671), 2007, 54f.

[75] Zit. nach MEYER, Von Moses Mendelssohn zu Leopold Zunz (s. Anm. 71), 35.

[76] Nachweise bei BEUTEL, Deutsche Aufklärung und Judentum (s. Anm. 67), 187f.

Nachdem sich Möser schon bald nach Erscheinen des Textes ersten Anwürfen ausgesetzt sah, legte er im November 1773 gegenüber Nicolai sein Publikationsmotiv offen: „Eine Aeußerung von ihm [sc. Mendelssohn] in einem vertrauten Briefe an Abbt, worin er sich über gewisse Wahrheiten unserer Religion sehr scharf ausdrückte, hat ihn veranlaßt".[77] Bedenkt man indessen, dass ein solcher Brief Mendelssohns schon am Ende des 18. Jahrhunderts nicht mehr auffindbar[78] und Thomas Abbt bereits sieben Jahre zuvor gestorben war, wird man zumindest zögern, die Selbstauskunft des Autors für bare Münze zu nehmen.

Die literarische Form des fingierten Briefes erfreute sich im Zeitalter der Aufklärung großer Beliebtheit,[79] auch Möser machte gelegentlich gerne von ihr Gebrauch. Im vorliegenden Fall suchte er den als hypothetisches Gedankenexperiment kaschierten Nachweis zu führen, dass das Christentum und näherhin dessen Unsterblichkeits- oder Ewigkeitsglaube in zwingender religionsgeschichtlicher Konsequenz aus dem Judentum erwachsen sei. Diese Metamorphose, erläuterte er, habe „keine neuen Prämissen, sondern nur den Beweis des Faktums"[80] erfordert.

In Anbetracht des angedeuteten Sachzusammenhangs mochte schon die Anrede „Mein redlicher Freund!"[81] als der Versuch einer mit der suggestiven Schlusswendung korrespondierenden appellativen Vereinnahmung erscheinen. Das *Schreiben an Herrn Aaron Mendez da Costa* präsentierte sich als Fortsetzung eines schon früher begonnenen Briefwechsels. Über das dabei erörterte Thema der Beschneidung, befand Möser nun,

[77] Möser an Friedrich Nicolai, 3.11.1773 (BW 483).

[78] Vgl. F. Nicolai, Leben Justus Mösers, 1797, Nachdruck 1995, 83.

[79] Vgl. H. Rogge, Fingierte Briefe als Mittel politischer Satire, 1966; A.C. Anton, Authentizität als Fiktion. Briefkultur im 18. und 19. Jahrhundert, 1995.

[80] Möser, Schreiben an Herrn Aaron Mendez da Costa (s. Anm. 61), 35.

[81] AaO 34.

sollte man sich nicht länger mehr zanken, zumal jetzt eine andere Kontroverse geführt werden müsse. Denn offenbar hatte der jüdische Briefpartner zuletzt die christliche Satisfaktions- und Erlösungslehre, die Möser, nebenbei bemerkt, in anderem Kontext auch seinerseits zu problematisieren beliebte,[82] als „ein beständiges und unüberwindliches Ärgernis“ ausgewiesen; und damit, pflichtete Möser ihm bei, „wird die Sache ernsthafter und der Streit wichtiger“.[83] Unverzüglich leitete er denn auch eine Gegenoffensive ein, indem er „das Ungereimte, was Sie darin zu finden vermeinen“, als die Lehrbildung einer wichtigen jüdischen Sekte, nämlich der Pharisäer, identifizierte. Der von Möser mit der Vokabel „wahrscheinlich“[84] signalisierte Vorbehalt war, wie der Fortgang erzeigt, nur rhetorisch-psychologischer Art, denn in Wirklichkeit ließ er an dieser religionsgeschichtlichen Zuschreibung nicht den mindesten Zweifel aufkommen: Ausweislich einer exakt bezifferten Bibelstelle (Act 23,9) habe Paulus, um Christ zu werden, seine Lehre nicht ändern, sondern nur durch ein Wunder überzeugt werden müssen.

Zwar gestand Möser bereitwillig zu, die Auffassung, im Sündenfall Adams sei die Menschheit mit der Gottebenbildlichkeit auch der Unsterblichkeit verlustig gegangen, stelle den „älteste[n] und erste[n] von Gott gebotene[n] *Grundsatz*“ des Judentums dar.[85] Indem er nun aber, Mendelssohn unausgesprochen im Blick und offenbar auf zwei beiläufige Notizen des Neuen Testaments (Mt 22,23; Act 23,8) anspielend, in der Gruppe der Pharisäer einen die Lehre von der Unsterblichkeit aufbringenden „Sokrates“[86] supponierte, gewann der Disput unübersehbar an Pikanterie. Dadurch, fuhr Möser fort, sei dem zitierten „Grundsatz“ eine doppelte Deutungsmöglichkeit zugewach-

[82] S.u. Abschnitt II.2.a.

[83] MÖSER, Schreiben an Herrn Aaron Mendez da Costa (s. Anm. 61), 35.

[84] Ebd.

[85] AaO 36; Hervorhebung von mir.

[86] Ebd.

sen, die sich in der folgenden These der Pharisäer eröffne: „Alle Menschen müssen ewig unter dem Gesetze bleiben, oder ein Ewiger muß das Gesetz erfüllen“.[87] In der Überzeugung, dass diese These, deren Beweisführung sich Möser großzügig ersparte, selbstverständlich auf die zweitgenannte Option ziele, forderte er den Briefpartner auf, nun seinerseits die hermeneutischen Implikationen offenzulegen: „Was [würden] Sie aus diesem Ewigen, der für alle Menschen sterben und das Gesetz erfüllen sollte, gemacht haben [...], wenn Sie [...] wie Paulus ein Pharisäer und Pharisäerssohn gewesen wären?“[88] Ohne eine Replik des brieflichen Gesprächspartners abzuwarten, stand für Möser die Antwort schon unzweifelhaft fest: Man habe dem „Ewigen“ unfehlbar die Gottessohnschaft, ferner Auferstehung und Himmelfahrt zusprechen müssen, womöglich sogar die Stiftung eines als „Taufe“ zu titulierenden „symbolische[n] Vereinigungsmittel[s]“ sowie die Sendung eines heiligen Geistes.[89]

Den unverkennbaren sittlichen Fortschritt, der damit einhergehe, sah Möser darin, dass eine Religion, welche die Unwiederbringlichkeit des Menschen lehre, allenfalls dessen äußere Tugendhaftigkeit sichern könne, der Glaube an die Unsterblichkeit des Menschen hingegen auch dessen innere Natur zu veredeln vermöge.[90] Und eben dieser qualitative sittliche Mehrwert habe sich in der Umwandlung des pharisäischen Judentums zum Christentum eingestellt: „Unser Evangelium ist die frohe Botschaft von der dem menschlichen Geschlechte wiedererworbenen Unsterblichkeit“.[91]

Der dabei gebrauchte Indikativ setzte nun freilich die Faktizität der vorgetragenen Überlegung voraus. Da Möser das „Wunder“, durch das der Pharisäer Saulus zu Paulus geworden war, dem Briefpartner nicht zuführen könne, rief er ihn statt-

---

87 AaO 37.
88 AaO 39.
89 Ebd.
90 Vgl. aaO 40.
91 AaO 41.

dessen zu eigener rationaler Plausibilitätsprüfung auf[92] und bot ihm dafür, an den suggestiven Eingangsgruß gemahnend, seine selbstlose Mithilfe an:

> „Sie sind ein Philosoph, der die Unsterblichkeit der Seele wünscht, und ich bin zugleich [!] ein Christ, der sie aus der Offenbarung glaubt. Sollten Sie nicht wünschen, diese Versicherung auch zu haben, und den Fluch des tötenden Gesetzes, welches uns Moses bekannt gemacht hat, durch den Ewigen, in dem alle Menschen auf einmal der alten Naturschuld abgestorben und zur Sterblichkeit wiedergeboren sind, aufgehoben zu sehen?“[93]

Ein undatiertes Nachlassfragment bot Möser Gelegenheit, die Grundgedanken, die er in seinem *Schreiben an Herrn Aaron Mendez da Costa* fixiert hatte, zu wiederholen. In einer Randbemerkung fügte er den Hinweis hinzu, sein dort praktiziertes argumentationsstrategisches Vorgehen sei geradewegs Mendelssohns *Phädon* entnommen, der „dasjenige, was man begierig annimmt, vorangeschickt und den schweren Teil nachgeschoben [habe]; und so sei es mir denn auch gestattet, jene Ihnen anstößige Lehren auf den Nachsatz zu versparen und Ihnen die Lehren Jesu bloß als die Offenbarung von der Unsterblichkeit der Seelen zu empfehlen“.[94] Hier bekräftigte er auch seine These, die Lehren Jesu enthielten im Kern „die Offenbarung unser Unsterblichkeit“,[95] und fügte, wiederum mit unverkennbarem Blick auf Mendelssohn, in selbstbewusster Apologetik hinzu: „Unter dieser Gestalt muß sie gewiß allen denkenden Menschen, sie mögen auch im übrigen glauben, was sie wollen, willkommen sein; und die Philosophen werden sich gewiß freuen, die Bestätigung ihrer besten Wünsche zu vernehmen“.[96]

Merkwürdigerweise übersandte Möser von dem im Frühjahr 1773 publizierten *Schreiben an Herrn Aaron Mendez da Costa*

---

92 Vgl. aaO 41 f.
93 AaO 42.
94 SW IX, 213; vgl. etwa SW X, 203.
95 Vgl. SW IX, 203.
96 Ebd.

erst am 3. November desselben Jahres zwei Exemplare an Nicolai. Das mochte aus dem Interesse geboren sein, die in Amsterdam nur in sehr kleiner Auflage gedruckte Schrift nun auch auf dem deutschen Markt präsentieren zu können. Beiläufig fügte er die Bitte hinzu, eines der beiden ohne Verfasserangabe gedruckten Exemplare an Mendelssohn weiterzuleiten, ihn dabei aber keinesfalls „auf die Spur zu bringen, woher es kommt".[97] Es scheint, als habe Nicolai die Abhandlung Mösers als einen Aufruf zu allgemeiner Judenmissionierung gedeutet. Jedenfalls sah sich Möser veranlasst, die von ihm reklamierte eigentliche Intention noch einmal zu unterstreichen: „Die Judenbekehrung ist meine Absicht nicht. Es ist dieses nur eine Wendung, um zu zeigen, wie die christliche Religion eine Folge der jüdischen Theorie sein könne ... Sie haben mich also nicht von der richtigen Seite angesehen".[98]

Zu einem Nachdruck des *Schreiben[s] an Herrn Aaron Mendez da Costa* fand sich Nicolai, sollte es Möser darauf angelegt haben, durchaus nicht bereit. Dagegen bemühte sich der Verleger Johann Lorenz Benzler erfolgreich um eine Neuauflage der Schrift. Möser willigte dankbar ein, sah sich jedoch abermals zur Selbstrechtfertigung gedrängt: Weder habe er mit dieser Schrift das Judentum verspotten noch zur allgemeinen Konversion der deutschen Juden aufrufen wollen. Vielmehr sei er lediglich durch den Umstand provoziert worden, „daß Männer, welche als Philosophen die Auferstehung wünschten, eine nähere Bestärkung derselben aus der Offenbarung von der Hand wiesen".[99] Um diese unausgesprochen, aber offensichtlich auf Mendelssohn verweisende Absicht zu kaschieren, fügte Möser einen verschleiernden Bericht von der „ganze[n] Geschichte, wodurch der Brief veranlasset worden", erneut hinzu.[100]

---

[97] Möser an Friedrich Nicolai, 4.11.1773 (BW 483).

[98] Möser an Friedrich Nicolai, 24.8.1774 (BW 490).

[99] Möser an Johann Lorenz Benzler, 28.8.1776 (BW 519–522), 520.

[100] AaO 520f.

Tatsächlich wird man Möser vorbehaltlos darin zustimmen können, dass seine Streitschrift keineswegs auf eine allgemeine Bekehrung der Juden abzweckte. Allerdings zielte die öffentliche Empörung auch gar nicht darauf, sondern auf den in der Tat schwerlich abzuweisenden Eindruck einer gezielt an Mendelssohn gerichteten Konversionsforderung. Schließlich aber realisierte Möser die Menge des von ihm zerbrochenen Porzellans und ließ den Vorgang stillschweigend auf sich beruhen. Die Wertschätzung, die er Mendelssohn entgegenbrachte, scheint darunter nicht dauerhaft gelitten zu haben. Etliche Jahre später, als Mendelssohn sein Spätwerk *Jerusalem oder über die religiöse Macht und Judenthum* (1783) auf den Markt gebracht hatte, quittierte es Möser mit aufrichtigem Lob: „Herrn Mendelssohns *Jerusalem* habe ich schon zweymal gelesen, und ich wüßte nicht, daß mir kürzlich ein Werk so wohl gefallen hätte als dieses".[101] Und als wollte er den in seinem Herzen längst geschlossenen Frieden bekräftigen, fügte er humorvoll entwaffnend hinzu, die dort auftretenden „Buchstabenmenschen"[102] habe ihm Mendelssohn „aus der Seele gestohlen; ich hatte auch eine lange Betrachtung darüber entworfen und dachte, sie einst mitzutheilen. Nun, fürchte ich, kommt sie zu spät und wie der Senf nach der Mahlzeit".[103]

2. Religion

a) Natürliche und positive Religion

Die Auseinandersetzung mit Mendelssohn war nicht der einzige theologische Disput, den Möser mit einem Philosophen von Rang inszeniert hat. Suchte er diesem, wie es scheint, den

---

[101] Möser an Friedrich Nicolai, 20.2.1784 (BW 656).

[102] Vgl. M. Mendelssohn, Jerusalem oder über die religiöse Macht und Judenthum, 1783, 61–63.

[103] Möser an Friedrich Nicolai, 20.2.1784 (BW 656).

Übertritt vom jüdischen zum christlichen Glauben nahezulegen, so hatte er bereits zehn Jahre zuvor Jean-Jacques Rousseau von der Defizienz, welche die natürliche Religion gegenüber einer Offenbarungsreligion aufweise, zu überzeugen getrachtet. Er replizierte damit auf das *Glaubensbekenntnis eines savoyischen Vikars*, das Rousseau im vierten Buch seiner 1762 erschienenen Schrift *Émile ou de l'éducation* vorgelegt hatte. Auch später kam er auf das dabei verhandelte Thema gelegentlich noch zurück.

Mösers *Schreiben an den Herrn Vicar in Savoyen*[104] muss im Laufe des Jahres 1763 entstanden sein. Der Freund Johann Friedrich Wilhelm Jerusalem, der es für angezeigt hielt, „dem Herrn Rousseau in einem gewissen Ton zu antworten",[105] habe ihn dazu bewogen. Als das Manuskript fertiggestellt war, übersandte Möser eine Abschrift an Jerusalem, um zu erfahren, ob er dabei „einige gar zu kühne Grundsätze in Ansehung unser Religion gewagt und mich in manchen Ausdrücken nicht vorsichtig genug aufgeführet"[106] habe. Nachdem der berühmte theologische Ratgeber offenbar zugestimmt und das Werk im Gespräch mit Dritten, selbst gegenüber dem Erbprinzen von Braunschweig,[107] gerühmt hatte, gab es Möser, bevor er im November 1763 nach London abreiste, zum Druck. Ende Januar 1764 erkundigte er sich von dort aus brieflich bei Friedrich Nicolai, ob es inzwischen erschienen sei, und betonte, da ihn die an Jerusalem gemeldeten Skrupel erneut heimgesucht hatten, noch einmal, es sei „meine Absicht nie gewesen, etwas gegen die Religion zu schreiben".[108] Dass die in Hamburg verlegte, verschollene Erstausgabe spätestens im Juli 1764 auf dem

[104] J. MÖSER, Schreiben an den Herrn Vicar in Savoyen, abzugeben bei dem Herrn Johann Jacob Rousseau, 1764 (SW III, 15–33).

[105] Möser an Friedrich Nicolai, 24.1.1764 (BW 304–306), 305.

[106] Möser an Thomas Abbt, Juli 1764 (BW 327–330), 327.

[107] Vgl. Möser an Thomas Abbt, 12.5.1764 (BW 313–319), 316.

[108] Möser an Friedrich Nicolai, 24.1.1764 (BW 304–306), 305.

Markt war, wissen wir lediglich aus einer brieflichen Nachricht an Thomas Abbt.[109]

Möser ging mit Rousseau hart ins Gericht. Das von dem Genfer Philosophen entworfene Idyll einer kirchlich ungebundenen, gottgläubigen, allein dem eigenen Gewissen verpflichteten Religion beurteilte er als liebenswürdig, aber naiv: Es sei gänzlich unzureichend, philosophisch abgehoben[110] und wirklichkeitsblind. Demgegenüber wollte er zeigen, dass die dem savoyischen Vikar zugeschriebene

> „sanfte natürliche Religion gut für Wallachen, aber nicht für Hengste wäre, den[en] man die Schwänze noch nicht abgestutzt; und daß man die Schöpfung verarmen lassen würde, wenn man die Löwen, Tyger und Schlangen daraus verbannen und nicht vielmehr einen göttlichen Kappzaun zu ihrem Besten erdenken wollte. Mit den milchbärtigen Emils hätte der Stiffter einer Religion nicht allein zu thun; er müste auch Ketten und Klötze vor die menschlichen Löwen wissen".[111]

Tatsächlich schien Möser das Entstehen einer Offenbarungsreligion als die Erfindung von Religionsstiftern und Gesetzgebern zu werten. Sie sei überall dort unabdingbar gewesen, wo sich eine bürgerliche Gesellschaft zu konstituieren begann. Denn der „gelinde Faden",[112] mit dem die natürliche Religion einem Menschen Halt und Richtung gebe, möge zwar Hirten und Einsiedlern, denen er offenbar auch den Vikar aus Savoyen zuwies, genügen,[113] doch um in einem Staatsvolk die öffentliche Ordnung zu gewährleisten, bedürfe es „notwendig"[114] der

---

[109] Vgl. Möser an Thomas Abbt, Juli 1764 (BW 327–330), 327.

[110] „Ich glaube, daß wir nicht wohl tun, Religion bloß für Philosophen und nachdenkende Wesen zu bilden. […] So will ich auch noch […] glauben, daß keine Religion auf bloßen Vernunftschlüssen beruhen dürfe. Denn dieses kann nicht geschehen, ohne eines jeden Menschen Vernunft zum Richter zu machen" (MÖSER, Schreiben an den Herrn Vicar [s. Anm. 104], 16. 28).

[111] Möser an Thomas Abbt, Juli 1764 (BW 327–330), 327f.

[112] MÖSER, Schreiben an den Herrn Vicar (s. Anm. 104), 16.

[113] Vgl. ebd.

[114] AaO 18.

„Ketten für Bösewichter, allerhand mächtige[r] Triebfedern für Schwache und Feige, Trostgründe in den grausamsten Martern, Gewichte gegen tyrannische Fürsten und sehr viele andere Dinge".[115] Ohne diese Hilfsmaßnahmen, befand Möser, würde schon Mose niemals „ein unbändiges Volk von seinem göttlichen Beruf zur Herrschaft überzeugt haben",[116] und auch im Christentum sei von Anfang an, um die Wildheit des Menschengeschlechts einzudämmen, das Geheimnis einer göttlichen Offenbarung genutzt worden.[117]

Diesbezüglich ist nun allerdings unübersehbar, dass Möser in der Frage, wem der Initialimpuls einer Offenbarungsreligion zuzuschreiben sei, auf unterschiedliche, ja widersprüchliche Weise votierte. Einerseits pries er dafür die Weisheit der Gesetzgeber und Staatsgründer[118] und nannte Mose, der „vor die Canaille [...] die Wunder gelogen" habe, den „klügsten Schelm seiner Zeit".[119] Andererseits glaubte er diesbezüglich aber auch „eine höhere Ursache"[120] am Werk und erklärte mehrfach das höchste Wesen für den eigentlichen Stifter einer Offenbarungsreligion:

„Was meinen Sie aber, wenn Gott, den wir beide erkennen, ebenso viel Einsicht als jene Gesetzgeber, jene Genies, jene großen Schelme, wenn Sie wollen, in die menschliche Natur gehabt hätte? Was dächten Sie, wenn er einige, seiner Gottheit anständige, seinem großen Endzwecke zusagende Maschinen erwählt hätte, um uns – glücklicher zu machen? [...] Ja, die Religion ist eine Politik, aber die *Politik Gottes* in seinem Reiche unter den Menschen".[121]

---

115 AaO 16.

116 AaO 22.

117 Vgl. aaO 16.

118 „Die Not [hat] vernünftige Menschen in ihren Erfindungen geleitet [...], eine Gottheit da einzuflechten, wo sie fühlten, daß die natürlichen Bande reißen möchten" (aaO 29).

119 Möser an Thomas Abbt, 29.9.1764 (BW 343–345), 343.

120 Möser, Schreiben an den Herrn Vicar (s. Anm. 104), 29.

121 AaO 19f. – Dass Möser die ersten beiden Sätze in die Gestalt einer rhetorischen Frage gekleidet hatte, mindert m. E. keineswegs deren assertorischen Status.

Diese unausgeglichene, wenn auch mit deutlichem Achtergewicht versehene Spannung war für Möser insofern letztlich ganz irrelevant, als sie in den Bereich des Metaphysischen fiel und er nicht diesen, sondern allein die gesellschaftspolitische Funktion einer positiven Glaubensverbindlichkeit zu ergründen suchte.

Dass eine positive Religion in der Landidylle von Savoyen möglicherweise entbehrlich, für den Bestand einer bürgerlichen Gesellschaft jedoch schlechterdings unverzichtbar sei, suchte Möser im Wesentlichen mit drei eng ineinander verzahnten Gründen zu untermauern. Der Auffassung des Rousseauschen Vikars, die moralische Integrität des Menschen sei durch die letztinstanzliche Autorität seines Gewissens zureichend sichergestellt, widersprach Möser mit der Feststellung, das Gewissen, das naturgemäß „durch zufällige Umstände gebildet“ werde,[122] sei für die Gewährleistung sozialer Harmoniefähigkeit gänzlich ungeeignet. Zwar hatte auch er bisweilen an die Verbindlichkeit dieses moralischen Kontrollorgans appelliert und beispielsweise einer allzu leichtfertigen Vergebungsbereitschaft entgegengehalten, „der Schuldige“ habe sich, selbst wenn ihm der Geschädigte großmütige Vergebung zuspricht, jederzeit „vor dem Richterstuhl seines eignen Gewissens zu rechtfertigen“.[123] Und in der Aufklärungstheologie seiner Zeit stellte, wie sich an Johann Joachim Spalding exemplarisch aufweisen lässt, die Überzeugung einen Generalkonsens dar, „das Gesetz des Gewissens“ habe „als ein eigentliches Gesetz Gottes“[124] zu gelten, weshalb derjenige, der „Treue gegen Gott und sein Gewissen hat, selbst ein rechtschaffener Christ zu seyn“[125]

[122] AaO 23.

[123] J. Möser, Die Politik der Freundschaft, 1769 (SW IV, 180–183), 182; ähnlich etwa SW V, 28.

[124] J.J. Spalding, Ueber die Nutzbarkeit des Predigtamtes und deren Beförderung (^{1}1772; ^{2}1773; ^{3}1791), hg. von T. Jersak (SpKA I/3), 2002, 92.

[125] AaO 133.

nicht zu bezweifeln brauche. Andererseits kannte und durchschaute Möser aber auch, durchaus im Sinne seines Widerspruchs gegen den Vikar, die selbstimmunisierende Taktik, sich durch eine Berufung auf die unantastbare Souveränität des eigenen Gewissens jeder Schuldzuweisung, Rechtfertigungspflicht und Verantwortlichkeit zu entziehen:

„Mit dem Gewissen hat es [...] seine besondre Eigenschaft. Es ist eine dunkle Kammer, wohin man sich zurückziehen kann, ohne weiter Rechenschaft zu geben. Man entweicht dadurch dem Angriffe mit Gründen, welchen man oft nichts entgegensetzen kann, weil die Gegengründe unter dem Siegel der Verschwiegenheit liegen; und man entgeht dem Räsonieren, das zuletzt nur gar zu leicht auf die Seite einer anscheinenden Billigkeit tritt und womit man sich selten in einer gefährlichen Versuchung rettet".[126]

Darüber hinaus wies Möser den Versuch einer physikotheologischen Plausibilisierung der natürlichen Religion mit empirischen Argumenten zurück. Denn sobald man „den Faden der Erfahrung" ergreife, verlören „die Gründe [...], welche die Verfasser der Donner-, Stein- und Fischtheologien dem gebändigten Teile der Menschen mit gutem Erfolge vorgelegt haben", jedes Überzeugungsgewicht, weil man, am Beispiel des Mose illustriert, „mit diesen menschlichen Kräften ein unbändiges Volk von seinem göttlichen Beruf zur Herrschaft"[127] niemals würde überzeugt haben können. So sehr Möser auch die Werke der Schöpfung verehrte, so unabweisbar erschien es ihm, dass diese aufgrund der Gewöhnung an ihre Allgegenwart die Kraft einer regulativen Verbindlichkeit eingebüßt hätten. „Sie werden", belehrte er den Vikar in empirischer Appellation, „aus der Erfahrung wissen, daß die Predigt der Werke Gottes, welche wir täglich vor Augen haben, gar oft dem Geschrei eines Kanarienvogels gleiche, welches sein Besitzer zuletzt gar nicht mehr

---

[126] J. MÖSER, Also ist der Diensteid nicht abzuschaffen, 1774 (SW V, 283–285), 284f.

[127] MÖSER, Schreiben an den Herrn Vicar (s. Anm. 104), 21f.

hört, wenn einem Fremden im Zimmer die Ohren davon erklingen".[128]

Als dritten Grund verwies Möser auf die mit einer Offenbarungsreligion gegebene soziale Verpflichtungs- und Entlastungsfunktion, auf die eine bürgerliche Gesellschaft, zugleich im öffentlichen und privaten Interesse, niemals verzichten könne. Denn einerseits sei allein derjenige Mensch, der sich durch seinen Eid an eine höhere Macht gebunden weiß, uneingeschränkt treue- und vertragsfähig.[129] Andererseits aber gewähre die positive Religion selbst dem einfachsten Staatsangehörigen eine gewisse Schutz- und Rechtsgarantie:

> „Uns und der bürgerlichen Gesellschaft ist unendlich daran gelegen, daß der König bisweilen in der Asche und auf den Knien erkenne, wie er vor Gott ein armer Sünder sei; es ist von der äußersten Wichtigkeit für das Wohl einer Gesellschaft, daß der Mensch Andacht habe und sich dadurch zu guten Regungen, zur heilsamen Furcht und zu der nötigen Standhaftigkeit bereiten lasse; es ist von der größten Notwendigkeit, daß wir gewisse verstärkte Glaubensartikel haben, welche den Unglücklichen trösten, den Glücklichen zurückhalten, den Stolzen demütigen, die Könige beugen und den Krämer einschränken".[130]

Wenn Möser hier, aber auch andernorts, zivile Sicherheit allein durch die Offenbarungsreligion zementiert wähnte,[131] so schien

---

[128] AaO 23. – Analog dazu argumentierte Möser in einem Brief an Abbt: „Die Predigt der Werke Gottes sey gleich dem Geschrey eines Canarienvogels, die wenig Eindruck machte, weil man sie täglich hörte; und die Menschen nicht eher darauf merkten, als bis ihnen der Donner in die Hütten schlüge" (Möser an Thomas Abbt, Juli 1764 [BW 327–330], 328).

[129] „Ein handelnder [i.e. Handel treibender] Atheist, der vieles ausgeborgt hatte, verlor einen großen Teil seines Vermögens, weil er sein Handlungsbuch nicht beschwören konnte" (SW IX, 206). – Vgl. dazu J. Möser, Über die allgemeine Toleranz. Briefe aus Virginien, 1787/88 (SW III, 105–124).

[130] Möser, Schreiben an den Herrn Vicar (s. Anm. 104), 20.

[131] Vgl. etwa das undatierte, drastisch zuspitzende Nachlassfragment: „Laßt uns einmal alle gesetzte Religion aus dem Wege räumen und bloß bei derjenigen bleiben, welche die Vernunft uns lehret. Nun

er damit vorsätzlich – denn anders wäre es bei seinem Bildungsstand schwerlich vorstellbar – ausgeblendet zu haben, dass selbstverständlich auch das deistische Konzept einer natürlichen Religion, wie es paradigmatisch von Edward Herbert of Cherbury (1583–1648) in seinem Hauptwerk *De veritate* (1624) dargelegt worden war, die Ermöglichung unbedingter moralischer Verbindlichkeit zu garantieren suchte.[132]

Mit seiner Zurückweisung der von Rousseau suggerierten Suffizienz einer natürlichen Religion verband Möser eine klare pragmatische Funktionsbestimmung der positiven Religion: Sie verstärke die Glaubensartikel des Deismus durch gegenständliche Symbolisierung; sie sei, wie Möser definierte, „eine sinnliche Rede" von der natürlichen Religion, die gleichwohl „das Wahre zum Grunde haben kann".[133] Insbesondere das supranatural Wunderhafte, auf das zumal das Christentum gegründet sei, schien ihm hierfür unentbehrlich zu sein. In einem Nachlassfragment bekräftigte er diese Auffassung pointiert:

> „Euer Gnaden fragen: Wo wir endlich wiederum Stand fassen wollen, wenn wir alle Offenbarungen und Wunder wegphilosophiert haben? Allein, so weit wird es wahrscheinlich nie kommen, der Mensch, welcher sein Brot mit Arbeit verdienen muß, und dieser macht doch wohl den größten und eigentlichen Teil der Menschenkinder aus, wird keines von beiden aufgeben, solange es noch Kreuz und Elend in der Welt giebt".[134]

Die von Möser diesbezüglich im *Vikarsbrief* gebotene Erläuterung, mit ihren Sinnlichkeiten und Wundergeschichten errichte die Offenbarungsreligion einen „Kappzaum für den Pö-

---

gut; ich breche Ihnen jetzt den Hals; oder schlage Ihnen Arme und Beine ab; wozu bin ich verbunden? Wenn ich mächtig genug bin, zu nichts! Und wenn ich überwältigt werde, zu leiden, was Sie mir auflegen wollen" (SW X, 207).

[132] Vgl. A. Beutel, Kirchengeschichte im Zeitalter der Aufklärung. Ein Kompendium (UTB 3180), ²2009, 81–87.

[133] Möser, Schreiben an den Herrn Vicar (s. Anm. 104), 22.

[134] J. Möser, Die Religion als das beste Hausmittel, o.J. (SW IX, 209f), 209.

bel",[135] bedarf der semantischen Klärung. Mit dem „Kappzaum", dem zur Bändigung wilder Tiere genutzten Nasenband, solle das „an der Kette seiner Einbildung" liegende Tier, das der Mensch ist, sozialisiert werden,[136] und das dem französischen „peuple" nachgebildete Wort „Pöbel" galt im 18. Jahrhundert noch als wertneutrales Synonym für die Menge des Volkes, der sich auch Möser umstandslos zurechnete, weil oberhalb des „Pöbels" nicht etwa die gesitteten oder vornehmen Menschen stehen, sondern die Engel.[137] Dergestalt bediene die positive Religion den „besondere[n] Hang des Menschen zum Wunderbaren, zum Außerordentlichen, zu Geistern, Gespenstern, Vorgeschichten, heimlichen Naturwirkungen und andern Dingen, welche auch oft dem Philosophen das Bekenntnis abpressen: Ja, wir wissen noch nicht alles".[138]

Damit sei, fuhr Möser fort, dem Menschen[139] „das beste Hausmittel"[140] an die Hand gegeben, das sich in den unterschiedlichsten Lebensnöten als nützlich erweise, und dies nicht etwa nur bei dem physisch arbeitenden Teil der Bevölkerung, sondern desgleichen bei den metaphysischen Theoretikern, die nur so lange „Gottes verwöhnte Geschöpfe" blieben, bis auch sie, durch schicksalhafte existentielle Widrigkeiten an die Grenzen ihrer Weisheit verwiesen, von jenem „Hausmittel" notvoll Gebrauch machten,[141] zumal in der unmittelbaren Kon-

---

[135] Möser, Schreiben an den Herrn Vicar (s. Anm. 104), 24.

[136] Ebd.

[137] Vgl. ebd.

[138] AaO 29.

[139] Die damit gewährte Hilfe zur Kontingenzbewältigung ist weder an den Gesellschafts- noch Bildungsstand eines Menschen gebunden (so zutreffend Ch. Senkel, Patriotismus und Protestantismus. Konfessionelle Semantik im nationalen Diskurs zwischen 1749 und 1813 [BHTh 172], 2015, 50).

[140] Möser, Die Religion als das beste Hausmittel (s. Anm. 134), 209.

[141] „Ich habe einen der Kühnsten und Feinsten unter ihnen gekannt, der Himmel nahm ihm das Weib, woran seine Seele hing, ein liebes, vortreffliches Geschöpf, und nun fieng er an, ein ewiges Leben zu glau-

frontation mit dem Tod: „Der simple Trost: ‚Er ist bei Gott', hat schon mehrern Kummer in der Welt gestillet, als alle Feinheit der Metaphysik".[142]

Die lebenspraktische Nutzbarkeit des Offenbarungsglaubens bestand für Möser, wie sich gezeigt hat, nicht zuletzt in der sinnlichen Vergegenständlichung des Transzendenten. Als Historiker war er zugleich davon überzeugt, es habe sich „jedes Zeitalter und jedes Volk [...] dergleichen Hülfsmittel bedient, um dasjenige in allegorische Handlung zu verwandeln, was sich als trockne Lehre nicht so gut einprägen würde".[143] Dem geschichtlichen Wandel, stellte er fest, unterliege dabei nicht der Effekt, sondern lediglich die Gestalt seiner Realisierung, denn „Theologie und Moral [sind] ebenso veränderlich in ihren Moden [...] wie andre Dinge".[144] Wenn darum eine positive Religion, um ihre Verbindlichkeit zu untermauern, auch notwendig einen Absolutheitsanspruch erheben müsse,[145] so sei sie in lokaler, temporärer und kultureller Hinsicht doch allemal relativ. Dementsprechend taugten die „edelsten, vernünftigsten [!] und geläutertsten Bilder"[146] der christlichen Religion zwar für Mitteleuropäer, jedoch schwerlich für die von ihm als „die Wilden"[147] apostrophierten,

---

ben, weil er den Gedanken nicht ertragen konnte, daß eine so edle Seele auf ewig für ihn vernichtiget, auf ewig von ihm getrennt sein sollte" (aaO 209f).

[142] AaO 210.

[143] SW IX, 150.

[144] SW VI, 12; vgl. etwa auch SW IX, 207f.

[145] Der Verzicht auf einen religiösen Absolutheitsanspruch „hätte, meiner Meinung nach, jede Religion um ihre Kraft gebracht, die Gewissen zu binden; welches doch notwendig ist, um den bürgerlichen Endzweck des Eides, dieses unentbehrlichen, ob gleich traurigen Mittels, zu erhalten. Und dieses bewegt mich zu glauben, daß jede Religion in ihrer öffentlichen [!] Lehre alle anderen ausschließen und den Philosophen nichts mehr als die heilsame Ungewißheit zur weiteren Betrachtung lassen müsse" (Möser, Schreiben an den Herrn Vicar [s. Anm. 104], 27).

[146] SW IX, 207.

[147] Ebd.

kulturell scheinbar weniger entwickelten Bewohner anderer Erdteile. Dass damit der Globalitätsanspruch des Christentums stillschweigend verabschiedet und bereits für die europäische Grenzregion der Türkei[148] außer Geltung gesetzt worden war, nahm Möser unverdrossen in Kauf: „Ich getraue mir sogar zu beweisen, daß die christliche Religion keine Mohren binden könne und daß hier keine Peitschen, sondern Skorpionen erfordert werden".[149]

Kurz nachdem der *Vikarsbrief* erschienen war, entspann sich zwischen Möser und Abbt eine engagierte, brieflich ausgetragene Debatte. Der philosophische Freund machte den Aufschlag und sparte dabei nicht an Kritik. Sie galt nicht nur einzelnen Formulierungsschwächen – „die erste Periode scheint etwas verwirrt" –, sondern auch, ja vorwiegend – „die Idee selbst scheint etwas Unrichtiges anzunehmen"[150] – den inhaltlichen Belangen. So hielt Abbt die Unterscheidung von natürlicher und geoffenbarter Religion für unzulänglich: „Es ist ein Unglück, daß wir dem positiven nun einmal das natürliche entgegen setzen. Für mich, ich theile ganz anders ein und glaube dadurch vieler Verwirrung zu entgehen".[151] Sein Gegenmodell erläuterte er mit einem differenzierten graphischen Schaubild. Außerdem suchte er sich in den Standpunkt des Rousseauschen Vikars zu versetzen, dessen Freude am öffentlichen Gottesdienst doch mit den Interessen eines deistischen Religionskonzepts kaum zu vereinbaren sei. Auch stieß er sich an der Gleichgültigkeit, mit der Möser offen gelassen hatte, ob die Lehrsätze einer positiven Religion von Menschen erfunden oder von Gott

---

148 „Der Türk lacht bei aller europäischen Musik" (ebd.).

149 Möser an Thomas Abbt, 29.9.1764 (BW 343–345), 344 (Anspielung auf 1Kön 12,11). – „In dem Augenblicke der sinnlichen Erfahrung geht es uns wie den Betrunkenen, denen, wie sie die Augen gegen ein Liecht öffnen, weniger schwindelt, anstatt daß philosophische Ideen den Schwindel vermehren" (SW IX, 208).

150 Thomas Abbt an Möser, Juli 1764 (BW 330–332), 330.

151 Ebd.

offenbart sind. Ein weiterer Kritikpunkt betraf den Absolutheitsanspruch, den Möser jeder Offenbarungsreligion zuschrieb, den Abbt aber lediglich den beiden christlichen Hauptkonfessionen, jedoch nicht dem Judentum zugestand. Doch der Kern seines Widerspruchs nahm die religiöse Satisfaktionslehre ins Visier: Eine „Erstattung des Uebels" lasse sich weder durch Opfer noch durch Glauben erlangen, da es ihm als Weltweisen „ausgemacht" schien,

„dass jedes Quantum von Uebel nicht nur ein anderes Quantum nach sich zieht, was seine Strafe ist, sondern dass es auch wieder zum Guten eingelenkt werden muss. Von dieser philosophischen Idee kann mir keine Religion, die aus dem Schoosse des obersten Welthern unmittelbar ausfliesset, abgehen".[152]

Möser replizierte ebenso offenherzig und wies den Widerspruchskatalog des Freundes unter Anspielung auf Lk 8,6 gänzlich zurück: „Alle Ihre guten Erinnerungen sind jetzt auf einen Felsen gesäet, wo sie kein Erdreich zum Aufgehn finden".[153] Dabei ging er auf zwei strittige Sachlagen näher ein. Was den Vorwurf der verifikatorischen Gleichgültigkeit anging, so habe er nicht als Christ dem Christentum abgeschworen, sondern als Religionstheoretiker die Wahrheitsfrage aus argumentationsstrategischen Absichten suspendiert. In diesem Sinne halte er an der Auffassung fest:

„Jede gesetzte Religion, sie sey wahr oder falsch, wenn sie das Beste der Gesellschaft befördert und nur die Einbildung beherrscht, ist gleichgültig [...]. Ich behaubte also die Wahrheit der christlichen Religion *hier* nur als eine zur Beherrschung der Einbildung wohl erfundene und das Band der Gesellschaft glücklich erhaltende Erfindung; ich behaubte, daß zu dem Blendwerk allezeit Wunder gelogen oder unterlegt werden müssen. Nur aber muß man dies nicht sagen. Und wenn eine religio positiva nöthig ist; das aber behaubte ich, wie wollen Sie möglicher Weise eine Offenbarung ohne Wunder haben?"[154]

---

152 AaO 332.
153 Möser an Thomas Abbt, nach 6.8.1764 (BW 334–339), 334.
154 AaO 335 f.

Auch hinsichtlich einer religiösen Satisfaktionslehre sah sich Möser zu keinem Entgegenkommen veranlasst. Ohne Anselm von Canterbury (1033–1109) beim Namen zu nennen, wies er die von diesem in der Schrift *Cur deus homo* (1098) dargestellte naturrechtliche Argumentationslinie als erfahrungswidrig zurück: Auf dem Boden einer natürlichen, nur mit Vernunftgründen operierenden Religion seien es schlichtweg „Chimeren [...], daß Gott von uns unendlich beleidiget und daher eine unendliche Genugthuung nothwendig werde und dieses von Natur den Menschen einleuchte. Ich will mich hängen lassen, wenn dies einem Bauren einfällt".[155] Sobald man aber „Christum als das große Genie [...], das Menschen führen will", ansehe, werde die „Hypothese einer unendlichen Beleidigung nothwendig",[156] weil eine positive Religion, die auf das Postulat einer transzendenten Hypostasierung menschlicher Schuld würde verzichten wollen, jeder sach- und handlungslogischen Konsistenz beraubt wäre[157] und den als Personifikation eines aufrichtigen Religionsgefühls verstandenen Landmann weder zu Gottesfurcht noch zu Vergebungsgewissheit anhalten könnte.[158]

Bei alledem unterstrich Möser nachdrücklich, er habe damit kein christliches Glaubensbekenntnis ablegen, sondern einen religionsphilosophischen Disput führen wollen. Deshalb bat er Abbt auch um Diskretion, weil ein Rezipient, der weder ihn noch den Sachzusammenhang kennt, zwangsläufig dem Missverständnis, hier rede ein Verächter der christlichen Religion,

---

[155] Möser an Thomas Abbt, 29.9.1764 (BW 343–345), 343. – „Wenn ich die Lehre von der unendlichen Beleidigung und von der daraus fliessenden Genugthuung durch Christum eine Chimere heisse, so thue ich dieses in tantum [sc. im besten Verstande], als solches ein jeder Mensch von Natur einsehen soll" (aaO 344); vgl. hierzu auch den Brief insgesamt!

[156] AaO 343.

[157] „Die Wahrheit ist, man kann gar keine Religion erfinden, ohne sich dieser Unterlage zu bedienen. Das Gegentheil, nemlich eine Religion ohne diese Hypothese, wird inconsistent und beruhet auf nichts" (ebd.).

[158] Vgl. aaO 343f.

aufsitzen müsste.[159] Denn in Wahrheit suche er ein neues apologetisches Argument einzuführen, das dem Christentum, anstatt es zu dekonstruieren, zu einer effizienteren Falsifikation der natürlichen Religion aufhelfen solle:

„Ich kann schweren, daß ich ernstlich dergleichen Sätze wage, weil ich wünschte, der christlichen Religion einen ganz andern Schwung gegen die Deisten zu geben, als unsre Theologi zum Theil bisher gethan haben. Diese scheuen, sich eine Blösse zu geben; und geben in der That zehne vor eine, wenn sie propter systema einem was aufbürden“.[160]

Abbt replizierte darauf ausführlich am 3. Oktober 1764,[161] doch es scheint, als sei die Debatte nun, ohne neue Gesichtspunkte oder Vermittlungswege aufzuzeigen, in gegenseitiger Selbstrechtfertigung versandet.

Im Sommer 1776 bereitete der mit Möser befreundete Johann Lorenz Benzler eine Anthologie von fünf Kleinschriften des Osnabrücker Gelehrten vor. Obwohl ihm der Autor zwölf Jahre nach der wohl nur in sehr kleiner Stückzahl gedruckten Erstausgabe des *Vikarsbriefs* mitteilte, dieser liege ihm „nicht sonderlich auf dem Herzen“,[162] nahm Benzler den Text in die 1777 publizierte Sammelausgabe auf. Durch den in Bremen besorgten verbesserten Nachdruck wurde der *Vikarsbrief* in weiten Teilen des Reiches bekannt. Gleichwohl scheint er keine namhafte öffentliche Debatte mehr ausgelöst zu haben. In dem damals bedeutendsten Rezensionsorgan der *Allgemeine[n] deutsche[n] Bibliothek* gab Johann Erich Biester[163] davon kurze

159 „Wenn ich Mose einen Schelm heisse, so thue ich dieses im besten Verstande. Ich würde den Herzog Ferdinand [von Braunschweig-Lüneburg] eben so nennen“ (aaO 344).

160 AaO 345.

161 Vgl. Thomas Abbt an Möser, 3.10.1764 (BW 346–348).

162 Möser an Johann Lorenz Benzler, 28.8.1776 (BW 519–522), 519.

163 Die Auflösung des Verfasserkürzels „Me.“ folgt [G.C.F. Parthey], Die Mitarbeiter an Friedrich Nicolai’s Allgemeiner Deutscher Bibliothek nach ihren Namen und Zeichen in zwei Registern geordnet. Ein Beitrag zur deutschen Literaturgeschichte, 1842, Nachdruck 1973, 2f.

Notiz und begnügte sich, nachdem er den Argumentationsgang in vier kurze Sätze zusammengefasst hatte, mit dem abschließenden Urteil: „Es würde uns zu weit führen, alle einzelne Sätze des Verf[assers] durchzugehen, mit welchen wir gestehen müssen, nicht immer übereinzustimmen. Aber allenthalben zeigt sich der denkende Kopf, der scharfsinnige Geist, welcher neue prüfungswürdige Gedanken vorträgt".[164]

b) Die Funktionalität christlicher Religion

aa) Relative Wahrheit

An abstrakten wahrheitstheoretischen Erwägungen war Möser kaum interessiert. Diesbezüglich hat er nicht mehr als ein paar beiläufig notierte Bemerkungen hinterlassen.[165] Die kontextfrei aufscheinende Feststellung „Man macht Wahrheiten in der Astronomie und verwirft sie in der Theologie"[166] mochte an den längst überwundenen Streit zwischen helio- und geozentrischem Weltbild erinnern, könnte aber auch in einem weiteren, zeitlosen Sinn darauf hindeuten, dass jede Wissenschaft die Koordinaten und Konditionen ihres Wahrheitsverständnisses selbst definiert. Auch in diachroner Hinsicht wusste Möser um den entsprechenden Wandel,[167] in dessen Verlauf sich eine Orientierung an der Majorität der Sachverständigen herauskristallisiert habe.[168]

---

[164] [J. E. Biester], Rez. J. Möser, Schreiben an den Herrn Vicar in Savoyen, abzugeben bey dem Herrn Johann Jakob Rousseau. Neue Auflage, 1777 (Allgemeine deutsche Bibliothek 33, 1778, 16).

[165] Beispielsweise: „Was ist Wahrheit? Alles, was ein Mann glaubt, solange er allein ist. Alles, was 2 Männer glauben. Alles, was die große Menge. Gott hat sich immer nach den capita der Menschen ausgedrückt" (SW X, 201).

[166] Ebd.

[167] „Sehr vieles liegt doch auch daran, daß wir in neuern Zeiten einen andren Begriff von Recht und Wahrheit angenommen haben, als man zur Zeit, wie jemand unsern Heiland fragte: ‚Was ist Wahrheit?' davon hatte" (SW X, 32).

[168] Vgl. SW IV, 118.

Im weiteren Vorfeld des Rousseau-Disputs, der Möser zu der Bemerkung veranlasste, für die Funktionalität einer Offenbarungsreligion sei es unerheblich, ob ihre Lehraussagen wahr oder falsch sind,[169] hatte er einen Atheisten, der dem Gläubigen aus einer „unkräftigen Wahrheitsliebe“ den Tod Gottes verkündigt, in launiger Weise als „unhöflich“ geziehen, weil er „uns der schmeichelhaften Hoffnung einer Erbschaft [beraubt], ohne uns den geringsten Vorteil dagegen zu verschaffen“.[170] Dies entsprach punktgenau der dann später entfalteten Auffassung, das entscheidende Gütesiegel einer offenbarungsreligiösen Lehre sei nicht ihre abstrakte Wahrheit, sondern ihre lebenspraktische Nützlichkeit.[171]

Es steht außer Zweifel, dass Möser mit der Unterscheidung von öffentlicher und privater Religion gut vertraut war. Diese Distinktion, die in der als Neologie angesprochenen Zentralformation der Aufklärungstheologie, frühere Vorgaben aufgreifend, filigran elaboriert worden war, unterschied die selbstständige, individuelle Anverwandlung der Grundwahrheiten des Christentums (Privatreligion) von der in der Verantwortung des landesherrlichen Kirchenregiments wahrgenommenen kirchenerhaltenden Funktion (öffentliche Religion). Demgemäß kannte und gebrauchte auch Möser die Differenz zwischen der dem Landesherrn zustehenden kirchlichen Richtlinienkompetenz und der Gewissensfreiheit des einzelnen Gläubigen, der nach seinem ureigenen Gutdünken glauben könne, „was er nach seinen Einsichten für richtig erkennet“.[172] In etwas unscharfer historischer Rekonstruktion meinte Möser diese Fun-

---

169 S.o. Abschnitt II.2.a.

170 SW I, 149f (6.7.1746).

171 „Mit welchem Scheine Rechtens mögen demnach solche Leute [i.e. Atheisten] ihre Unhöflichkeit beschönigen? Gesetzet, sie glauben nichts, wozu nützet sodenn ihre verwünschte Bemühunge, andre aus einem unschädlichen, höchstvergnügten und, wie sie selbst gestehen, höchstnützlichen Irrtum zu ziehen?“ (SW I, 150 [6.7.1746]).

172 SW II, 411.

damentalunterscheidung sogar bei Luther schon wahrnehmen zu können. Habe doch dieser „die Stärke einer rechtskräftigen Entscheidung“ erkannt und darum stets das Interesse verfolgt, dass „seine Lehren nicht als Lehren eines Privatmannes, sondern als Kirchenbeschlüsse gelten“[173] würden und deshalb, nachdem seine Hoffnung auf eine sachgemäße Konzilsentscheidung zerstoben war, ein in der *Formula Concordiae* (1577) gipfelndes innerprotestantisches Lehr- und Bekenntnisverfahren in Gang gesetzt, wodurch „Luthers Lehre [...] also keinesweges als die eingesehene Lehre eines Privatmannes, sondern als die Entscheidung unser Kirche“[174] in Geltung kam.

Verharrte Möser insoweit auch innerhalb des aufklärungstheologischen Grundkonsenses, so zog er, zugespitzt auf die damals akut strittige Frage nach der Verbindlichkeit der evangelischen Bekenntnisschriften, höchst originelle, juristisch grundierte Konsequenzen. Um diese zureichend würdigen zu können, mag eine Erinnerung an den entsprechenden Debattenstand sachdienlich sein.

Die Frage nach dem Stellenwert der Bekenntnisschriften markierte ein periodisch wiederkehrendes Problem der protestantischen Kirchengeschichte. Auf reformierter Seite brach sie anfangs des 17. Jahrhunderts im Streit um den Arminianismus auf, erst recht war die Auseinandersetzung zwischen lutherischer Orthodoxie und Spenerschem Pietismus davon tangiert. Innerhalb der theologischen Aufklärung erneuerte sich die Debatte mit der Schrift *Vom falschen Religionseifer* (1767) des Berliner Neologen Friedrich Germanus Lüdke (1730–1792). Zwar bestand dazu in Preußen, nachdem dort bereits 1713 unter Friedrich I. die eidliche Symbolverpflichtung aufgehoben worden war, kein unmittelbarer Anlass. Aber ausländische, namentlich in England und den Niederlanden ausgetragene Kon-

[173] J. MÖSER, Bedeutung der rechtskräftigen Entscheidung in der Kirche, o.J. (SW IX, 247f), 247.

[174] AaO 248.

flikte um den Bekenntniszwang sowie Lehrzuchtmaßnahmen in Hamburg, Mecklenburg, Württemberg oder Bayreuth drängten auch die preußischen Aufklärer zu einer grundsätzlichen Klärung der Frage. So trat Lüdke nun dafür ein, das Pathos der reformatorischen, allein auf die Bibel verpflichteten Lehrfreiheit auch gegenüber den Bekenntnisfixierungen des 16. Jahrhunderts in Anschlag zu bringen, um nicht in ein katholisierend-autoritäres Kirchenverständnis und destruktive Polemik zurückzufallen. Geistliche, die noch auf symbolische Bücher vereidigt würden, sollten darin, wie Lüdke anregte, nur eine bedingte Verpflichtung erkennen und sich, sofern sie einen Widerspruch zur biblischen Lehre empfänden, dazu ermächtigt wissen, den Konflikt, solange er für die Religionspraxis folgenlos blieb, stillschweigend auszuhalten, andernfalls aber dem Bekenntniszwang in unpolemischer Offenheit entgegenzutreten.

Lüdkes Streitschrift erwies sich als eine Initialzündung und löste eine breite Debatte aus. Der in Frankfurt/Oder lehrende Johann Gottlieb Toellner (1724–1774) empfahl einen Mittelweg: Jede menschliche Lehrvorschrift sei ein unbestreitbares, jedoch für den Erhalt einer Glaubens- und Kirchengemeinschaft notwendiges Übel. Darum sollten die Amtsträger die ihnen abverlangte Bekenntnisverpflichtung akzeptieren, sie aber nicht kasuistisch auf alle Einzelheiten, sondern allein auf die wesentliche religiöse Intention der symbolischen Schriften beziehen.[175]

Dagegen unterzog der Berliner Oberkonsistorialrat Anton Friedrich Büsching (1724–1793) die Bekenntnisschriften einer streng historischen Interpretation, indem er ihre geschichtlichen Entstehungsbedingungen sowie die allmähliche Ausbildung ihres absoluten Normativitätsanspruchs rekonstruierte. Dadurch entlastet, benannte Büsching ganz offen diejenigen

---

[175] Vgl. J. G. Toellner, Unterricht von den symbolischen Büchern überhaupt, 1769.

symbolischen Lehrbildungen – etwa in der Trinitäts-, Erbsünden- oder realpräsentischen Abendmahlslehre –, die er als unzeitgemäß ansah und darum nicht länger zu teilen vermochte.[176] In der dadurch weiter angeheizten Debatte präzisierte Lüdke seine neologische Position,[177] und der in Halle lehrende Johann Salomo Semler (1725–1791) applizierte die Unterscheidung von öffentlicher und privater Religion auf den konkreten Konflikt: Einerseits könne den menschlichen, zeitbedingten Lehrfixierungen keine innere Verbindlichkeit zuerkannt werden, weil sonst der theologische Erkenntnisfortschritt reformationswidrig gehemmt würde. Andererseits entspreche es aber durchaus dem legitimen Interesse der Territorialfürsten, zum Erhalt ihres Kirchentums eine äußere, den landeskirchlichen Amtsträgern auferlegte Verbindlichkeit von Bekenntnisschriften geltend zu machen.[178]

In kontrollierter Simplifizierung lassen sich bei den aufklärungstheologischen Symbolkritikern fünf wesentliche Sachmotive unterscheiden: Für menschliche Lehrbildungen eine unbedingte, überzeitliche Normativität zu reklamieren, behindere (a) den Fortgang der theologischen Wissenschaft, bedeute (b) eine katholisierende Verfälschung des reformatorischen Kirchenbegriffs, schüre (c) eine längst anachronistisch gewordene religiöse Polemik, vereitle (d) die geschichtlich überfällige Annäherung der beiden protestantischen Konfessionsfamilien und ziele (e) überhaupt an der aktuellen religiösen Bedürfnislage vorbei, der in Wirklichkeit allein mit der am praktischen Gebrauchswert orientierten Unterscheidung zwischen funda-

[176] Vgl. A.F. Büsching, Allgemeine Anmerkungen über die symbolischen Schriften der evangelisch-lutherischen Kirche und besonders Erläuterung der augsburgischen Confession [...], 1770, ^{2}1771.

[177] Vgl. F.G. Lüdke, Ueber Toleranz und Gewissensfreiheit, insofern die rechtmäßige Religion sie befördert und die unrechtmäßige sie verhindert, 1774.

[178] Vgl. J.S. Semler, Apparatus ad libris symbolicis ecclesiae Lutheranae, 1775.

mentalen und nichtfundamentalen Glaubensartikeln sachgemäß zu entsprechen sei.[179] –

Der kleine, hochoriginelle Beitrag, den Möser zu dieser Frage einbrachte, war undatiert, wird aber wohl, da der Verfasser mit der aktuellen Diskussionslage erkennbar vertraut ist, in der zweiten Hälfte der 1770er Jahre entstanden sein. Für diese Terminierung spricht auch, dass Möser 1780 eine daran unmittelbar anschließende Ergänzungsnotiz zu Papier brachte.[180] Seine Einlassung *Über symbolische Bücher*[181] erging dreigeteilt.

Einleitend griff er die zu jener Zeit angestellten Bemühungen „unsre[r] Gottesgelehrten" auf, „die alten Grenzzeichen [...], welche unsre Vorfahren mit so vieler Sorgfalt geheiligt haben und mit ihrem Blute zu bezeichnen bereit waren, umzustürzen".[182] Dies geschehe, wie er anerkennend vermerkte, in der Absicht, auch in Fragen der Religion „die Stimme der Vernunft und Wahrheit zur einzigen würdigen Führerin freier Menschen zu machen".[183] Das darin aufscheinende emanzipatorische Bestreben habe ihm, wie er gestand, anfangs spontan imponiert, weil ihm der darin anklingende Ruf nach unbeschränkter Wahrhaftigkeit lobens- und unterstützenswert schien. Bei weiterem Nachdenken hätten sich dann aber doch Zweifel eingestellt, ob es denn realistisch sei, die Erreichbarkeit eines so glücklichen Zustandes für möglich zu halten.

Um den Befriedungsvorschlag, den er einzubringen gedachte, plausibel zu machen, rekurrierte Möser sodann auf sein eigenes, das juristische Fach. Hier sei ein Richterspruch bekannt-

179 An Friedrich Schleiermachers Äußerungen zur Symbolfrage ließe sich die katalysatorische Bedeutung, die jener aufklärungstheologischen Debatte im Fortgang des 19. Jahrhunderts zukam, aufschlussreich demonstrieren (vgl. F. Schleiermacher, An die Herren D.D.D. von Cölln und D. Schulz, 1831 [KGA I.10, 1990, 397–426]).

180 Vgl. J. Möser, Von dem wichtigen Unterscheide des würklichen und förmlichen Rechts, 1780 (SW VII, 98–101).

181 J. Möser, Über symbolische Bücher, o.J. (SW III, 197f).

182 AaO 197.

183 Ebd.

lich imstande, „Schwarz in Weiß und Weiß in Schwarz [zu] verwandeln".[184] Gleichwohl gelte in der gerichtlichen Verfahrensordnung die eherne Regel, wonach ein letztinstanzliches Urteil, wenn die verbürgte Einspruchsfrist abgelaufen ist, als *„rechtskräftige* Wahrheit" zu gelten habe, „nicht weil sie an sich wahr ist, sondern weil sie zu Beruhigung der Parteien wahr sein soll, um dem Gezänke endlich ein Ende zu machen".[185]

Dieses rechtspraktische Verfahren suchte Möser sodann auf die theologisch strittige Frage nach der Verbindlichkeit der Bekenntnisschriften zu applizieren. Sobald man demgemäß auch den symbolischen Büchern, selbst wenn sie das, was dem natürlichen Empfinden als angemessen und richtig erscheint, auf den Kopf stellten, eine amtlich verfügte Letztgültigkeit zuerkenne, werde ein Kirchen- oder Staatsdiener, ohne seinen persönlichen Glaubensüberzeugungen abschwören zu müssen, die Bekenntnisschriften im Sinne einer „rechtskräftige[n] Wahrheit", also „nicht quia verum, sed quia judicatum"[186] getrost zu unterzeichnen vermögen.[187]

In einer ergänzenden Sachnotiz hielt Möser 1780 fest, das „förmliche Recht", das ein Richter für die streitenden Parteien oder eine Kirchenversammlung für interne Lehrfragen als Verfahrensabschluss definiert hat, stelle „ein Notrecht für die menschliche Ruhe"[188] dar, das eine individuelle innere Zustimmung durchaus nicht notwendig mache: „Einem jeden bleibt dabei seine freie Meinung von dem würklichen Rechte, wenn er sich von dem förmlichen nicht überzeugen kann".[189] Insofern müsse sich ein Pfarrer keineswegs „ein Bedenken daraus machen, das Glaubensbekenntnis seiner Kirche zu unterschreiben, sobald es seiner Überzeugung nach nicht würklich wahr

184 AaO 198.
185 Ebd.; Hervorhebung von mir.
186 Ebd.
187 Vgl. die Parallelüberlieferung in SW IX, 222f.
188 MÖSER, Von dem wichtigen Unterscheide (s. Anm. 180), 98.
189 AaO 99.

wäre, da er es doch unterschreiben kann, sobald er nur gewiß ist, daß es eine förmliche Wahrheit sei".[190]

Wenn Möser auch, ohne sich dafür um historische Nachweise zu bemühen, der Meinung war, eine solche Deutung sei schon von den Vätern der Alten Kirche aufgebracht und praktiziert worden,[191] trug seine Anregung doch einen höchst innovativen juristischen Impuls in die aktuelle theologische Debatte ein, die dadurch, würde sie ihn aufmerksam rezipiert haben, zweifellos erheblich entschärft, vielleicht sogar gänzlich befriedet hätte werden können. Aber mit einem interdisziplinären Austausch zwischen Theologie und Rechts- bzw. Politikwissenschaft, wie Möser ihn praktizierte, war es damals, zum Schaden aller beteiligten Fächer, nicht allzu weit her. Diese mangelnde fachwissenschaftliche Osmose wird auch in anderem Zusammenhang noch zu beklagen sein.[192]

bb) Politische Stabilisierung

Das Ringen um eine autonome Naturrechts- und Staatslehre markierte einen Hauptstrang der frühneuzeitlichen Philosophiegeschichte.[193] Inwieweit Möser davon Kenntnis gewann, lässt sich, da er explizite Bezugnahmen nirgendwo aufscheinen ließ, nicht zureichend entscheiden. Eine gewisse sachliche Nähe zu den Entwürfen von Hugo Grotius (1583–1645) und John Locke (1632–1704) ist gleichwohl kaum von der Hand zu weisen.

---

190 Ebd. – Vgl. hierzu auch J. Möser, Wahrheit, o.J. (SW IX, 221).

191 Vgl. Möser, Über symbolische Bücher (s. Anm. 181), 198.

192 S.u. Abschnitt II.3.c.

193 Für erste Orientierung vgl. F. Vollhardt, Die Grundregel des Naturrechts. Definitionen und Konzepte in der Unterrichts- und Kommentarliteratur der deutschen Aufklärung (in: F. Grunert / F. Vollhardt [Hg.], Aufklärung als praktische Philosophie, 1998, 129–147); M. Heckel, Staat und Kirche nach den Lehren der evangelischen Juristen Deutschlands in der ersten Hälfte des 17. Jahrhunderts (Jus Ecc 6), 1968; E. Herms, Art. Staat (RGG[4] 7, 2004, 1632–1641).

In seinem Hauptwerk *De jure belli ac pacis* (1625) konstatierte Grotius zwei Quellen des Rechts: den Schöpferwillen Gottes sowie den *sensus communis*, zu dem die Menschen dank ihrer natürlichen Freiheit zusammenfänden und den sie vertraglich kodifizierten. Insofern müsse die *lex naturae* Geltung beanspruchen können, ohne sich dafür legitimatorisch auf die *lex divina* zu berufen. Wenn Grotius auf jede biblische Begründung des Naturrechts mit dem Argument verzichtete, die *lex naturae* würde selbst dann noch unbedingte Gültigkeit beanspruchen können, wenn es Gott gar nicht gäbe, war damit noch nicht eine radikale Säkularisierung des Naturrechts intendiert, vielmehr eine sachimmanente Behandlung der Rechtsfragen, die Gott in seinem Schöpfungswerk der freien Verwaltung der Menschen anvertraut habe, gefordert. In religionspolitischer Hinsicht umschloss bei Grotius die Staatsgewalt auch eine Schutzpflicht für die äußere, öffentliche Religion,[194] die Zwangsmittel allerdings nur zur Bändigung staatsgefährdender Religionskonflikte einsetzen dürfe.[195]

Im Anschluss an Grotius bezog John Locke mit seiner Schrift *The Reasonableness of Christianity, as delivered in the Scriptures* (1695) eine dezidiert anti-deistische Position. Dabei propagierte die titelgebende Wendung keineswegs eine Zurücknahme der christlichen Religion in die Grenzen der bloßen Vernunft, sondern im Gegenteil die schlechthinnige Notwendigkeit einer aller menschlichen Philosophie überlegenen christlichen Offenbarung. Vernünftig erschien ihm das Christentum gerade darin, dass es die Unentbehrlichkeit einer die Grenzen der bloßen Vernunft überschreitenden Offenbarung erkennt. Während Herbert of Cherbury der Offenbarung le-

---

[194] Vgl. H. Grotius, De imperio summarum potestatum circa sacra, 1647.

[195] Vgl. Ch. Link, Hugo Grotius als Staatsdenker (Recht und Staat in Geschichte und Gegenwart 512), 1983; D.-E. Khan, Hugo Grotius (1583–1645) (in: H. Maier / H. Denzer [Hg.], Klassiker des politischen Denkens. Bd. 1: Von Plato bis Hobbes, 2001, 193–207).

diglich einen vernunftgemäßen Inhalt zuerkannt hatte, ging sie für Locke in zweifacher Hinsicht darüber hinaus: Sie lehre den Auferstehungsglauben, während die Vernunft das Rätsel des Todes niemals aus eigener Kraft würde lösen können, und sie setze dem natürlichen Vergeltungsdrang das milde „law of faith" entgegen. Auferstehungsglaube und Nächstenliebe: Darin bestand für Locke der materiale Mehrwert christlicher Offenbarung.[196]

Bereits in Mösers *Vikarsbrief* war die Grundüberzeugung, „daß die positive Religion mehrenteils mit den bürgerlichen Gesellschaften ihren Anfang genommen"[197] habe, fixiert worden. An dieser Auffassung hielt er zeitlebens fest, wobei ihm die einschränkende Vokabel „mehrenteils" alsbald entbehrlich schien.[198] Denn während die natürliche Religion für die Lebensgestaltung von Einsiedlern, einsamen Hirten und allenfalls dem in der Idylle von Savoyen agierenden Vikar zureiche,[199] sei sie außerstande, einem sozialen Gemeinwesen die für menschliche Koexistenz unabdingbare, verpflichtende sittliche Rahmenordnung zu gewährleisten. Aus dieser Überzeugung

---

[196] Vgl. M. Ayers, Locke, 2 Bde., 1991; W. Euchner, John Locke (1632–1704) (in: Maier / Denzer [s. Anm. 195], Bd. 2: Von Locke bis Max Weber, 2001, 15–30).

[197] Möser, Schreiben an den Herrn Vicar (s. Anm. 104), 16.

[198] Beispielsweise: „Die Geheimnisse der allerheiligsten Religion, welche vorzüglich vor einer jeden andern das Beste eines Staates befördert, [...]" (SW II, 409).

[199] Vgl. Möser, Schreiben an den Herrn Vicar (s. Anm. 104), 16. – „Zuerst, wie nur noch ein Mensch auf Gottes Erdboden war, brauchte er nicht viel Religion. Alles ist für mich erschaffen; ich bin Herr über die Fische im Meer und über die Vögel in der Luft, soweit ich sie fangen kann; und was ich fange, genieße ich, wenn es mir gefällt. Dieses kurze Naturrecht reichte zu seiner Bedürfnis hin; und Gott hatte Freude an seinem Wohlergehen. Wie ihrer aber erst zwei Brüder auf einem Fleck zusammenkamen, mußten sie schon ein ander Gesetz machen. Was du fängst, soll dir gehören, und was ich fange, sollst du nicht angreifen" (J. Möser, Christliche Religion und politische Verfassung, o.J. [SW IX, 220]).

gewann Möser ein neues apologetisches Argument, das den aufklärungstheologischen Überzeugungsstrategien ebenso wie dem altprotestantischen Inspirationsargument überlegen schien: Indem sich zeigen lasse, dass die christliche Offenbarungsreligion „der politischen Verfassung eines Staats am mehrsten zustatten käme", und dieser Nachweis als Ausdruck des göttlichen Schöpferwillens kenntlich gemacht werde, ergebe sich ein weit schlagkräftigerer funktionaler Wahrheitserweis, „als wenn man entweder bloß die moralische Vortrefflichkeit der christlichen Religion zeigt oder sogleich damit anfängt, daß dieselbe von Gott eingegeben sei".[200]

Da er das Gedeihen eines bürgerlichen Verbandes zwingend an die soziale Ordnungsfunktion einer supranaturalen Glaubensgewissheit gebunden sah, konnte Möser im Umkehrschluss „die wahre Ursache des Zerfalls unsrer Zeit" darin finden, „daß die Religion aufhört, Disziplin zu sein",[201] und deshalb etwa kaufmännische Übervorteilung oder postalischen Wucher geradewegs als Ausdruck von „Gottlosigkeit"[202] brandmarken. Andererseits war Möser aber auch erfahren genug, um sich christlich verbrämten Handlungspostulaten der Obrigkeit nicht blindlings anzuvertrauen, sondern den damit intendierten bürgerlichen Nutzeffekt jederzeit kritischer Prüfung zu unterziehen.[203]

Indessen verharrte Möser nicht in der Abwehr obrigkeitlicher Religionsheuchelei, sondern rief die politischen Funktionsträger umso nachdrücklicher zu konstruktiver Wahrneh-

---

[200] Möser, Christliche Religion (s. Anm. 199), 220.

[201] SW III, 182; vgl. die Parallelüberlieferung in SW X, 49.

[202] SW V, 236.

[203] „Es ist überhaupt jetzt eine sehr wunderliche Welt. Die großen Herren, diese Zerstörer des menschlichen Geschlechts, denken auf nichts als auf Bevölkerung; und wir werden sicher nächstens ein philosophisches System erhalten, worin die möglichste Vermehrung der Menschen als die größte Verherrlichung Gottes angepriesen wird, bloß um eine Menge menschliches Vieh anzuziehen, welches sie auf die Schlachtbank liefern können" (J. Möser, Die Klagen eines Edelmanns im Stifte Osnabrück, 1769 [SW IV, 178–180], 179).

mung und Stärkung des menschlichen Transzendenzbedürfnisses auf. Angeregt durch das Beispiel der Herrnhuter, Mennoniten, Quäker und anderer Bruderschaften ermunterte er die Inhaber der legislativen Gewalt, sich um des allgemeinen Besten willen das natürliche menschliche Religionsbedürfnis nutzbar zu machen, weil sich der „Fleiß und die Sitten der Menschen" durch offenbarungstheologische Motivationsanschübe weit kräftiger aktivieren ließen als „bloß durch Polizeigesetze".[204] Tatsächlich setzte Möser bei den meisten Staatsbürgern die Anlage zu sittlicher „Redlichkeit und Geschicklichkeit"[205] voraus. Allerdings lägen diese Tugenden, gleich den Heidelandschaften, solange brach, wie deren Inhaber nicht durch den Aufweis religiöser Verbindlichkeit dazu instandgesetzt würden, „sie urbar zu machen": „Alle Grundsätze der Religion und der Sittenlehre, welche dem Kredit [i.e. der sozialen Glaubwürdigkeit] zustatten kommen, müssen auf das lebhafteste gefühlt und in dauerhafter Übung sein".[206]

In diesem Zusammenhang wies Möser den Geistlichen beider christlichen Konfessionen eine besondere Verantwortung zu. Dabei entgrenzte er, durchaus im Einklang mit der damals geführten Staatszweckdebatte, den eschatologisch verengten Begriff der Glückseligkeit auf dessen ihm ebenfalls einwohnenden innerweltlichen Bedeutungsgehalt.[207] Dergestalt sollten die Pfarrer nicht nur das ewige Heil der Menschen im Blick haben, sondern zugleich „die einzelnen Glieder ihrer Gemeine bestän-

---

[204] SW IV, 289f.

[205] SW V, 118.

[206] AaO 119.

[207] Vgl. U. Engelhardt, Zum Begriff der Glückseligkeit in der kameralistischen Staatslehre des 18. Jahrhunderts (Zeitschrift für historische Forschung 8, 1981, 37–79); D. Klippel, Der liberale Interventionsstaat. Staatszweck und Staatstätigkeit in der deutschen politischen Theorie des 18. und der ersten Hälfte des 19. Jahrhunderts (in: H. Lück [Hg.], Recht und Rechtswissenschaft im mitteldeutschen Raum. Symposion für Rolf Lieberwirth, 1998, 77–103); L. Pahlow, Art. Glückseligkeit (Enzyklopädie der Neuzeit 4, 2006, 974–976).

dig in einem solchen Lichte erhalten, daß einer dem andern sein Vermögen ohne Handschrift vertrauen kann".[208] Auch in diesem Anliegen, den Christenmenschen, wie Möser es gewitzt ausdrückte, „zum glücklichen Sklaven seiner Wohlfahrt" zu machen,[209] stimmte er mit den gesellschaftsfördernden Interessen der Neologen fugenlos überein.[210]

Die der positiven Religion zuerkannte Funktion der politischen Stabilisierung[211] hat Möser nicht nur theoretisch erörtert, sondern in den trivialen Erfordernissen der Osnabrücker Regierungsgeschäfte auch praktisch zur Geltung gebracht. Das mag an einem konkreten Beispiel in repräsentativer Absicht knapp illustriert werden. Am 15. November 1771 wurde im Fürstbistum Osnabrück unter Mösers Federführung und im Einvernehmen beider Konfessionen eine deutliche Reduktion der kirchlichen Feiertage verordnet.[212] Dazu publizierte Möser am 4. Januar 1772 in den *Nützliche[n] Beylagen* des Osnabrücker Intelligenzblattes einen Essay, der in launig-unterhaltsamer Gestalt, aber durchaus ernstlicher Absicht die getroffene Entscheidung zu rechtfertigen suchte.[213]

---

[208] SW V, 119.

[209] „Die Eifersucht des weltlichen Standes gegen den geistlichen geht zu weit, und man schätzt ein Volk freier, das durch Karrnschieben und Prügel zu seiner Pflicht geführet wird, als das fromme Häuflein, was durch geistliche Bewegungsgründe zum glücklichen Sklaven seiner Wohlfahrt gemachet worden" (ebd.).

[210] Vgl. exemplarisch Spalding, Ueber die Nutzbarkeit des Predigtamtes (s. Anm. 124). – Vgl. dazu A. Beutel, „Gebessert und zum Himmel tüchtig gemacht". Die Theologie der Predigt nach Johann Joachim Spalding (in: Ders., Reflektierte Religion. Beiträge zur Geschichte des Protestantismus, 2007, 210–236).

[211] Für seine gelegentlich aufscheinende ironische Kritik an einer inkompetenten, theologisch begründeten Einmischung in ökonomische Belange vgl. etwa J. Möser, Also sollte man den Rentekauf für den Zinskontrakt wieder einführen, 1769 (SW V, 88–93), 88.

[212] Vgl. Codex Constitutionum Osnabrugensium I, Nr. 1171 u. 1175.

[213] Vgl. J. Möser, Gedanken über die Abschaffung der Feiertage, 1772 (SW V, 127–131).

Gleich der erste Satz stimmte auf die Tonlage der Abhandlung ein: „Die Kirche ist eine gütige Mutter, die ihren Kindern Freuden erlaubt, wenn sie solche mit Dankbarkeit genießen, und sie ihnen auch wieder entzieht, wenn sie erfährt, daß sie entweder gemißbraucht oder schädlich werden".[214] Den heftigen Klagen, welche die jüngste Gesetzesnovelle „einer besondern Härte beschuldigen",[215] hielt Möser entgegen, dass das Verfahren weder ein geschichtliches Novum noch einen obrigkeitlichen Willkürakt darstelle, vielmehr einer in der Kirche von Anfang an praktizierten Übung entspreche. Um dies zu erläutern, wolle er nun „über die mütterliche Ökonomie, welche die Kirche mit ihren Festen von Zeit zu Zeit gehalten, eine kurze Betrachtung anstellen".[216] In dieser Absicht fügte er mehrere historische Hinweise zusammen. So verwies er etwa darauf, dass manche kirchlichen Feiertage wie Fronleichnam oder das Fest der Heimsuchung Mariä längst nicht von Anfang an bestanden, sondern erst aufgrund besonderer Anlässe eingeführt wurden. Auch habe das Christentum den anderen Religionen – man fragt sich: welchen? – die Güte voraus, dass es seine Feste nicht etwa nur der Oberschicht, vielmehr „allen Menschen ohne Unterschied des Standes" gewähre.[217] Dabei habe sich die Kirche stets an den verschiedenen Bedürfnissen der Zeiten, Regionen und Umstände, aber auch am jeweils praktizierten Umgang mit den Feiertagen orientiert. So könnten „in einer Reihe von glücklichen und ruhigen Zeiten [...] Feiertage eingeführet werden, die in harten und teuren Zeiten schädlich sind".[218] Im Übrigen, vermerkte Möser, ohne dafür Nachweise oder Beispiele zu nennen, fänden sich Hinweise auf eingestellte kirchliche Feste schon seit den ältesten Zeiten.

214 AaO 127.
215 Ebd.
216 AaO 128.
217 Ebd.
218 AaO 129.

Dagegen wurde er, was die Klagen über die zu hohe Zahl der Feiertage angeht, durchaus konkret. So habe sich das Konstanzer Konzil 1414 darüber beschwert, „daß die mehrsten Feiertage nur zur Üppigkeit verwendet und viele nützliche Arbeiten dadurch versäumet würden".[219] Ein entsprechendes, den ökonomischen Schaden beklagendes Missfallen sei dann auch auf dem Nürnberger Reichstag von 1522 artikuliert worden.[220] Umso mehr muss freilich erstaunen, wenn Möser dem päpstlichen Nuntius Tommaso Campeggio (um 1483–1564) eine erfolgreiche Verminderung der Feiertage zuschrieb, dabei aber gänzlich verschwieg, dass zumal die Reformatoren, angefangen bei Martin Luther,[221] eine solche Reduktion nicht nur massiv eingefordert, sondern auch tatkräftig umgesetzt hatten, woraus sich, bis in die Neuzeit anhaltend, ein signifikantes volkswirtschaftliches Gefälle zwischen protestantisch und katholisch regierten Territorien auftat. Ob Möser mit diesen einseitigen Hinweisen den katholischen Bevölkerungsanteil beschwichtigen wollte, während er das vitale Berufsethos der Protestanten auch ohne Rekurs auf Luther meinte voraussetzen zu können,

---

[219] Ebd.

[220] „Die deutsche Nation beklagte die Menge der Festtage auf der Reichsversammlung zu Nürnberg [...] mit lauter Stimme. Es sind deren so viel, sagte sie, daß der arme Ackersmann die Früchte seines sauren Schweißes, welche in der augenscheinlichen Gefahr stehen, von Regen, Hagel und andern Unglücksfällen verdorben zu werden, nicht zu rechter Zeit einernten kann und dafür seine Zeit im Kruge üppig und müßig zuzubringen verleitet wird" (aaO 129f).

[221] Bereits 1520 hatte Luther in seiner weit verbreiteten Reformschrift *An den christlichen Adel deutscher Nation von des christlichen Standes Besserung* die Abschaffung sämtlicher Feiertage gefordert; die wichtigsten kirchlichen Festtage, schlug er vor, könne man ja jeweils auf einen Sonntag verlegen (vgl. M. Luther, Werke. Kritische Gesamtausgabe, Bd. 6, 1888, 445f). Vgl. dazu die gelehrten Erläuterungen von Th. Kaufmann, An den christlichen Adel deutscher Nation von des christlichen Standes Besserung (Kommentare zu Schriften Luthers 3), 2014, 345–356.

ließe sich durchaus fragen, auch wenn dabei auf klare Antwort kaum Hoffnung besteht.

Am Ende rechtfertigte Möser die in Osnabrück aktuell getroffene Entscheidung noch einmal als ein unabweisbares volkswirtschaftliches Erfordernis.[222] Denen, die sich damit weiterhin nicht abfinden mochten, fügte er noch einen Ratschlag zur Selbsthilfe bei, in den er sich selbst in der grammatischen Form der ersten Person pluralis mit einbezog und von dem kaum zu entscheiden ist, ob darin Ernst oder Schalk überwog:

„Alles, was wir für uns tun können, besteht darin, daß wir unsre überflüssigen Bedürfnisse einschränken, unsere Ausgaben dadurch vermindern, unsere Güter nicht verschulden und uns dadurch in den Stand setzen, unsre Steuren und Abgiften mit mindrer Arbeit aufzubringen. Alsdenn werden wir uns selbst Feiertage machen und unsre übrige Zeit Gott widmen können. Die Kirche wird dieses freiwillige Opfer freudig annehmen und die weltliche Obrigkeit denen, die nach getaner Arbeit feiren, ihre Freude zur nötigen Ermunterung sehr gern gönnen."[223]

cc) Gesellschaftliche Differenzierung

In gesellschaftspolitischer Hinsicht erzeigte sich Möser als entschieden konservativ: Gegenüber allen aufkeimenden, zumal im Umkreis der Französischen Revolution forcierten Egalisierungsbestrebungen bestand und pochte er auf die Bewahrung des überkommenen gesellschaftlichen Gefüges, das sich im Ständewesen ordnungspolitisch manifestiert hatte. Die von ihm dutzendfach gebrauchte unscheinbare, aber differenzie-

---

222 Seine Rechenschaftspflicht mochte Möser aus dem andernorts genannten Grund erfüllt haben, man sei „in einer Glaubenssache, worin das Gewissen geführet werden soll, schuldig, daß der Mensch glaube, die Kirche sei eine Mutter und keine Tyrannin" (SW IX, 247).

223 Möser, Gedanken über die Abschaffung der Feiertage (s. Anm. 213), 131.

rende Wendung „ein ehrlicher Mann“[224] gibt hierfür einen aufschlussreichen Fingerzeig ab. Denn einem dergestalt klassifizierten Menschen war nicht etwa die Tugend der Aufrichtigkeit und Wahrhaftigkeit zugeschrieben, sondern schlicht die ihn von den „Leuten“ unterscheidende Zugehörigkeit zu der berufs-, besitz- oder geburtsständischen Gesellschaftsschicht der Ehrbarkeit oder, mit Möser zu reden, der „politische[n] Ehrenhaftigkeit“.[225] In diesem Sinne konnte der eine „durch Gottes Segen in den Stand“ gesetzt werden, „ein ehrlicher Mann zu bleiben“,[226] während ein anderer „ohne Ehre [war], weil alle Ehre notwendig ganz allein für die Klassen war und überall mit der Last, welche einer für das gemeine Beste übernimmt, verknüpfet ist“.[227] Diese bewahrenswerte Gesellschaftsstruktur sah Möser durch die Reichshandwerksordnung von 1731, welche „beinahe alle Geschöpfe, die nur zwei Beine und keine Federn haben, als zunftfähig“[228] auswies, empfindlich verletzt. Diesbezüglich wollte Möser geradewegs „darauf wetten, daß die Verfasser den Sinn des Worts *Unehrlichkeit* verfehlet und die Sache wiederum aus dem unpolitischen Gesichtspunkte der Menschenliebe betrachtet haben“, da doch „die *unehrliche* Klasse in der bürgerlichen Gesellschaft […] weiter nichts als die unterste oder die achte Klasse“[229] sei.

---

224 Nachweise erübrigen sich. Vereinzelt begegneten auch die Varianten „ein ehrliche[r] Kerl“ (SW X, 257) oder „ehrliche[r] Landmann“ (SW X, 297).

225 SW V, 141. – „Der Mensch ist im Stande der Natur unehrlich, in der christlichen Religion unehrlich, weil keine menschliche Ehre vor Gott gilt; Ehre nimmt ihren Anfang mit der Gesellschaft“ (J. Möser, Verschiedene Ehre, o.J. [SW X, 66]).

226 SW IV, 14.

227 SW VI, 298.

228 J. Möser, Haben die Verfasser des Reichsabschiedes von 1731 wohl getan, daß sie viele Leute ehrlich gemacht haben, die es nicht waren?, 1770 (SW IV, 240–244), 240.

229 AaO 241 f.

Einen signifikanten Schwerpunkt der ordnungspolitischen Reflexionen Mösers markierte das im Zeitalter der Aufklärung zusehends kritisch erörterte Thema des auch als Eigenbehörigkeit angesprochenen Leibeigentums.[230] Dabei exegesierte er mehrfach eingehend das in Lev 25, Dtn 15 und Dtn 31 kodifizierte mosaische Regelwerk, wobei er insbesondere zwei glückliche Rechtsbestimmungen des Mose hervorhob.[231] Das eine betraf die Anordnung, jeder Israelit könne sich „ohne Nachteil seiner bürgerlichen Ehre" für die Dauer von sechs Jahren in Leibesabhängigkeit begeben oder sich in Person für einen Kredit verbürgen, ohne dadurch „das Recht, was jeder Mensch in seinem natürlichen Zustand auf seine eigne Person hat",[232] zu veräußern. Dergestalt habe Mose der Freiheit und Wehrhaftigkeit des Volkes einen denkbar großen Dienst erwiesen. Die andere von Möser gerühmte Bestimmung des Mose lag darin, ausgehend von dem ersten Grundsatz „Die Erde ist des Herrn"[233] (vgl. Lev 25,23) die landwirtschaftlichen Nutzflächen nicht als Eigentum, sondern nur pachtweise auszugeben und außerdem jedes siebte Jahr als ein Gnaden- oder Erlassjahr auszuweisen, das die Rechts- und Besitzverhältnisse wieder neu zu ordnen erlaubt, ohne auf irgendwelche Altlasten Rück-

---

[230] Vgl. etwa P. Blickle, Von der Leibeigenschaft zu den Menschenrechten. Eine Geschichte der Freiheit in Deutschland, 2003; J. Klussmann (Hg.), Leibeigenschaft. Bäuerliche Unfreiheit in der Frühen Neuzeit, 2003.

[231] Vgl. insbesondere J. Möser, Gedanken über die Mittel, den übermäßigen Schulden der Untertanen zu wehren, 1768 (SW IV, 119–129). – Als weitere einschlägige Texte sind v.a. zu nennen: Ders., Betrachtungen über die Abäußerungs- oder Abmeierungsursachen, 1771 (SW VI, 275–286); Hörigkeit und Hauptherrschaft, o.J. (SW IX, 282–284); Hörigkeit und Leibeigentum, o.J. (SW IX, 289f); Ob es gut sei, daß alles Land der Krone eigen bleibe?, o.J. (SW IX, 292–295); vgl. dazu auch Möser an Justus Friedrich August Lodtmann, 1.7.1770 (BW 454f).

[232] Möser, Gedanken über die Mittel (s. Anm. 231), 120f.

[233] Möser, Betrachtungen (s. Anm. 231), 278.

sicht nehmen zu müssen. Im Übrigen habe auch das mosaische Zinsverbot (vgl. Lev 25,36f) einer wucherhaften Unterdrückung der Schwachen gewehrt.

Neben dem dadurch sichergestellten sozialen Lastenausgleich zeigte sich Möser insbesondere von der Weisheit des Mose beeindruckt, mit seinen religiös fundierten Rechtsbestimmungen die politische Stabilität maßgeblich befördert zu haben:

> „Auf diese Weise sorgte der große Gesetzgeber sowohl für die Erhaltung des nötigen Kredits als des Nationaleigentums. Nach seinem Plan konnte und sollte in dem Geschlechte Abrahams kein einziger beständiger Leibeigner, kein Erbpächter und kein Erbzinsmeier, kein Vasall und kein Lehnsherr und überhaupt nichts entstehen, was die Unmittelbarkeit des freien Eigentümers unter der Krone auf irgend eine gefährliche Weise unterbrechen, den gemeinen Krieger in einen Privat-Dienstmann und die israelitische Theokratie in eine Aristokratie verwandeln konnte“.[234]

Während Möser die das Leibeigentum befristenden und darum als Lebensschicksal aufhebenden Bestimmungen des Mose vorbehaltlos idealisierte, blieben die Konsequenzen, die er daraus für die aktuellen, in Osnabrück zu regulierenden Verhältnisse des westfälischen Leibeigentums zog, zwiespältig und ambivalent.[235] Sein Vorschlag, nach biblischem Vorbild alsbald ein Erlassjahr einzuführen,[236] war schwerlich ernst gemeint und entbehrte selbstverständlich jeder Möglichkeit der Realisierung. Was er darüber hinaus, beginnend mit einem Journalbeitrag des Jahres 1746[237] und sich in etlichen späteren Stellungnahmen fortsetzend,[238] zur Frage des Leibeigentums vortrug, schien

---

[234] MÖSER, Gedanken über die Mittel (s. Anm. 231), 122.

[235] Vgl. K. H. L. WELKER, Rechtsgeschichte als Rechtspolitik. Justus Möser als Jurist und Staatsmann (Osnabrücker Geschichtsquellen und Forschungen 38), 1996, 84–88.

[236] Vgl. MÖSER, Gedanken über die Mittel (s. Anm. 231), 123–126.

[237] Vgl. SW I, 248–254.

[238] Vgl. etwa J. MÖSER, Schreiben einer Gutsfrau, die Freilassung ihrer Eigenbehörigen betreffend, 1775 (SW VI, 198–205); Etwas zur

ganz einseitig, ja parteilich den Interessen der Grundherren Rechnung zu tragen, erging dabei aber stellenweise derart überzeichnet, dass es als ein zynischer Palimpsest erscheinen mochte[239] und die tatsächliche Intention durchaus in der Schwebe verblieb. Möser vergnügte sich denn auch an dem von ihm inszenierten Vexierspiel, das die Rezipienten, etwa im Falle der 1769 publizierten *Klagen eines Edelmanns im Stifte Osnabrück*,[240] der darin aufscheinenden Ironie auf den Leim gehen ließ, und erklärte schelmisch, es sei doch sonderbar, „daß man mich daheim als den größten Feind des Leibeigentums und auswärts als den eifrigsten Verteidiger desselben angesehen hat".[241]

Hingegen rekonstruierte Möser die Konstitutionsbedingungen des ehrbaren Standes in ironiefreier Eindeutigkeit. Dazu entwarf er eine durchaus originelle Aktientheorie, der gemäß „in jeder gesellschaftlichen Verbindung [...] außer der Menschheit eine dem Zwecke angemessene Aktie oder Wahre zum Grunde [liegt], die einer besitzen muß, um Genosse zu sein".[242]

Naturgeschichte des Leibeigentums, 1781 (SW VII, 255–259); Über Leibeigentum, o.J. (SW X, 126–133); Das Recht der Menschheit: Leibeigentum, o.J. (SW X, 133–136).

239 Vgl. WELKER (s. Anm. 235), 87.

240 SW IV, 178–180.

241 SW VI, 10. – In seiner 1797 erschienenen Möser-Biographie bemühte sich Friedrich Nicolai sehr ausführlich um eine kritische Rechtfertigung der von dem Freund – wie ihm schien: allzu missverständlich – vertretenen Position (vgl. F. NICOLAI, Leben Justus Mösers, 1797, Nachdruck 1995, 56–66).

242 J. MÖSER, Über das Recht der Menschheit als den Grund der neuen französischen Konstitution, 1790 (SW IX, 140–144), 140. – Vgl. etwa DERS., Der Bauerhof als eine Aktie betrachtet, 1774 (SW VI, 255–270); Über das Recht der Menschheit, insofern es zur Grundlage eines Staates dienen kann, 1791 (SW IX, 155–161); Zur Aktientheorie, o.J. (SW IX, 375f). – WELKER ([s. Anm. 235], 383) hält es für möglich, dass Möser durch die Rechtsform der damals entstehenden Versicherungsgesellschaften zu seiner Aktientheorie angeregt wurde; vgl. dazu auch F. BRAUDEL, Sozialgeschichte des 15.–18. Jahrhunderts. Bd. 2: Der Handel, 1986, 484f.

Dazu zählte er die Sacheinlage des Grundbesitzes, aber ebenso auch die etwa von Soldaten eingebrachten sog. Leibaktien,[243] ferner die von Kapitaleignern aufzuweisenden Geld- und Hypothekenaktien.[244] Indem sie damit die Bildung eines Staates ermöglichten und dessen dauerhafte Funktionsfähigkeit gewährleisteten, unterschieden sich die bürgerlichen Aktionäre grundlegend von den „Leute“ genannten Menschen, die in Ermangelung jedes Sach- oder Kapitalbesitzes nicht staatstragend sein konnten und sich darum mit einem rechtlich schlechter gestellten nichtbürgerlichen Status begnügen mussten. Analog dazu sah Möser gelegentlich sogar die Zugehörigkeit zum Reich Gottes auf die Aktie des persönlichen Glaubens gegründet.[245] Um seine Aktientheorie zu veranschaulichen, prägte Möser das handfeste Bild eines schweren Balkens, der nur durch Männer von gleicher Körpergröße fortbewegt werden und wozu „keiner, der sechs Zoll weniger hätte als die übrigen[,] darunter aufgenommen werden“[246] könne.

Gegenüber den philanthropischen Tendenzen seiner Zeit ging Möser auf skeptische Distanz. Zwar räumte auch er, während die Vorstellung von Menschenrechten in der nordamerikanischen und französischen Verfassung festgeschrieben wur-

---

243 Vgl. SW XII/2, 108.

244 Vgl. SW IX, 144.

245 „Das Reich Gottes ist auf Aktien gegründet. Wer seine Aktie, nämlich den Glauben an Jesus Christus, nicht besitzt, ist bekanntlich davon ausgeschlossen“ (SW IX, 159). „Niemand wird bei uns Christen zum Bürger des Reichs Gottes angenommen, oder er muß den Glauben an Jesum Christum haben, der Glaube ist hier die Aktie“ (SW IX, 376). – In dieser Frage votierte Möser allerdings widersprüchlich, indem er andernorts auch erklären konnte: „Man überläßt es der Religion, ein Reich Gottes ohne Aktien zu errichten und die Menschen miteinander unter der Rubrik von armen Sündern auszugleichen“ (SW IX, 141). „Die Religion lehrt uns […], daß wir vor dem großen Schöpfer alle gleich sind; denn in Ansehung dieses höchsten Wesens gilt kein menschliches Eigentum“ (SW IX, 369).

246 SW IX, 376.

de, ein „Recht der Menschheit“[247] grundsätzlich ein,[248] obschon ihm „jetzt in Europa kein Staat bekannt [war], welcher darauf gegründet wäre“.[249] Allerdings wies er dem „Recht der Menschheit“ nicht nur humane Ansprüche, sondern, untrennbar damit verknüpft, auch elementare moralische Pflichten zu.[250] Auch hielt er den intentionalen Gleichklang von Menschenfreundlichkeit und christlicher Religion insofern für sachgemäß, als die Menschen hinsichtlich ihrer moralischen Pflichten und „vor dem großen Schöpfer alle gleich sind; denn in Ansehung dieses höchsten Wesens gilt kein menschliches Eigentum; die Erde ist des Herrn, und die Teilung, welche wir davon gemacht haben, scheidet uns nur untereinander“.[251]

Jedoch erschien Möser „unsre neumodische Menschenliebe“[252] in ihrem allumfassenden Geltungsanspruch, den er gelegentlich auch sarkastisch abfertigte,[253] zutiefst suspekt: Indem

---

[247] MÖSER, Über das Recht der Menschheit (s. Anm. 242), 140 u. passim.

[248] Vgl. H.E. BÖDEKER, „Menschenrechte“ im deutschen publizistischen Diskurs vor 1789 (in: G. BIRTSCH [Hg.], Grund- und Freiheitsrechte von der ständischen zur spätbürgerlichen Gesellschaft [Veröffentlichungen zur Geschichte der Grund- und Freiheitsrechte 2], 1987, 392–433).

[249] MÖSER, Über das Recht der Menschheit (s. Anm. 242), 140. „Ich will die Franzosen für das erste Volk in der Welt erkennen, wenn sie auf dem Wege ihrer Theorie vom Rechte der Menschheit etwas Fruchtbares und Dauerhaftes zustande bringen“ (ebd.).

[250] Vgl. etwa SW IX, 369.

[251] Ebd.

[252] J. MÖSER, Etwas zur Verbesserung der Zuchthäuser, 1778 (SW VII, 121–126), 124. – „[...] die Menschenliebe, ein Wort, das in meiner Jugend gar nicht bekannt war, [...]“ (SW V, 141).

[253] Die „neumodische Menschenliebe“ karikierte er als eine Modeerscheinung, die den eigentlichen Zweck der Religion travestiere: „Es ist niemand, der sich besser mit dem lieben Gott versteht als ein empfindsames Herz; es dient ihm unter allen Gestalten der Mode und liebt immer die Rührung, wenn sie nur zu seiner Saite stimmt, sie komme vom Himmel oder von der Erde; überall hat der liebe Gott jetzt Menschenfreuden, und unsre Religion sollte billig ganz umgeschaffen

sie eine undifferenzierte juristische und politische Gestaltwerdung fordere, falle sie der fatalen Verwechslung von Mensch und Bürger anheim, weil sie „den Menschen vor dem Angesicht Gottes, vor welchem wir alle gleich sind, mit dem Menschen außer diesem Verhältnis“[254] fahrlässig identifiziere. Damit zielte Möser, obwohl er den Namen kaum einmal nannte, unverkennbar auf das in Rousseaus Schrift *Du contrat social; ou principes du droit politique* (1762) artikulierte Interesse, das menschliche Gleichheitspostulat zur Grundlage eines bürgerlichen Gemeinwesens zu erheben.[255] Demgegenüber bestand er nachdrücklich auf einer gesellschaftspolitischen Fundamentalunterscheidung:

> „Wenn Könige und Bettler vor dem Throne Gottes einerlei Stand sind und in der Erde von einerlei Würmern brüderlich gefressen werden: so gilt doch von demjenigen, was vor dem Throne des allmächtigen Schöpfers vorgeht, kein Schluß auf unser Gildehaus. Vor jenem liegt die Hauptstadt, wo sich alles vermischt, hier aber sitzt man nach der Ordnung um den Tisch, wie es die Ehre [!] erfordert“.[256]

Während die Staatszugehörigkeit unabdingbar an die in der Aktientheorie dargestellten Einlagen gebunden bleibe, seien, wie das Beispiel des Leibeigentums zeige, soziale Humanisierungsmaßnahmen niemals durch philosophische Egalitäts-

---

werden, da es so gut als erwiesen ist, daß sie nur Trost für Unglückliche enthalte, man aber jetzt, dem Höchsten sei Dank! nichts wie Genuß kennt“ (J. MÖSER, Es sollten die Wochenschriften auch die Anzeigen der neuesten Moden enthalten, 1779 [SW VII, 37–40], 39f).

[254] SW V, 13.

[255] „Sein Vater hatte […] seinen Erstgebornen zu Genf erziehen lassen, wo er Gelegenheit gehabt hatte, den großen Philosophen zu hören, welcher die Freiheit und Gleichheit der Menschen soviel möglich zur einzigen Grundlage aller bürgerlichen Einrichtungen zu machen wünschte“ (J. MÖSER, Der arme Freie. Eine Erzählung, 1792 [SW IX, 162–178], 162). – Vgl. etwa auch DERS., Der Philosoph am Oronoko, o.J. (SW IX, 368–371).

[256] SW V, 141. – „Wie sehr hat nicht schon das Recht der Menschheit die Kriminalgesetze verwirret?“ (MÖSER, Über das Recht der Menschheit [s. Anm. 242], 143).

theorien, sondern stets nur durch staatliche Justizreformen ins Werk gesetzt worden.[257] Insofern, konnte Möser mit beißender Schärfe zuspitzen, liege in dem Bestreben, aus philosophischen oder religiösen Gründen die Struktur einer bürgerlichen Gesellschaft zu nivellieren, „ein wahrer Umsturz unserer Staatsverfassung, ein völliger Hochverrat"[258] vor. Gleichwohl zielte die von ihm forcierte Unterscheidung von Menschen- und Bürgerrechten keinesfalls auf ein gegenseitiges Ausschlusspostulat ab, weil das bürgerliche Recht zwar die Klassenunterschiede fixiere, dabei aber die „Befugnisse der Menschheit"[259] durchaus unangetastet lasse:[260] „Man erkennet, daß die Knechtschaft ebenso wenig gegen die Religion sei, als es gegen die Religion ist, kein Mitglied der Ostindischen Kompagnie zu sein".[261]

Als handfeste soziale Folgen einer Verwechslung von Mensch und Bürger benannte Möser insbesondere Faulheit und Armut. Denn „eine unüberlegte Gütigkeit"[262] vermehre am Ende doch nur die Zahl der Bettler, und ein „unvorsichtiges Mitleiden gegen ein großes Teil der Armen" konterkariere die Segenswirkung des bürgerlichen Berufsethos: „Wenn diese [sc. die Armen] ihr Notwendiges umsonst erhalten: so lassen sie den Reichtum ihrer Kräfte ohne Wucher ruhen und entziehen sich dem Beitrag, welchen sie dem Wohl der menschlichen Gesell-

---

[257] „Es ist nicht die Macht der Religion und der Menschenliebe, sondern die Bedürfnis des Staats, welcher eine ganz neue Wendung nahm, der den Leibeigentum hier gemildert und dem Gutsherrn Ziel gesetzt hat" (J. Möser, Leibeigentum dem Staate schädlich oder vorteilhaft, o.J. [SW IX, 358–360], 359).

[258] SW IX, 370.

[259] SW VI, 256.

[260] „So sagten unsre Vorfahren: Wir trinken mit keinen Schäfern etc. aus einem Kruge, weil sie nicht mit fürs Vaterland ausziehen, sondern daheim bei der Herde bleiben müssen. Sie sprachen ihnen die christliche und moralische Redlichkeit nicht ab" (SW IV, 242).

[261] Möser, Der Bauerhof als Aktie betrachtet (s. Anm. 242), 256.

[262] SW IV, 69.

schaft schuldig sind".[263] In diesem Zusammenhang beklagte Möser nicht nur die exorbitanten Versorgungslasten, die aus der Inhaftierung kinderreicher, straffällig gewordener „Nebenwohner" entstünden,[264] sondern, gewiss hyperbolisch, auch die Übervölkerung der Gottesdienste, die von Vielen nur noch vom Kirchhof aus verfolgt werden könnten.[265] Dabei appellierte er nicht zuletzt an die besondere Verantwortung, die dem Pfarrer eines Kirchspiels obliege. Wenn dieser aus gutherzigem, aber politisch naivem Mitleid den Bettlern ein Zeugnis der Bedürftigkeit ausstelle, ratifiziere der Vogt das pastorale Papier aus Respekt vor der Person des Geistlichen meist unbesehen, „und so läuft alles der gemeinen Zeche zu".[266] Deshalb solle ein Pfarrer solche Bescheinigungen des Mitgefühls sorgfältig dosieren und im Gegenzug auf der Kanzel, um die Verbindlichkeit des bürgerlichen Rechtssystems mit religiösen Gründen zu untermauern, regelmäßig zu konsequenter Einhaltung der ständischen Gesellschaftsordnung aufrufen.[267]

Wie sich diese Ordnung wahren und stabilisieren lasse, exemplifizierte Möser anhand zweier konkreter Handlungsfelder. Das eine betraf die Institution der Ehe. In einem 1772 publizierten Essay machte er auf das Problem aufmerksam,

---

[263] J. MÖSER, Änderung der Armenanstalten, o.J. (SW X, 195–198), 196.

[264] Vgl. J. MÖSER, Von dem Einflusse der Bevölkerung durch Nebenwohner auf die Gesetzgebung, 1773 (SW V, 11–22), 20f.

[265] „Unsre Kirchen werden uns fast durchgehends zu klein, und es sind deren einige, wo an die fünfhundert Menschen unter einer Predigt auf den Kirchhöfen stehen [...]; andre hingegen, wo die Einwohner nur um den vierten Sonntag zur Kirche kommen können, um sich einander Platz zu machen. Den mehrsten Raum nehmen die Nebenwohner ein. Wenn aber die Kirche gebauet und erweitert wird: so muß der Landbesitzer Holz, Stein und Lohn bezahlen" (aaO 21f). – Vgl. J. MÖSER, Vorschlag, wie die gar zu starke Bevölkerung im Stifte einzuschränken, 1771 (SW VIII, 299f).

[266] J. MÖSER, Jeder zahle seine Zeche, 1772 (SW V, 155–158), 157.

[267] Vgl. MÖSER, Von dem Einflusse der Bevölkerung (s. Anm. 264), 17.

dass sich „die neumodische Menschenliebe [...] auf Kosten der Bürgerliebe“[268] erhöbe, wenn man außerehelich geborene Kinder mit „den echtgebornen“ rechtlich gleichstellen würde, „weil dadurch der stärkste Bewegungsgrund für die Ehe wegfällt“.[269] Da dem Staat ein bürgerlicher Familienstand unmittelbar nützlich sei, wäre es, wie Möser befand, „unpolitisch, dem ehelosen Leben [...] gleiche Wohltaten mit dem ehelichen zu verleihen“.[270] Es mochte zynisch anmuten, wenn er die drastische soziale Benachteiligung, die der Makel einer außerehelichen Geburt mit sich brachte, zwar eingestand, die „Rechte der Menschheit“ dadurch aber in keiner Weise beschnitten sah.[271] Auf dieselbe Tonart war auch der Hinweis gestimmt, die generationsübergreifende Verstetigung dieses Makels entspreche der Auskunft des Dekalogs, Gott werde die Missetat der Väter heimsuchen bis ins dritte und vierte Glied (Ex 29,5b), dem er, als handelte es sich dabei um eine aktuelle Osnabrücker Rechtsbestimmung, die Frage hinzufügte: „Warum will der philosophische Gesetzgeber hier den göttlichen verbessern?“[272]

Zehn Jahre später strich Möser in legislativer Absicht den Unterschied zwischen christlicher und bürgerlicher Ehe heraus.[273] Dabei gestand er den Mitgliedern des unterbürgerlichen Standes die Möglichkeit einer im Gottesdienst zu vollziehenden Verheiratung ohne Weiteres zu, wollte das „Siegel der bürgerlichen Gültigkeit“[274] aber erst dann erteilt wissen, wenn der christlich getraute Ehemann – nicht die Ehefrau![275] – einer staatstragenden Gesellschaftsschicht beitrete. Andernfalls blie-

---

[268] J. Möser, Über die zu unsern Zeiten verminderte Schande der Huren und Hurkinder, 1772 (SW V, 142–145), 142.

[269] AaO 143.

[270] Ebd.

[271] AaO 145.

[272] AaO 144.

[273] J. Möser, Über den Unterschied einer christlichen und bürgerlichen Ehe, 1781 (SW VII, 101–105).

[274] AaO 102.

[275] Vgl. aaO 105.

ben einem solchen Ehepaar die bürgerlichen Rechte und dessen Nachkommen jedwede Erbansprüche notwendiger Weise verwehrt.[276] Immerhin war nun die 1773 erteilte Anregung, es möge den besitzlosen Knechten, Mägden und anderen „gewissen Leuten" jede Heirat verboten werden, da sie sonst „durch Steuren oder andre einen Zwang mit sich führende Mittel"[277] zu Lasten des ehrbaren Bürgertums alimentiert werden müssten, nicht mehr wiederholt worden.

Das andere konkrete Handlungsfeld fand Möser im kommunalen Bestattungswesen. Auch hier habe sich „die Menschenliebe und natürliche Weichherzigkeit"[278] in bürgerliche Rechte einzugreifen erdreistet. Die wichtigsten Gründe, die man für eine unbeschränkte Freigabe des Friedhofs geltend zu machen pflegte, referierte Möser neutral, ließ sie aber nicht gelten, weil man mit der Begräbnisverweigerung, ähnlich dem grausamen Umgang mit den Leichnamen von hingerichteten Verbrechern, den Toten kein weiteres Leid zufüge, umso mehr jedoch ein wirksames Zeichen der Abschreckung aufrichte. In der Forderung, auch „Hurkinder",[279] Räuber, Selbstmörder und andere als unehrenhaft geltende Personen auf dem kommunalen Friedhof zu bestatten, witterte Möser einen letztlich anarchischen Humanismus am Werk, der am Ende „alle Stände und geschlossenen Gesellschaften vernichtigen"[280] werde. Auch religiöse Gründe, die für ein generelles Bestattungsrecht sprechen mochten, wies Möser ab, indem er hinzufügte, der staatskirchliche Akt einer Begräbnisverweigerung greife dem Urteil Got-

---

[276] Dieser Gesichtspunkt wird auch in den Überlegungen Mösers zum priesterlichen Konkubinat eine Rolle spielen; s.u. Abschnitt II.3.a.

[277] J. Möser, Ökonomische Aufgabe der Armen betreffend, 1773 (SW IX, 49f).

[278] J. Möser, Also soll man mit Verstattung eines Begräbnisses auf dem Kirchhofe nicht zu gefällig sein, 1776 (SW VI, 69–72), 70.

[279] AaO 71.

[280] Ebd.

tes keineswegs vor,[281] und „dem Menschenfreunde steht es frei, seinem Freunde eine Ruhestätte in seinem Garten zu geben".[282]

dd) Humane Entlastung

Das eminente Trost- und Entlastungspotential, das Möser der christlichen Religion in ganz allgemeiner Weise zuerkannt hatte,[283] wusste er auch auf die aus der Ständegesellschaft entspringenden Lasten und Betrübnisse anzuwenden. Dass die Religion dabei gelegentlich im Verbund mit anderen Größen, etwa der Vernunft, der Menschenliebe oder der Landeswohlfahrt,[284] zur Wirkung kam, minderte keineswegs ihre genuine konsolatorische Funktionstüchtigkeit, sondern bettete sie in den humanen Gesamtbestand der gesellschaftsgeschichtlichen Triebkräfte ein. So wusste Möser für die „glückliche Mäßigung", die er in der historischen Entwicklung des Fürstbistums Osnabrück ausmachte, gleichermaßen „das Christentum, das deutsche Herz und eine der Freiheit günstige Sittenlehre"[285] am Werk.

Näherhin waren es drei wohltuende Wirkungen der Religion, die Möser in der ständischen Daseinsordnung wahrnahm. Zuerst und zumeist attestierte er ihr die Fähigkeit, die Härte des exekutiven Rechtsvollzugs kompensieren zu können: Auch wenn die Legitimität der obrigkeitlichen Machtausübung außer Frage stand, bot die religiöse Sinn- und Deutungskompetenz dem, der darunter hilflos zu leiden hatte, spürbare Bewäl-

---

[281] Ebd.

[282] AaO 72. – In seinem 1779 aus konkretem Anlass eingebrachten „Vorschlag, wie die Kirchhöfe aus der Stadt zu bringen" (SW VII, 147–151), wog Möser die Gründe, die für und gegen eine Verlegung der Friedhöfe vor die Tore der Stadt sprachen, sorgfältig ab, tangierte dabei aber die oben erörterte Frage in keiner Weise.

[283] S.o. Abschnitt II.1.a.

[284] Vgl. SW IV, 128.

[285] J. Möser, Osnabrückische Geschichte. Allgemeine Einleitung. Vorrede, 1768 (SW XII/1, 31–45), 35.

tigungshilfe. Das galt für den Leibeigenen, dem der Gutsherr zugesagte oder bewilligte Entlastungen willkürlich wieder entzog,[286] ebenso wie für die Angehörigen eines Zuchthäuslers, der seine Familie, da er der Erwerbstätigkeit entzogen war, in bittere Not gestürzt hatte,[287] oder für den Landstreicher, der beim versuchten Mundraub ertappt worden war.[288]

Darüber hinaus schrieb Möser dem Christentum einen historisch nachweisbaren Einfluss auf die Humanisierung der Rechtsvorschriften zu.[289] Und die dritte, erstaunlichste Wirkung der Religion bestand für ihn in der Autorisierung zum Rechtsverzicht. Die fabelähnliche szenische Episode, mit der Möser dies illustrierte, ist ein treffliches Beispiel seiner literarischen Pointierung und spricht für sich selbst:

„*Pfändung*. ‚Laßt ihn sofort pfänden', sagte der Procurator. Der Mann, zu dem er dieses sagte, war ein Christ und antwortete: ‚Mein Schuldner wird ruiniert sein, wenn ich Eurem Rat folge.' ‚Ei', versetzte dieser, ‚wenn Ihr andrer Leute Vorteil mehr sucht als Euren eignen, warum braucht Ihr mich denn?'

Ich hoffe, der Christ werde seinem Gefühl gefolget sein.

Das Gesetz ist gut und muß so sein. Wir müssen aber doch allemal dabei denken: Was du willst, daß dir die Leute tun sollen, das tue ihnen. Sollte der Procurator wohl in simili casu gewünscht haben, daß man so gegen ihn verführe?"[290]

Die offensichtliche Anspielung auf die Goldene Regel der Bergpredigt (Mt 7,12) dürfte vermuten lassen, Möser habe einem christlich grundierten Rechtsverzicht wohl auch in anderen

---

[286] Vgl. J. Möser, Gedanken über den westfälischen Leibeigentum, 1768 (SW VI, 224–238), 227.

[287] Vgl. Möser, Von dem Einflusse der Bevölkerung (s. Anm. 264), 20f.

[288] „Gott tröste den, welcher mir in dieser Flur unter die Augen kommt, um etwas zu entwenden, da Eid und Gewissen mir befiehlet, keinen ungestraft zu lassen" (SW VIII, 176). – Vgl. ferner etwa J. Möser, Die gemilderte Dienstbarkeit zu Savannah in Amerika, o.J. (SW X, 136–141), 139.

[289] Vgl. SW IV, 128.

[290] J. Möser, Pfändung, o. J. (SW X, 44).

Fällen eine sozial förderliche Entlastungsfunktion zugemessen. Dazu steht nicht im Widerspruch, dass er mit der religiösen Vergebungsbereitschaft mitunter sein humorvolles Spiel zu treiben beliebte:

„Die Beichte einer Frau an ihren Mann, welche in unsern Volkserzählungen also schließt:

Er sprach: Geh hin, ich sprech dich los
Des schweren Sündenfalls;
Doch säß ich nicht an Gottes Statt,
Ich bräche dir den Hals!“[291]

Eine nachgelassene Notiz Mösers brachte den Gesamtsachverhalt in aphoristischer Präzision auf den Punkt: „Religion ist Musik, die Unglücklichen zu trösten und die Glücklichen zu besänftigen. Es kommt nur darauf an, daß sie würkt, was sie würken soll“.[292]

3. Kirche

a) Konfession

Das politisch-pragmatische Interesse, das Mösers Blick auf die Religion dominierte, mag erklären, weshalb er mit dem Ausdruck „Kirche“ oft das institutionalisierte Christentum insgesamt ansprach, ohne sich dabei um dessen bekenntnishafte Pluralität zu bekümmern. Antikatholische Spitzen oder Ressentiments finden sich bei dem protestantischen Religionsdenker nur in der Frühzeit und auch dort nur gelegentlich, etwa in der pathologischen Erklärung der Konversion des Erbprinzen Friedrich II. von Hessen-Kassel[293] oder ganz allgemein in dem

---

[291] Möser an August Friedrich Ursinus, 24.12.1776 (BW 524–527), 525.

[292] SW X, 204.

[293] „Die Ursache ist wohl nirgend anders als in der Folge eines angeerbten Fehlers zu suchen, indem seine Frau Mutter 12 Jahr wegen Unklugheit eingesperret, der Erbprinz auch seit langen Jahren schon da-

Misstrauen, das er einem subversiven „catholische[n] Religionseyfer“[294] entgegenbrachte. Insgesamt aber begrüßte Möser das bei den Theologen und Publizisten seiner Zeit zu beobachtende Abflauen kontroverstheologischer Polemik, die „eine elende Rechthaberey in Dingen [...], die keinen politischen [!] Nutzen haben“, darstelle und derzeit fast nur noch von den „grossen Herrn“[295] fortgeführt werde. In einem fingierten Verlegerbrief ließ Möser den Absender sagen, er verbitte sich

> „alle Kontroversien mit den dreien im H[eiligen] R[ömischen] R[eich] lebenden Religionen [...]: denn darnach wird jetzt gar nicht mehr gefragt, und auf der letzten Messe wurde noch ein Restgen von mehr als tausend Zentnern, welcher lange Zeit unter einem Generalarrest verschlossen gelegen hatte, für Makulatur verkauft. [...] Jedoch will ich eben nicht sagen, daß nicht im Notfall und bei müßigen Stunden so ein bißgen Kontrovers mit eingerührt werden könnte. Es giebt immer einen guten Provinzialabsatz“.[296]

Insgesamt aber, fuhr der fingierte Verleger fort, nutze das Publikum die religiösen Veröffentlichungen nicht mehr zur Sachinformation, sondern nur noch als Arsenal der geselligen Konversation.[297]

Unbeschadet aller kontroverstheologischen Irenik fasste Möser die konfessionelle Differenz christlicher Religion, die ihm in Osnabrück allgegenwärtig war,[298] immer wieder klar in den Blick. Dabei traten die strukturellen Sympathien, die der

---

rauf bedacht gewesen, seinem Herrn Vatter und Frau Gemahlin, die ein Muster der Gottesfurcht und vor ihre Religion sehr eifrig ist, allen nur ersinnlichen Verdrus zu machen“ (Möser an Henrietta Dorothea Johanna von dem Bussche-Hünnefeld, Juni 1754 [BW 171–173], 172).

[294] Möser an Juliane Margarethe Hedemann, 2.8.1760 (BW 230f), 230.

[295] Möser an Michael Ignaz Schmidt, 11.4.1778 (BW 554f).

[296] J. Möser, Mein Verleger an mich, 1780 (SW IX, 121–123), 121.

[297] „Was von Theisten und Deisten geschrieben wird, geht immer noch ab, wenn es gleich nicht ganz verstanden wird. Jedermann tut gern groß damit, und es gehört ebenso gut mit zum guten Ton, dergleichen Werke gelesen zu haben, als ein wenig aus der Algebra zu schwatzen“ (aaO 122f).

[298] S.o. Abschnitt I.1.

Protestant Möser für den römischen Katholizismus hegte, deutlich hervor. Abstrakte Wesensbestimmungen wie etwa die, der Katholizismus bemühe sich mehr um das Herz des Menschen und mache deshalb aus der Religion eine Kunst, wohingegen sie in dem eher rational ausgerichteten Protestantismus zu einer Wissenschaft werde,[299] finden sich dabei nur ganz vereinzelt.

Umso deutlicher fokussierte er hingegen die konkreten Differenzphänomene. Für die eigene, evangelisch-lutherische Kirche beklagte Möser insbesondere drei schwerwiegende Defizite. In ihrer Ordnungs-, Kultus- und Lehrgestalt hänge sie, anders als die katholische Kirche, wesentlich vom politischen Gutdünken des jeweiligen Territorialfürsten ab.[300] Zudem setze dessen landesherrliches Kirchenregiment die evangelische Pfarrerschaft einem gravierenden gesellschaftlichen Autoritätsverlust aus und bringe damit letztlich „einen Fluch über das menschliche Geschlecht".[301] Ein drittes, intern verursachtes Problem ergebe sich aus der ungezügelten Lehrfreiheit protestantischer Theologie, wodurch die Entscheidungskraft der evangelischen Kirche geschwächt, eine irritierende Verbindlichkeitsdiffusion provoziert und der Bedarf einer monarchischen Ordnungskompetenz umso dringlicher werde.[302] „Das problema", schrieb Möser an den Präsidenten des Münsteraner Geheimen Rates, „ist würklich, weil der Pabst bey uns fehlt".[303]

---

[299] Vgl. SW IX, 239.

[300] Vgl. SW II, 411.

[301] SW III, 31.

[302] „Da sich die Gottes[ge]lehrten zum großen Ärgernis der christlichen Gemeine immer mehr und mehr darüber entzweien, welches der wahre Weg zum Himmel sei […], so sehe ich im Geiste voraus, daß die christliche evangelische Kirche sich bald in eine völlige Oglicharchie [sic] verwandeln oder aber zu der Wahl eines sichtbaren Oberhauptes schreiten und sich unter demselben wegen eines sichern Wegweisers vereinigen werde" (J. Möser, Das sichtbare Haupt der evangelischen Kirche nach allen seinen Eigenschaften betrachtet, o.J. [SW IX, 245f], 245).

[303] Möser an Friedrich Wilhelm Nikolaus von Boeselager, 26.12.1765 (BW 383–387), 384.

Indem er den Papst im selben Atemzug „ein monstrum iuris" nannte, schien er die Anregung, auch auf protestantischer Seite einen monarchischen Oberhirten zu installieren, allerdings gleich wieder zu ironisieren.[304]

Die Organisationsstruktur der römisch-katholischen Kirche[305] und die in ihr waltende religionspolitische Klugheit imponierten Möser in mehrfacher Hinsicht. Namentlich den in Rom behaupteten Stuhl Petri würdigte er als die entscheidende Basis des institutionellen Machterhalts. In keiner anderen europäischen Metropole, weder in Paris, Wien noch Berlin, genösse die kirchliche Zentrale eine vergleichbare Unabhängigkeit von jeder weltlichen Macht.[306] Hätte sie ihren Sitz andernorts aufgeschlagen, so würden wir „nicht mehr eine allgemeine Kirche, sondern ebenso viele haben, als weltliche unabhängige Reiche und Herrlichkeiten vorhanden sind".[307] Eine Garantie der kirchlichen Unabhängigkeit erkannte Möser auch in der Bestimmung, der Fürst eines geistlichen Territoriums unterliege einem Heiratsverbot, weil der Organisation dadurch erhebliche Alimentationslasten erspart blieben.[308] Allerdings werde

[304] Ebd. – In der zitierten Wendung wird *monstrum* als „Missgebilde" (Monster), jedoch schwerlich als „Wunder- und Wahrzeichen" (Monstranz) zu verstehen sein. – Für hilfreiche rechtshistorische Beratung danke ich meinem Münsteraner Kollegen Nils Jansen.

[305] Zu Mösers Agieren in der Regulierung der Ordnungsaufgaben, die sich aus der 1773 von Papst Clemens XIV. verfügten Auflösung des Jesuitenordens im Fürstbistum Osnabrück ergeben hatten (vgl. etwa Mösers anonymes Promemoria „Gedanken eines Jurisconsulti Catholici impartialis, auf welche Weise die dermalige Jesuiter-sache und dabey einschlagenden Punkte am sichersten zu vergleichen und abzuthun" [Niedersächsisches Staatsarchiv Osnabrück, Rep 100 Abschn. 340b Nr. 28, Blatt 56–59]), s. o. Abschnitt I.2.

[306] Vgl. J. Möser, Der Stuhl Petri, o.J. (SW IX, 240–244); Möser an Michael Ignaz Schmidt, 11.4.1778 (BW 554f).

[307] Möser, Der Stuhl Petri (s. Anm. 306), 242.

[308] „Ein Gleiches", nämlich die Vererbung einer weltlichen Pfründe auf die Nachkommenschaft ihres Besitzers, „würde sich mit allen geistlichen Pfründen zugetragen haben, wenn nicht zu der Zeit, als der

dieser Vorteil nicht nur durch die absolutistische Prachtentfaltung der Fürstbischöfe,[309] sondern auch durch das politische Eigeninteresse, das sie als Territorialherren zu entwickeln pflegten, zusehends unterlaufen.[310]

In der dem Papst eingeräumten monarchischen Herrschaftsgewalt erkannte Möser den entscheidenden Stützpfeiler des römisch-katholischen Hierarchiegefüges. Dies prädestiniere den Papst zum Schutzpatron von Mönchsorden und anderen politisch bedrängten Institutionen der Kirche,[311] und dergestalt könne er in Analogie zu der Gewaltenschichtung der deutschen Territorialstaaten „für die Mindermächtigen dasjenige seyn [...], was der Kayser für die Landstände ist".[312]

Dass protestantische Kontroverstheologen das für die Petrusnachfolge des römischen Bischofs legitimatorisch bemühte Christuswort „Du bist Petrus, und auf diesen Felsen will ich bauen meine Gemeinde" (Mt 16,18) in exegetische und historische Zweifel zogen, erschien Möser schlichtweg kirchenpoli-

---

geistliche Dienst mit einer Pfründe [...] verknüpft wurde, die Kirche weislich zugetreten und dem Geistlichen nicht allein das Heiraten verboten, sondern auch die Kinder, welche er vorher gezeugt, von aller Folge an der Pfründe ausgeschlossen hätte" (J. MÖSER, Gedanken über den westfälischen Leibeigentum, 1768 [SW VI, 224–238], 232).

309 „Man [sollte] meinen, daß ein geistlicher Staat, dessen Fürst nicht heiraten darf, allemal der beste sein müßte, weil hier der Kopf durch keine Aussteuren, Witwensitze und Apanagen zu sehr vergrößert werden kann. Allein, da leider dergleichen Köpfe sehr oft mit gefährlichen Kröpfen heimgesuchet werden, die sich bisweilen so sehr ausdehnen, daß sie die ganze Pyramide durch ihre Schwere umstürzen; so läßt sich solches nicht mit Gewißheit behaupten" (J. MÖSER, Der Staat mit einer Pyramide verglichen. Eine erbauliche Betrachtung, 1773 [SW V, 214–217], 215).

310 Vgl. MÖSER, Der Stuhl Petri (s. Anm. 306), 244.

311 „Die deutschen Bischöfe klemmten sich so lange an den Pabst, als sie ihn gebrauchten; nun, daß sie Landesherrn geworden, suchen die Capitel und Mönche den Pabst zum Rückhalter zu haben" (Möser an Thomas Abbt, 18.6.1766 [BW 406f], 407).

312 Möser an Michael Ignaz Schmidt, 11.4.1778 (BW 554f), 554.

tisch naiv. Habe doch die katholische Theologie längst ihrerseits eingesehen, dass weder der Felsen, auf dem Christus seine Gemeinde erbauen wollte, von den Engeln nach Rom getragen wurde noch eine lückenlose Sukzession der römischen Bischöfe sich nachweisen lässt.[313] Indessen stelle die fehlende biblische Autorisierung des Papstfelsens nur „eine Vergessenheit" dar, „die um so viel empfindlicher wäre, je offenbarer es ist, daß alle vernünftige Leute ihn gesucht und von selbst gefunden haben".[314] Insofern, schlussfolgerte Möser, müsse jedes vorurteilsfreie Räsonnement einsehen, dass der Rekurs auf den Felsen des Petrus in Wirklichkeit menschlicher Klugheit entspringe und erst hernach durch einen vermeintlichen Schriftbeweis autorisiert worden sei.[315] Um die evangelischen Bedenkenträger vollends zu entlasten, meinte Möser daran erinnern zu können, dass auch Martin Luther „die Gründe, welche man zum Schein in eine Kriegserklärung setzt, von denjenigen nicht unterschied, die man im Cabinet hat".[316]

Darüber hinaus zeigte sich Möser von dem effektiv disziplinierenden Bußinstitut der katholischen Kirche sichtlich beeindruckt. Ohne dessen religiöse Funktion irgend beschränken zu wollen, lobte er daran zumal den *politischen* Nutzen, der es einem Regenten erlaube, zwar nicht die Namen der Sünder, aber doch die Art und Häufigkeit ihrer Sünden zu kennen und darauf fußend legislative oder exekutive Konsequenzen ziehen zu können.[317] Zugleich hielt er es für ratsam, die Bettelorden, obschon sie seines Erachtens eine Landplage darstellten, weiter-

---

[313] Vgl. MÖSER, Der Stuhl Petri (s. Anm. 306), 241 f.

[314] MÖSER, Das sichtbare Haupt (s. Anm. 302), 246.

[315] Vgl. aaO 245 f.

[316] MÖSER, Der Stuhl Petri (s. Anm. 306), 243.

[317] „In einem katholischen Land kann man wissen, was für Sünden am mehrsten im Schwange gehen, und ein Regent kann zwar nicht die Namen der Verbrecher, aber wohl ihre Anzahl von jeder Art sicher erfahren" (J. MÖSER, Also ist die Kirchenbuße so ganz nicht abzuschaffen, o.J. [SW III, 186–190], 189; vgl. die Parallelüberlieferung in SW IX, 232–237).

hin beizubehalten, weil es den Menschen, die mit ihrem Ortspfarrer täglich lebensweltlichen Umgang pflegen, wesentlich leichter falle, ihre Sünden einem ortsfremden Geistlichen anzuvertrauen.[318] Deshalb sollte, riet Möser, auch die evangelische Kirche an der institutionalisierten Beicht- und Bußpraxis festhalten, und dies nicht nur, um ihren „weisen Regenten in seinen Strafgesetzen zu leiten",[319] sondern auch im Interesse einer gesellschaftlichen Rehabilitation derer, die sich eines Vergehens schuldig gemacht hatten. Aus diesem Grund solle man den Makel der Schande, der sich landläufig mit dem Eingeständnis einer moralischen Regelwidrigkeit verband, vollständig tilgen, denn „wer sich der Sünde nicht geschämt hat, muß sich auch der Reue nicht schämen".[320] In der Aufzählung des gesellschaftspolitischen Nutzens, den die Kirchenbuße auch in evangelischen Sozialkontexten stifte, wurde Möser geradezu pleonastisch: „Sie gereicht dem gefallenen und wiederaufstehenden Teile zu großer Ehre, stärkt die Schwachen, hält die Gleitenden, beruhigt die Geärgerten, erfreut die Rechtschaffenen und tröstet die Betrübten".[321]

Weiterhin rühmte Möser die im Katholizismus den Konzilien zugemessene, kirchlich bindende Lehrautorität. Dass sich aus diesem historischen Urteil des Osnabrücker Geschichtsschreibers ein gewisses Vereinbarkeitsproblem mit dessen funktionaler Hochschätzung des Papstamtes ergeben musste, hat ihn offenbar ebenso wenig bekümmert wie überhaupt der Jahrhunderte alte Widerstreit von Konziliarismus und Papalismus. Ausgehend von der Grundüberzeugung „die Religion soll

---

318 „Welche Wirtin z.B. wird ihrem ordentlichen Pfarrer, der sie täglich besucht, gewisse Sünden beichten und ihm hernach ohne die größte Unverschämtheit unter die Augen treten können?" (J. MÖSER, Noch etwas über Geburtsrechte, 1794 [SW IX, 194–197], 196).

319 MÖSER, Also ist die Kirchenbuße (s. Anm. 317), 189.

320 AaO 190.

321 Ebd.

uns glücklich machen",[322] befand Möser, die Konzilsentscheidungen gewährten, indem sie die Menschen von eigenen Glaubensreflexionen entlasten, einen „Beruhigungsgrund für Millionen"[323] und könnten damit, während die Stubengelehrten weiterhin darüber räsonieren mochten, die Zeit- und Kraftressourcen, welche für die zum Lebensunterhalt unabdingbare Erwerbsarbeit notwendig sind, freisetzen.[324] Somit lag für ihn auf der Hand, „daß wir am besten tun, uns damit den Kopf nicht zu zerbrechen, sondern gerade darauf hinauszugehen, was uns glücklich macht".[325] Man könnte geneigt sein, in solchen Einlassungen einen zynischen Unterton zu vermuten, zumal es einem Realpolitiker wie Möser schwerlich entgangen sein dürfte, dass sich zu seiner Zeit keineswegs die katholischen, vielmehr gerade die protestantischen Territorien durch manifeste ökonomische Prosperität auszeichneten.

Nicht zuletzt imponierte Möser auch die innere Reformbereitschaft der katholischen Kirche. Nachdem im Visitationsrezess von 1625 aufgedeckt worden war, „daß im Hochstift Osnabrück derozeit kein Prediger gewesen, der nicht Frauen und Kinder gehabt habe",[326] sei dies nicht etwa als eine flurschädigende Wirkung der Reformation gebrandmarkt, sondern als Anlass zur Selbstkritik eingeschätzt worden, und ein Blick auf die gegenwärtige Verfasstheit der katholischen Kirche erzeige, wie weit sie sich inzwischen aus eigener Kraft von solchen Missständen entfernt habe.[327]

---

[322] J. Möser, Unterschied zwischen katholischer und protestantischer Lehre, o.J. (SW IX, 238–240), 238.

[323] Ebd.

[324] Vgl. aaO 239f. – „Eine Religion, welche der Industrie Hände und Zeit entzieht, dient uns nicht. Eine Religion, welche die Freiheit der Menschen ohne Not einschränkt, [...] ist nichts wert" (aaO 240).

[325] AaO 239.

[326] SW XIV/1, 305.

[327] Vgl. aaO 305f.

Auch in der ausführlichen Rezension eines 1772 erschienenen Werkes zum deutschen Staatskirchenrecht[328] unterstrich Möser das von ihm wahrgenommene Toleranzpotenzial der katholischen Kirche, das ihn damit rechnen ließ, sie werde wohl in absehbarer Zeit das Abendmahl auch denen austeilen, die es unter beiderlei Gestalt zu empfangen wünschten und hinsichtlich der Wandlung einer abweichenden Deutung anhingen, und das in der Bereitschaft zur konfessionellen Simultannutzung von Kirchengebäuden, wie sie etwa in dem Ort Goldenstedt gegenwärtig praktiziert werde, schon heute nachweisbar sei.[329] Später engagierte sich Möser eingehend in einem länger währenden Rechtsstreit, der um die Einführung eines Simultaneums in den zum Fürstbistum Osnabrück gehörigen Ortschaften Fürstenau und Schledehausen geführt wurde.[330]

Weil Möser der Reformbedarf der römisch-katholischen Kirche gleichwohl noch längst nicht erschöpft zu sein schien, wartete er mit entsprechenden guten Ratschlägen auf. So kritisierte er etwa das in den Kirchenversammlungen einberufene Personal: Es würde, befand er, weitaus nützlicher sein, in den Synoden an Stelle von weltfremden Geistlichen und spekulativen Theologen solche lebenspraktisch kundigen Männer zu-

---

328 J. Ch. Majer, Teutsches geistliches Staatsrecht abgetheilt in Reichs- und Landrecht, 1772.

329 Vgl. J. Möser, Rez. von J. Ch. Majer, Teutsches geistliches Staatsrecht [...], 1772 (Auserlesene Bibliothek der neuesten Literatur [Lemgoer Bibliothek] 4, 1773, 575–592; Wiederabdruck in SW III, 256–267).

330 Vgl. J. Möser, Darstellung der Gründe welche Seine Königliche Hoheit den Herrn Herzog von York als Bischofen zu Oßnabrück bewogen haben das Simultaneum zu Fürstenau und Schledehausen einzuführen [...], 1793 (Niedersächsisches Staatsarchiv Osnabrück, Rep 100 Abschn. 368 Nr. 43). – Vgl. die differenzierte Deutung bei K. H. L. Welker, Rechtsgeschichte als Rechtspolitik. Justus Möser als Jurist und Staatsmann (Osnabrücker Geschichtsquellen und Forschungen 38), 1996, 922–928.

sammenzuführen, „die aus eigener *Erfahrung*[331] wissen, was für unsre Kolonie frommet oder nicht".[332] Außerdem könnte eine umsichtig agierende Praxis der kirchlichen Selig- und Heiligsprechung den aus der Einsicht erwachsenden moralischen Anreiz freisetzen, „daß auch durch stille Tugenden ein ruhmvolles Andenken zu erwerben sei".[333] Ein weiterer Reformvorschlag Mösers mutierte allerdings unverkennbar ins humorvoll Groteske, zielte er doch mit diesem „patriotischen Wunsch" auf die kommunale Nutzbarmachung eines in den altgläubigen Gotteshäusern geübten Brauchtums:

> „Wenn man die Heiligen, vor welchen in den katholischen Kirchen ein ewiges Licht oder eine beständige Lampe brennet, auf die Gassen setzte: so würde die Stadt gezieret und erleuchtet sein, die Andacht aber nichts verlieren".[334]

Ganz unironisch sprach sich Möser jedoch gegen die mit dem Zölibat verordnete Glückshemmung aus. Zwar hielt er das den katholischen Geistlichen auferlegte Heiratsverbot auch in politischer Hinsicht für segensreich, weil es mit der darin fixierten Trennung von weltlicher und geistlicher Macht ein wirksames Klugheitsmittel „gegen den Despotismus"[335] entwickelt habe, welches freilich eine signifikante Asymmetrie aufweise, da doch dem Papst „nichts im Wege [steht], die Kaiserkrone anzunehmen, wenn sie ihm geboten würde; [...] wohingegen die weltlichen Fürsten nicht einmal [...] eine Abtei, womit doch Karl der Große noch manchen tapfern Kriegesmann belohnte, besitzen können".[336] Die Differenz zu protestantisch regierten Territorien, in denen der über das *ius circa sacra* verfügende

---

331 S.o. Abschnitt II.1.a.

332 MÖSER, Unterschied (s. Anm. 322), 239; Hervorhebung von mir.

333 J. MÖSER, Aufmunterung und Vorschlag zu einer westfälischen Biographie, 1770 (SW IV, 297–300), 297.

334 SW V, 85.

335 J. MÖSER, Das Cölibat der Geistlichkeit, von seiner politischen Seite betrachtet, 1783 (SW III, 95–104), 96.

336 Ebd.

Landesherr stets zugleich das Summepiskopat innehatte, ließ Möser dabei geflissentlich außer Acht.

Andererseits aber wusste er auch um den naturhaften Drang zu menschlicher Intimität sowie den organisationspraktischen Nutzen, der dem schlichten Landpfarrer „die Hülfe einer guten Ehefrau“[337] wünschenswert mache. Dem Dilemma, dass sich zwischen hauswirtschaftlich bedürftigem niederen und besser versorgtem höheren Klerus eine klare Trennungslinie niemals ziehen lasse, trat Möser mit dem originellen Lösungsvorschlag entgegen, den katholischen Geistlichen insgesamt zwar nicht eine bürgerliche Ehe, aber doch ein Konkubinat bzw. eine „Ehe zur linken Hand“[338] zu gestatten. Sollte die Bezeichnung „Konkubine“ etwaigen Anstoß erregen, so könne sie, fügte Möser elastisch hinzu, problemlos durch das Wort „Hausfrau“ ersetzt werden.[339] Unverkennbar griff er damit auf die von ihm in anderem Zusammenhang[340] als gesellschaftsstabilisierend empfohlene Unterscheidung von christlicher und bürgerlicher Ehe zurück. Dergestalt, fuhr Möser fort, wäre den katholischen Priestern ein außerbürgerliches Ehe- und Familienleben gestattet, und die Kirche bliebe weiterhin, da den „Hausfrauen“ und Kindern in Priesterfamilien kein Pfründen-, Vermögens- und Erbrecht zustünde, aller diesbezüglichen Versorgungslasten entledigt. Insofern würde „der Cölibat der Geistlichen, indem er die Trennung zwischen der geistlichen und weltlichen Macht unterhält und da, wo er beide vereinigen muß, den Zwitter mit der Erblosigkeit bestraft, der menschlichen Freiheit sehr zugute“[341] kommen.

Um sich mit alledem nicht dem Verdacht frecher Religionsspötterei oder gar der „Irreligion“[342] auszusetzen, unterstrich Möser am Ende dieser 1783 publizierten Einlassung abermals,

---

337 AaO 101.

338 AaO 96.

339 AaO 97.

340 S.o. Abschnitt II.2.b.cc.

341 Möser, Das Cölibat (s. Anm. 335), 103.

342 Ebd.

er wolle „die religiösen Meinungen bloß von der Seite des Vorteils betrachten, den sie dem Staate leisten; eine Seite, die mir immer sehr wichtig erscheint, da Gott auch das Wohl der Staaten durch die Religion zu befördern sucht".[343] Seinem Respekt vor den genuin theologischen Gesichtspunkten, „welche außer meiner Sphäre liegen",[344] sei damit nicht der geringste Abbruch getan.

b) Reformation

In konfessionsgeschichtlicher Hinsicht fällt der erstaunliche Umstand ins Auge, dass der evangelische Historiker Möser die Ursprungsepoche und Gründerfiguren des Protestantismus nur äußerst selten und auch dann bloß randständig thematisiert hat. Genau besehen waren es lediglich drei Errungenschaften, die er der Reformation attestierte: Sie habe im Heiligen Römischen Reich die territorialstaatliche Eigenständigkeit befördert,[345] die Alphabetisierung der einfachen Landbevölkerung wirksam vorangetrieben[346] und dem Laien „einen zweiten Weg zum Himmel" gewiesen, „wo er ohne Maut und Zoll dahin kommen kann, wenn die [katholische] Kirche den andern gar zu enge macht".[347]

Auch das reformatorische Hauptpersonal bedachte Möser nur marginal. Ulrich Zwingli und Johannes Calvin lagen gänzlich außerhalb seines Interesses, und Philipp Melanchthon, den er 1739 im Schultheater des Osnabrücker Ratsgymnasiums hatte darstellen dürfen,[348] war ihm später keiner Beachtung mehr wert. Von den großen Reformatoren rückte er allein Martin Luther gelegentlich in den Blick.

343 Ebd.
344 AaO 104.
345 Vgl. SW XII/1, 39.
346 Vgl. SW II, 125f.
347 SW VII, 246.
348 S.o. Abschnitt I.2.

Diesem gegenüber erzeigte Möser freundlich-distanzierten Respekt. Die Bemerkung, Luther zähle zu den größten Theologen seiner Zeit,[349] blieb isoliert und war in ihrem Zusammenhang ohne Belang. Dass Luther, der „bloß die Wahrheit suchte", gleichwohl zwischen taktischen und aufrichtigen Äußerungen zu unterscheiden wusste, wird einmal beiläufig notiert.[350] An anderer Stelle sah sich Luther, historisch unzutreffend, als Vordenker einer an die Bekenntnisschriften gebundenen, den Privatglauben nicht tangierenden öffentlichen Religion vorgestellt.[351]

In einer Darstellung der Reformationsgeschichte seines Fürstbistums hielt Möser in wiederum zweifelhaftem historischen Urteil fest, Luther habe die Kühnheit besessen, die schon lange schwelenden Reformbegehren der deutschen Bischöfe in die Tat umzusetzen und mit Hilfe der „göttlichen Vorsehung [...] die Schwierigkeiten zu ebnen, welche einer furchtsamen Politik so lange unübersteiglich geschienen".[352] Gleichwohl blieb Luther, dessen reformatorischen Aufbruch Möser einmal fälschlich auf das Jahr 1516 datiert hatte,[353] in der Darstellung der Geschehnisse von Osnabrück bloße Randfigur; die hier geleistete Aufrichtung der „gereinigten Lehre" habe man im Wesentlichen Bischof Franz von Waldeck zu danken.[354] In seiner Schrift zur Reduktion kirchlicher Feiertage[355] verschwieg Möser, dass bereits Luther und andere Reformatoren diese For-

[349] Vgl. Möser an Hans Werner von Hammerstein-Equord, 16.9.1763 (BW 293–297), 295. – Vgl. auch die humorvolle, aber unbedeutende Einspielung Luthers zu Beginn von Mösers Brief an Johann Lorenz Benzler vom 28.8.1776 (BW 519–522), 519.

[350] Vgl. SW IX, 243.

[351] Vgl. aaO 247 f.

[352] J. Möser, Vorbereitung der Reformation in Osnabrück, o.J. (SW XIV/1, 277–283), 281.

[353] Vgl. J. Möser, Auszug der neuesten osnabrückischen Geschichte, o.J. (SW XIV/1, 283–290), 284.

[354] Möser, Vorbereitung der Reformation (s. Anm. 352), 280 f.

[355] S.o. Abschnitt II.2.b.bb.

derung erhoben und umgesetzt hatten. Das von Luther entfaltete Freiheitskonzept, urteilte er, sei nur knapp der Gefahr entronnen, den Bauernkrieg zu einem revolutionären Flächenbrand zu entfachen, den dann im Gegenzug Kaiser Karl V. zum Ausbau seiner monarchischen Machtfülle hätte ummünzen können.[356]

Allerdings gibt es aus der Feder des jungen Möser auch ein zusammenhängendes Portrait Martin Luthers. Es präsentierte sich, wie später im literarischen Feldzug gegen Jean-Jacques Rousseau,[357] in Gestalt eines fingierten Briefes an den französischen Aufklärungsphilosophen Voltaire (1694–1778), der soeben an den Potsdamer Hof des Preußenkönigs Friedrich II. berufen worden war. Möser, der in seiner Jugend an der modischen Voltaire-Bewunderung durchaus partizipiert hatte, entschloss sich nach der Lektüre von Voltaires *Lettres sur les Anglais* (1734), die dort im 7. Brief artikulierte herabwürdigende Kritik an Luther, dem der Philosoph kirchenspaltendes Sektierertum, literarische Unbeholfenheit, den Rückfall hinter die Errungenschaften des Renaissancehumanismus und indirekte Urheberschaft für das Jahrhundert der Religionskriege vorwarf,[358] um-

---

[356] „Dabei war es ein Glück, sowohl für die katholischen als evangelischen Reichsfürsten, daß der Kaiser sich der Reformation nicht so bedient hatte, wie es wohl wäre möglich gewesen. Luthers Lehre war der gemeinen Freiheit günstig. Eine unvorsichtige Anwendung hätte hundert Thomas Müntzers erwecken, und dem Kaiser die vollkommenste Monarchie zuwenden können, wenn er die erste Bewegung recht genutzt, alles Pacht-, Lehn- und Zinswesen im Reiche gesprengt, die Bauern zu Landeigentümern gemacht und sich ihres wohlgemeinten Wahns gegen ihre Landes-, Gerichts- und Gutsherren bedienet hätte“ (SW XII/1, 40f). – Insofern urteilt Ch. Senkel zutreffend, im Sinne Mösers würde man „die Reformation als eine verpasste Chance für die deutsche Libertät“ ansehen können (CH. SENKEL, Patriotismus und Protestantismus. Konfessionelle Semantik im nationalen Diskurs zwischen 1749 und 1813 [BHTh 172], 2015, 55).

[357] S.o. Abschnitt II.2.a.

[358] Die spätere Lutherkritik Friedrich Nietzsches steht dazu in frappierender sachlicher Nachbarschaft; vgl. A. BEUTEL, „Der unmögli-

fassend zu widerlegen.[359] Der in eleganter französischer Sprache abgefasste Essay,[360] dessen leichtfüßige Stilart die Diktion Voltaires nachzuahmen suchte, entstand im September 1750,[361] wurde noch im selben Jahr in Hamburg gedruckt und erfuhr, nachdem es zu etlichen nicht autorisierten Nachdrucken gekommen war,[362] 1777 eine zweite, in Bremen besorgte Ausgabe. Die getreue deutsche Übersetzung, die Georg Wilhelm Bokelmann ausgefertigt hatte, erschien spätestens[363] 1765 in Lübeck und ging zusammen mit dem französischsprachigen Original in die heute maßgebliche, von der Göttinger Akademie der Wissenschaften besorgte Gesamtausgabe der Werke Mösers ein.[364]

Gegen die von Voltaire betriebene Marginalisierung Luthers hob Möser eindringlich hervor, dass dieser nicht nur eine Episode der deutschen Kirchengeschichte, sondern ein epochales welthistorisches Ereignis darstellte, dem es allein vorbehalten

---

che Mönch". Das Lutherbild Friedrich Nietzsches (in: DERS., Spurensicherung. Studien zur Identitätsgeschichte des Protestantismus, 2013, 203–225).

359 Vgl. etwa E.-W. ZEEDEN, Martin Luther und die Reformation im Urteil des deutschen Luthertums. Studien zum Selbstverständnis des lutherischen Protestantismus von Luthers Tode bis zum Beginn der Goethezeit, Bd. 1, 1950, 305–316; WELKER (s. Anm. 330), 166–175; SENKEL (s. Anm. 356), 91–95.

360 J. MÖSER, Lettre à Mr. de Voltaire contenant un Essai sur le caractère du Dr. Martin Luther et sa Réformation, 1750 (SW II, 286–298). – Vgl. dazu zuletzt F. STÜCKEMANN, Justus Mösers *Lettre à Mr. de Voltaire*: Apologie pour le Dr. Martin und „Tonnenmärchen" (GRM 67, 2017, 293–307).

361 Wie aus einem Brief Mösers an Friedrich Nicolai hervorgeht, reichte die Planung dieser Schrift bis in das Jahr 1746 zurück (vgl. Möser an Friedrich Nicolai, 17.12.1785 [BW 668f], 668).

362 U.a. 1755 in der Nienburger Wochenschrift „Der Theologe" (vgl. Möser an Unbekannt, 1771 [BW 467]).

363 Zu möglichen vorherigen Ausgaben der deutschen Übersetzung vgl. ebd.

364 J. MÖSER, Sendschreiben an Herrn von Voltaire über den Charakter Dr. Martin Luthers und über seine Reformation, 1750 (SW II, 405–416).

war, „den Hauptstreich zu vollführen".[365] Indem Luther die gute, reine Glaubens- und Sittenlehre des spätantiken Christentums wirkmächtig aktualisierte, habe er einen eminenten Beitrag „zur allgemeinen Glückseligkeit der Welt"[366] zu leisten und sich dergestalt als „ein Held für die gemeinschaftliche Sache des menschlichen Geschlechts"[367] zu erweisen vermocht.

Dieser epochalen Bedeutung entsprach Mösers panegyrische Würdigung Luthers als Mensch. Wenn sich unter den zahlreichen großen Charaktereigenschaften, die ihn auszeichneten, auch „einige Schwachheiten" fänden, so lag darin für Möser, als habe er das berühmte, 1753 notierte Wort Gotthold Ephraim Lessings[368] schon vorausgeahnt, nur der schicksalhaft gefügte Hinweis, dass Luther kein Halbgott war, sondern „ein Mensch".[369] Als dieser habe er damals wie kein anderer „gründliche Gelehrsamkeit",[370] heroische Unerschrockenheit[371] und furchtlosen Mut erwiesen: „Wenn seine Seele den Leib eines Generals belebt hätte, so würde er der größte Feldherr seiner Zeit gewesen sein".[372] Ihn als einen Fürstenknecht zu schmähen sei schon darum abwegig, weil die Obrigkeiten, die sich ihm anschlossen, aller lukrativen Privilegien, welche die römische Kirche bereithielt, verlustig gingen.[373] Luthers „ungestüme Leidenschaften", die einen feingeistigen Aufklärer abstoßen mochten, seien, um

---

365 AaO 411.

366 AaO 409.

367 AaO 407.

368 „Luther steht bei mir in einer solchen Verehrung, daß es mir, alles wohl überlegt, recht lieb ist, einige kleine Mängel an ihm entdeckt zu haben, weil ich in der Tat der Gefahr sonst nahe war, ihn zu vergöttern" (G.E. Lessing, Rettung des Lemnius in acht Briefen, 1753 [in: Ders., Werke und Briefe in zwölf Bänden, hg. von W. Barner, Bd. 2, 1998, 655–678], 658).

369 Möser, Sendschreiben an Herrn von Voltaire (s. Anm. 364), 413.

370 AaO 406.

371 Vgl. aaO 413.

372 Ebd.

373 Vgl. aaO 410.

„die Grobheit der damaligen Zeiten“[374] zu steuern, unabdingbar gewesen[375] und ihm von der Vorsehung „als Triebfedern erhabener Tugenden“[376] zugedacht worden. Dem öffentlichen Heldentum Luthers entsprach in Mösers Sicht sein vorzüglicher privater Charakter: Er „hatte ein großes, freigebiges offenes Herz“ für die Not seiner Mitmenschen,[377] pflegte munteren, lebhaften Umgang, war gesellig und lebenslustig, liebte das intellektuelle Gespräch, aber auch Kunst und Musik.[378]

Diese hymnische Litanei, die Möser anstimmte, verdient nicht zuletzt darin Beachtung, dass sie alle theologischen und religiösen Aspekte geflissentlich überging. Zwar betonte Möser, die Vortrefflichkeit von Luthers Lehrgebäude werde selbst von denen, die ihm nicht nachfolgten, zusehends erkannt.[379] Doch wie dieses Lehrgebäude beschaffen war und was seine Vortrefflichkeit ausmachte, darüber verlor der gegen Voltaires Schmähungen rebellierende Möser kein einziges Wort.

Umso mehr rühmte er die nicht trieb-, sondern bekenntnishaft grundierte persönliche Entscheidung Luthers,[380] aus dem Mönchsstand in den Stand der Ehe zu treten,[381] sowie sein

---

[374] AaO 415.

[375] „Man kann sagen, daß die Grazie einer christlichen Gelassenheit und die einschmeichelnde Bescheidenheit zu fein für den Geschmack des Pöbels war, und daß ihn das gemeine Volk würde ausgezischt haben, wenn er nicht manchmal mit lustigen Antworten abgefertigt hätte, die nichts weiter suchten, als die Spötter auf ihre Seite zu bringen, und sich auf seine Kosten lustig zu machen“ (ebd.).

[376] AaO 413.

[377] Vgl. aaO 414.

[378] Vgl. aaO 414f.

[379] Vgl. aaO 409.

[380] „Luther begnügte sich nicht damit, den hölzernen Wegweisern nachzuahmen, welche allen Vorübergehenden den Weg zeigen und doch keinem folgen. Er verheiratete sich selbst, um die andern durch sein Beispiel aufzumuntern“ (aaO 408).

[381] „Das Lustigste dabei ist, daß einige Franzosen [...] die Torheit gehabt haben, seine Heirat als ein Zeichen einer liederlichen Neigung zu verschreien, da sie doch wohl wissen mußten, daß man weit eher im

großherziges Testament, das die künftige Witwe mit weit üppigeren Zuwendungen bedachte, als es damals rechtens und üblich war.[382] In diesen Zusammenhang stellte Möser auch den eminenten demographischen Vorzug, den er der von Luther ausgelösten massiven Klosterflucht zuschrieb und dessen Effekt er aufgrund einer differenzierten Hochrechnung dahin bestimmte, dass er, da nun erheblich mehr Ehen geschlossen und Kinder gezeugt wurden, die Welt Mösers um mehr als zwölf Millionen Menschen reicher gemacht habe.[383] Dieser bevölkerungspolitische Aspekt, dessen erstmalige Freilegung Möser ausdrücklich für sich reklamierte,[384] könne auch in ökonomischer Hinsicht kaum überschätzt werden, da doch der eurozentrische Weltmarkt niemals in so famoser Weise würde gediehen sein, „wenn die Abschaffung der Klöster nicht die Geburt von Millionen Matrosen und Kolonisten befördert hätte, welche die Handlung [sc. der Handel] nach beiden Indien der europäischen Welt kostet".[385]

Aus der Tatsache, dass sich der nachlutherische Protestantismus in so viele Spielarten differenziert hatte, könne man, fuhr Möser fort, dem Reformator ebenso wenig einen Vorwurf machen, wie es dem Evangelium Jesu anzulasten sei, dass das Christentum später allerlei „Torheiten der Sekten"[386] hervorgebracht habe. Auch sonst hob Möser den Abstand der Zeiten mit

---

ledigen Stande die Annehmlichkeiten einer ungezügelten Ausschweifung bequem genießen kann" (aaO 409). – „Luthers Verteidiger sind so weit gegangen, daß sie der guten Katharine von Bora die in ihrer ganzen Bildung herrschenden sittsamen Reize abgesprochen haben, um Luthern desto gewisser von dem Verdacht zu befreien, als wenn ihm ihre Schönheit gefallen hätte. Allein ich bin versichert, Luther würde der erste gewesen sein, ihrer unangenehmen Vorsorge zu spotten, wenn er diese seine gar zu eifrigen Freunde gekannt hätte" (aaO 416).

382 Vgl. aaO 414.

383 Vgl. aaO 407f.

384 Vgl. aaO 408.

385 Ebd.

386 AaO 412.

Nachdruck hervor. Zwar verdiene die Gottesgelehrsamkeit Luthers auch heute noch immer Respekt.[387] Aber der inzwischen erlangte religionsgeschichtliche Fortschritt, den Möser in dezidiert aufklärerischer Semantik beschrieb, sei doch unübersehbar: „Eine Kirche, die einmal erleuchtet ist, bedarf keiner Fackeln mehr".[388]

Darüber hinaus rehabilitierte Möser den Reformator als einen Stilisten von Rang: Die Lektüre seiner Bücher vermittle nicht nur begründete Wahrheit, sondern auch intellektuelles Vergnügen.[389] Seine Vermutung, Voltaire habe „vielleicht niemals Muße genug gehabt [...], die Schriften Luthers zu lesen, die ich weiß nicht wieviel Folianten ausmachen",[390] verband Möser mit der an den französischen Philosophen gerichteten Empfehlung, insbesondere Luthers Traktat *Von weltlicher Obrigkeit, wie weit man ihr Gehorsam schuldig sei* (1523) eingehend zu studieren,[391] und beschloss diese quellenkundliche Beratung mit der unverkennbar ironischen Devotion: „Es fehlt ihm also nur noch Ihre Hochachtung, mein Herr, welche ich höher als den Beifall der Päpste und Kaiser schätze".[392]

Diese schwungvoll engagierte Apologie rühmte den Charakter und Intellekt Luthers in höchsten Tönen, verweigerte aber dessen innovativen theologischen Ab- und Einsichten jede Erwähnung. Die konsequente Verweltlichung, die darin zum Ausdruck kommt, hatte Möser gewiss nicht nur „um des rheto-

---

[387] „Er war ein Gottesgelehrter, der sich zu unsern Zeiten könnte sehen lassen, ohne einen seiner Nebenbrüder schamrot zu machen" (aaO 415).

[388] AaO 411. – „Es ist weit leichter, einen vernünftigen und aufgeklärten Geist von der Wahrheit zu überzeugen, als solche personifizierte Spitzfindigkeiten, solche halsstarrige Schulweisen, solchen abergläubischen Pöbel, solche Geistlichkeit, deren Eigennutz erfordert, daß die gegenseitigen Vorurteile erhalten werden" (ebd.).

[389] Vgl. aaO 412.

[390] AaO 406.

[391] Vgl. aaO 410.

[392] AaO 413.

rischen Schlagabtauschs willen" vollzogen.[393] Vielmehr stimmte sie, wie nach entsprechender Empfehlung von Oda May[394] inzwischen erzeigt worden ist,[395] mit der gesamten aufklärerischen Rezeption Luthers fugenlos überein. Nicht nur Schriftsteller und Historiker, sondern auch Gottesgelehrte haben damals den Reformator unter Absehung von seiner theologischen, religiösen und kirchlichen Dignität zu einem Heros der deutschen Geistesgeschichte entgrenzt. Die substantielle Verkürzung, die damit einherging, vermochte die positionelle Übereinstimmung in eine strukturelle Schülerschaft Luthers[396] zu überführen, aus der dann im 19. Jahrhundert eine historisch-kritisch orientierte, fachwissenschaftliche Aufarbeitung des Reformators hervorgehen sollte.

c) Reunion

aa) Der Kontext

Seitdem die Konfessionsbildung des 16. Jahrhunderts die abendländische kirchliche Einheit aufgelöst hatte, gab es Bestrebungen zu deren Wiederherstellung. Diese verstärkten sich zu Beginn sowie gegen Ende der Aufklärungsepoche, während sie in der ersten Hälfte des 18. Jahrhunderts merklich zurücktraten. Nicht in den Unionsbestrebungen als solchen – sie wa-

---

393 Gegen SENKEL (s. Anm. 356), 94. Auch scheint mir Senkels insgesamt vorzügliche, bündige Interpretation von Mösers *Sendschreiben an Herrn von Voltaire* (vgl. aaO 91–95) den nationalpolitischen Aspekt etwas zu überzeichnen.

394 „So könnten gewiß an Mösers eigenwilliger Rezeption Luthers auch die geistigen Strömungen des 18. Jahrhunderts – Aufklärung und Sturm-und-Drang – sichtbar gemacht werden" (O. MAY, Vorwort [SW II, 9–18], 15).

395 Vgl. A. BEUTEL, Martin Luther im Urteil der deutschen Aufklärung. Beobachtungen zu einem epochalen Paradigmenwechsel (ZThK 112, 2015, 164–191).

396 Zum Begriff der strukturellen Schülerschaft vgl. aaO 187–191.

ren den Reichsständen im Augsburger Religionsfrieden (1555) und im Westfälischen Frieden (1648) zur Pflicht gemacht worden –, wohl aber in den besonderen Argumenten und Strategien, welche die Befürworter und Gegner einer katholisch-protestantischen Wiedervereinigung vorbrachten, manifestierte sich ein spezifischer religionstheologischer Niederschlag der Aufklärung.[397]

Nachdem die Religionsgespräche der fortgeschrittenen Reformationszeit gescheitert waren, setzte erst die politische Neuordnung von 1648 wieder frische Reunionskräfte frei. So sammelte sich um den Mainzer Erzbischof Johann Philipp von Schönborn (1605–1673) ein irenisch gesinnter Kreis, der mittels entsprechender Publikationen und Geheimverhandlungen sowie im brieflichen Austausch mit Professoren der philippistisch orientierten Helmstedter Schule einen Ausgleich der Konfessionen erstrebte. In Helmstedt entfaltete Georg Calixt (1586–1656), Impulse von Hugo Grotius aufgreifend, den Gedanken, eine Union lasse sich am besten auf der Grundlage des *consensus antiquitatis* errichten: Während die Lehrentscheidungen der Alten Kirche den zureichenden Grund der kirchlichen Einheit gelegt hätten, seien die später, namentlich in der Reformationszeit aufgetretenen Lehrdifferenzen nicht fundamental.[398] Demgemäß schlug etwa Matthäus Prätorius (1635–1704) vor, die bestehenden konfessionellen Konfliktpunkte in Religionsgesprächen, die auf der Grundlage von Apostolikum und *consensus antiquitatis* zu führen seien und dem Papst einen Rangprimat einräumen sollten, zu überwinden.[399]

Besondere Bedeutung gewann der Spanier Christóbal de Rojas y Spinola (um 1626–1695), der im Auftrag Kaiser Leo-

---

[397] Vgl. dazu grundlegend Ch. Spehr, Aufklärung und Ökumene. Reunionsversuche zwischen Katholiken und Protestanten im deutschsprachigen Raum des späteren 18. Jahrhunderts (BHTh 132), 2005.

[398] Vgl. Ch. Böttigheimer, Zwischen Polemik und Irenik. Die Theologie der einen Kirche bei Georg Calixt, 1996.

[399] Vgl. M. Prätorius, Tuba pacis […], 1685.

polds I. seit 1673 die deutschen Fürstenhöfe bereiste, um neben anderen diplomatischen Aufgaben auch die Möglichkeiten einer konfessionellen Annäherung zu erkunden. Dabei kam es 1683 in Hannover zu einer mehrmonatigen Konferenz, an der neben anderen auch Gerhard Wolter Molanus (1633–1722) teilnahm.[400] Die dort entwickelte Reunionsstrategie sah zunächst vor, die Protestanten gegen das Zugeständnis von Laienkelch, Priesterehe und landesfürstlichen Religionsrechten zur Eingliederung in die katholische Hierarchie zu bewegen; ein ökumenisches Konzil sollte dann die Wiederherstellung der kirchlichen Einheit vollenden. Gottfried Wilhelm Leibniz (1646–1716), der seit 1688 in Kontakt mit Rojas stand, war ebenfalls nachhaltig um institutionelle Versöhnung der Konfessionen bemüht:[401] Die einzelnen Partikularkirchen verstand er gleichsam als Monaden, in denen sich, graduell abgestuft, die eine Universalkirche widerspiegele.[402] Nach dem Scheitern all dieser Pläne erfuhren die Reunionsbestrebungen erst wieder nach der Mitte des 18. Jahrhunderts einen namhaften Aufschwung.

Breite Aufmerksamkeit erregte dabei die zunächst anonym gedruckte Broschüre *Von der Kirchenvereinigung* (1772) des Aufklärungstheologen und Möser-Freundes Johann Friedrich Wilhelm Jerusalem.[403] Den zentralen Trennungsgrund erkannte er in der vermittlungsresistenten Differenz zwischen katholischer und evangelischer Ekklesiologie. Überdies artikulierte

---

[400] Vgl. K. Masser, Christóbal de Gentil de Rojas y Spinola O.F.M. und der lutherische Abt Gerardus Wolterius Molanus, 2002.

[401] Vgl. F.X. Kiefl, Der Friedensplan des Leibniz zur Wiedervereinigung der getrennten christlichen Kirchen, 1903, Nachdruck 1975; R. Catsch, Die Bedeutung von Leibniz, Molanus und Jablonski bei den kirchlichen Unionsbestrebungen im 17. und 18. Jahrhundert (in: G. Besier / Ch. Gestrich [Hg.], 450 Jahre Evangelische Theologie in Berlin, 1989, 105–123).

[402] Vgl. H. Otte / R. Schenk (Hg.), Die Reunionsgespräche im Niedersachsen des 17. Jahrhunderts. Rojas y Spinola – Molan – Leibniz (SKGNS 37), 1999.

[403] Vgl. Spehr (s. Anm. 397), 53–84.

Jerusalem die unter Neologen weit verbreitete Sorge, eine zwanghafte Einheit in Lehrbegriffen, Organisationsstruktur und kirchlicher Politik drohe religiösen Flurschaden anzurichten, weil sie die natürliche Meinungsvielfalt gewaltsam unterbinden würde, anstatt zwischen den unterschiedlichen Konfessionsgestalten einen toleranten, gewissenhaften und liebevollen Austausch zu fördern und die schließliche Vereinigung der Parteien getrost der göttlichen Vorsehung zu überlassen.

Apart war der von dem Donauwörther Benediktinerpater Beda Mayr (1742–1794) 1778 anonym unterbreitete Reunionsplan.[404] Er regte die Installation konfessioneller Unions-Akademien an, die jeweils einen „Unionslehrer" anstellen und jährliche Preisfragen ausloben sollten, und suchte das zwischen den Akademien zu vollziehende, unter der Aufsicht des jeweiligen Landesherrn – also nicht etwa des Bischofs! – stehende ökumenische Interpolationsverfahren zu regeln. Dieses originelle, wenn auch zweifellos weltfremde Projekt wurde 1783 in Rom indiziert und auch auf evangelischer Seite eher verhalten rezipiert. Interessanterweise hat Mayr, auf innerkatholische Kritik reagierend, seine Reunionspläne später nicht unerheblich modifiziert: Von Unions-Akademien und -professoren war dabei nicht mehr die Rede, stattdessen propagierte er nun die freiwillige Rückkehr der Protestanten zur katholischen Kirche.[405]

Ebenso erfolglos blieb auch das von dem Katholiken Peter Böhm (1747–1822) und dem Protestanten Johann Rudolf Anton Piderit (1720–1791) seit 1776 geplante reunionistische Sozietätsprojekt,[406] das umgehende Maßnahmen der kurialen Ge-

---

[404] [B. Mayr], Der erste Schritt zur künftigen Vereinigung der katholischen und der evangelischen Kirche, gewaget von – Fast wird man es nicht glauben, gewaget von einem Mönche, 1778, ²1779. – Vgl. Spehr (s. Anm. 397), 109–139.

[405] Vgl. B. Mayr, Vertheidigung der natürlichen, christlichen, und katholischen Religion. Nach den Bedürfnissen unserer Zeiten, 3 Bde., 1787/89.

[406] Vgl. Spehr (s. Anm. 397), 147–245.

heimdiplomatie auslöste. Der im Wesentlichen von Piderit erarbeitete, 1781 anonym publizierte *Entwurf und Plan zum Versuche einer zwischen den streitigen Theilen im Römischen Reiche vorzunehmenden Religions-Vereinigung* sah detaillierte Maßnahmen zur konfessionellen Annäherung vor. Signifikant war dabei insbesondere die für die Lehrverständigung vorgesehene Methode, die den biblischen Urtext zur einzigen Norm erklärte, jedoch zur Beweisführung auch die Vulgata sowie die Zeugnisse der Kirchenväter zulassen wollte. Insgesamt vertrat der *Entwurf* das konsensökumenische Modell einer „Kirche von Brüdern", das letztlich eine Fusion der evangelischen und katholischen Kirchentümer herbeiführen sollte. Dass Piderit die ökumenischen Konfliktpotentiale naiv unterschätzte, liegt auf der Hand. Interessant erscheint gleichwohl das dezidiert antiaufklärerische Hauptmotiv seiner reunionistischen Aktivitäten: Im Verein mit irenisch gesinnten Katholiken hoffte er, die christliche Religion gegen die sich ausbreitende Neologie verteidigen und stärken zu können.

Seit den 1780er Jahren verstärkten sich dann wieder die reunionistischen Dissonanzen, die teils Ausdruck, teils auch Anlass einer allgemeinen ökumenischen Desillusionierung gewesen sein dürften. Spektakulär waren die Kontroverspredigten des Augsburger Dompredigers Alois Merz (1727–1792).[407] Bei regem öffentlichen Interesse wurde in Augsburg vier Mal im Jahr, nämlich zu Weihnachten, Ostern, Pfingsten und Hilaria (12. August) – letzteres offenbar als kontroverstheologische Replik auf das in der bikonfessionellen Stadt am 8. August begangene evangelische Friedensfest – die Tradition einer ritualisierten kontroverstheologischen Polemik gepflegt. Im Laufe der Jahre erweiterte sich der von Merz geführte antiprotestantische Streit dann zusehends in den nun auch publizistisch ausgetragenen Kampf gegen die Aufklärung insgesamt, also auch gegen deren beginnende innerkatholische Rezeption.

---

[407] Vgl. aaO 313–337.

Anders als noch Jerusalem lehnte der in Halle lehrende Protestant Johann Salomo Semler alle Reunionsprojekte rundheraus ab,[408] weshalb er es nicht einmal mehr für nötig befand, die Bedingungen der Möglichkeit einer konfessionellen Vereinigung zu erkunden: Die dem Wesen des Christentums gemäße privatreligiöse Individualität, zeigte er sich überzeugt, mache jeden Vereinigungsplan, abgesehen von allen äußeren Widrigkeiten, zu einer inneren Unmöglichkeit. Auch das von Piderit vorgetragene Argument, die vereinigten Kirchentümer könnten der Gefahr des Deismus ungleich wirkungsvoller begegnen, wies Semler zurück, weil sich geistige Konflikte, wie er meinte, niemals nur durch äußere Mittel entschärfen und klären ließen.

In dem geschichtlichen Misserfolg aller spätaufklärerischen Reunionsversuche dürften sich die konfessionalistischen Verhärtungen des 19. Jahrhunderts teilweise bereits angekündigt haben. Immerhin hatte der Unionsgedanke in den bi- bzw. trikonfessionellen Fakultäten von Würzburg (1803–1806) und Heidelberg (1803–1807) kurzzeitig hochschulpolitische Gestalt angenommen.

bb) Der Text

Mit einer 1780 gedruckten Schrift, die er abermals in die Gestalt eines fingierten Briefes fasste, schaltete sich auch Möser in die damals breit geführte Debatte ein.[409] Er reagierte damit offenkundig auf den zwei Jahre zuvor publizierten Vorstoß von Beda Mayr, den er allerdings, weil dessen Schrift anonym erschienen war, nicht beim Namen nannte.[410] Obwohl Jerusalem

---

408 Vgl. aaO 338–373.

409 J. Möser, Schreiben an den P. J. K. in W…, den ersten Schritt zur künftigen Vereinigung der Evangelischen und Katholischen Kirche betreffend von dem Verfasser der patriotischen Phantasien, 1780, ²1786 (SW III, 55–63).

410 Sowohl der Titel von Mösers Traktat wie auch dessen einleitender Satz „Ihr erster Schritt zur Vereinigung der katholischen und pro-

an dieser literarischen Sacherörterung aktiv beteiligt war, scheint dessen Osnabrücker Freund und Vertrauter mit ihm keinen diesbezüglichen brieflichen Austausch gepflegt zu haben. Vielleicht ist dieser auffallende und angesichts des zwischen den beiden sonst intensiv geführten theologischen Dialogs befremdliche Umstand aber auch nur der Ausdruck einer zufälligen Überlieferungslücke.

In einem ersten Teil demonstrierte Möser an den wichtigsten konfessionellen Streitpunkten, es stünden einer Wiedervereinigung der beiden christlichen Kirchen keine unüberwindlichen theologischen Hindernisse entgegen. Der darin vollzogene kühne Brückenschlag war derart erstaunlich, dass man sich fragen mag, ob er eher aus mangelndem Sachverstand – er rede lediglich „als ein frommer Laie",[411] beteuerte Möser – oder aus divinatorischer Kraft zur Synthese geboren war.

Die sieben katholischen Sakramente, trug Möser vor, ließen sich in dem Verständnis, sie bezeichneten „heilige, mit Gott eingegangene und daher unverbrüchliche Verbindungen",[412] evangelischerseits durchaus akzeptieren, sofern man beim Abendmahl, wohl um auch den reformierten Standpunkt mit einzubinden, in der Definition der Realpräsenz Christi stillschweigende Toleranz walten lasse und sich gemäß neutestamentlicher Anweisung auf eine Austeilung der Elemente unter beiderlei Gestalt einigen könne.[413] Die Lehre vom Fegefeuer[414]

---

testantischen Kirche [...]" spielten unverkennbar auf die Publikation Mayrs (s. o. Anm. 404) an.

[411] Möser, Schreiben an den P. J. K. (s. Anm. 409), 55.

[412] Ebd.

[413] Vgl. aaO 55 f.

[414] Vgl. aaO 56. – Dass der Glaube an eine jenseitige Rechenschaftspflicht von politischer, sozialer und sittlicher Nützlichkeit sei, machte Möser gleichermaßen für Bürger und Staatslenker geltend (vgl. ebd.). Im Übrigen war die gesamte Aufklärungstheologie, was Möser außer Acht zu lassen schien, von der Überzeugung einer im ewigen Leben zu erwartenden Lohn- oder Strafzuteilung getragen, ohne dafür die Vorstellung eines Fegefeuers bemühen zu müssen.

sowie die Ohrenbeichte würden auch in die evangelische Kirche einen nützlichen sittlichen Disziplinierungseffekt eintragen,[415] was durch Mösers gelinden, zeittypischen Zweifel an der Ewigkeit der Höllenstrafen[416] keineswegs relativiert wurde. Dem Zölibat attestierte er, wie schon andernorts dargelegt,[417] guten ökonomischen Sinn.[418] Hinsichtlich der lebenslang bindenden Klostergelübde unterbreitete Möser den originellen Reformvorschlag, deren Gültigkeit auf einen Zeitraum von sechs Jahren zu beschränken und eine erneute, wiederum auf sechs Jahre befristete Wiederholung der Gelübde freizustellen, wovon die Klöster kaum einen nennenswerten Schwund zu befürchten hätten: „Wahrscheinlich würden sehr wenige [...] ihre Entlassung verlangen, sehr viele aber mit dem Gedanken, daß sie ihre Freiheit erhalten können, ruhiger beten und schlafen".[419] Auch auf anderen Konfliktfeldern wie der Forderung guter Werke, die „immer mehr und mehr zum Wohltun"[420] reize, aber auch dem Verständnis der Messe[421] oder dem Postulat kirchlicher Unfehlbarkeit[422] sei bei gutem Willen eine für beide Seiten

---

[415] Vgl. aaO 56. – Möser erachtete es für ratsam, „der Obrigkeit jährlich eine Sündentabelle einzusenden, um daraus den sittlichen Wohlstand oder das sittliche Verderben ihrer Untertanen beurteilen und sich mit Gesetzen und Strafen danach richten zu können" (ebd.).

[416] „Warum sollte Gott oder die Kirche nicht, um Liebe und Wohltun unter seinen Geschöpfen zu befördern, [...] die Ewigkeit der Höllenstrafen, die einige unter uns doch bezweifeln, weislich ermäßigt haben?" (aaO). – Zum sachlichen Kontext vgl. A. Beutel, Kirchengeschichte im Zeitalter der Aufklärung. Ein Kompendium (UTB 3180), ²2009, 260.

[417] S.o. Abschnitt II.3.a.

[418] Vgl. Möser, Schreiben an den P.J.K. (s. Anm. 409), 57.

[419] AaO 57f.

[420] AaO 58.

[421] „Auch dächte ich, würden wir uns wegen der Messe, wenn wir nur das unblutige Opfer in dem rechten Verstande nähmen, und ihr euch nur ein wenig schlichter darüber ausdrücktet, noch wohl vereinigen" (ebd.).

[422] Vgl. ebd. – Es fällt schwer, die folgende Erläuterung Mösers nicht

tragfähige Verständigung zu erzielen.[423] Allerdings hatte Möser ausgerechnet das schwerwiegendste kontroverstheologische Problem, nämlich die beispielsweise von Jerusalem eingehend erörterte Frage des kirchlichen Amtsverständnisses, dabei ausgeblendet, wobei kaum zu entscheiden ist, ob diese Unterlassung aus taktischem Kalkül oder mangelnder Kenntnis der Sache hervorging.

Mochte Möser mit diesen Überlegungen auch kräftigen unionistischen Optimismus genährt haben,[424] so löste er mit dem zweiten Teil seiner Darlegung umso herbere Ernüchterung aus. Als er dem Freund Johann Peter Brinckmann, der sich seinerseits reunionistisch engagiert hatte,[425] im Januar 1781 seine ge-

---

als zynisch zu verstehen: „Auch bei uns ist [...] die Stimme einer ordentlich berufenen Kirchenversammlung die Stimme des heiligen Geistes, der [...] mit Kindern anders als mit Männern [redet] [...]. Die Empfänglichkeit eines Leibniz verträgt höhere Ideen als die von dem gemeinen Manne; und die Kirche fehlt nicht, wenn sie bis dahin, daß alle Bauern Mathematiker sein werden, die Sonne am Zeiger Ahas sich verweilen läßt“ (ebd.).

423 „Auf solche oder auf eine andere gute Art, sage ich, würden sich die Spitzen mancher schönen Streitfragen abrunden lassen, so daß man nicht mehr davon behielte, als zur Schärfung des menschlichen Verstandes und zur Erweckung nützlicher Leidenschaften nötig wäre; denn etwas Wetteifer [...] wird doch behalten werden müssen, um die religiösen Empfindungen nicht einschlafen und den Forschungsgeist ganz ungereizt zu lassen“ (ebd.).

424 Möser hatte den seit Beginn des 18. Jahrhunderts einsetzenden Rückgang kontroverstheologischer Auseinandersetzungen ausdrücklich begrüßt: „Der Ton hat sich in wenigen Jahren dergestalt verändert. Das Vertrauen zwischen den Vernünftigen von beyden Religionstheilen ist so gewachsen, daß ich nicht ohne Grund hoffe, in einer gewissen Zeit von Jahren solle sich auch das Andenken des ehemaligen Partheygeistes verlieren“ (Möser an Karl Friedrich von Dacheröden, 22.4.1773 [BW 472–476], 472).

425 Vgl. J.P. Brinckmann, Philosophische Betrachtungen eines Christen über Toleranz in Religion, zur Grundlage der Vereinigung sämmtlicher christlicher Religionen, 1780.

druckte Antwort auf Beda Mayr übersandte, machte er in dem Begleitbrief aus seiner skeptischen Einschätzung keinen Hehl:

„Die Sache liegt da nicht, wo wir sie suchen. Die Einheit der Kirchen ist der eigentliche Grund einer Universal-Monarchie, welche der römische Hof gesuchet hat und noch immer mutato nomine sucht. Der Christ soll wie der Soldat nicht raisonniren, sondern glauben und thun, was man ihm sagt, Das ist die erste Maxime der römischen Kirche, und alles, was davon abgeht, ist Ketzerey. Die Kirche wird Aristocratie oder Democratie, sobald die Freyheit zu denken und zu glauben erlaubt wird; und das soll sie und kann sie, dem römischen Hofe unbeschadet, nicht werden“.[426]

Dementsprechend stellte er auch in seiner Abhandlung unmissverständlich klar, der von ihm als ideal angesehene mittelalterliche Zustand, „wo nur ein geistliches und ein weltliches Primat in der christlichen Kirche war, der Papst und der Kaiser“,[427] lasse sich keinesfalls restituieren, weil das neuzeitliche ordnungspolitische Gefüge die Konfessionstrennung zwingend voraussetze.[428] So würden die protestantischen Fürsten im Reich niemals ein dem Papst zuerkanntes geistliches Primat dulden, da sie sich „von vereinzelten Pfarrern mehr Gehorsam als von den unter einem gemeinschaftlichen Oberhaupte konföderierten versprechen“.[429] Andererseits werde die römische Kirche ihren monarchischen Anspruch niemals zugunsten der religiösen Denk- und Glaubensfreiheit zu relativieren bereit sein: „Das jetzige politische System“ habe sich „dergestalt auf die Religionstrennung gelegt, daß eins mit dem andern stehen oder fallen muß“.[430] In dieser unversöhnlichen Divergenz der machtpolitischen Interessen liege darum auch „der wahre Knoten, der die Vereinigung unter uns hindert“.[431] Wäre dieser Knoten erst ein-

---

[426] Möser an Johann Peter Brinckmann, 25.1.1781 (BW 598–600), 599.

[427] Möser, Schreiben an den P.J.K. (s. Anm. 409), 59.

[428] Vgl. aaO 60f.

[429] AaO 59.

[430] AaO 61.

[431] AaO 60.

mal gelöst, so ließen sich hernach die theologischen Schwierigkeiten mühelos überwinden. Einstweilen aber blieb Möser, was eine *politische* Klärung der Reunionsfrage anbelangt, ebenso ratlos wie pessimistisch: „O lieber Pater", bilanzierte er, direkt an den Verfasser der von ihm abschlägig evaluierten Schrift gewandt, „ich fürchte, ich fürchte, es wird nichts daraus".[432]

Dabei dürfte kaum zu bezweifeln sein, dass Möser die realpolitischen Hindernisse, die einer Wiedervereinigung der beiden christlichen Konfessionskirchen unüberwindlich entgegenstanden, realistisch eingeschätzt hat. Mit dieser pragmatisch-nüchternen Sichtweise war er den zahlreichen binnenkirchlichen Reunionsbemühungen, welche die damit verbundenen politischen Schwierigkeiten gemeinhin unterschätzten oder ausblendeten, weit überlegen. Darüber hinaus wird man, zumal aus dem Abstand der Zeiten, das unausgeschöpfte ökumenische Potential, das seinen kontroverstheologischen Befriedungsvorschlägen innewohnt, kaum hoch genug einschätzen können.

d) Pfarrer

Zur Mitte des 18. Jahrhunderts war der evangelische Pfarrerstand unübersehbar in eine Krise geraten. Unterschiedliche Faktoren, die nun jeweils öffentlich diskutiert und beklagt wurden,[433] hatten sie ausgelöst oder verschärft. Da das geistliche Amt lange Zeit eine aussichtsreiche Plattform für den Sozialaufstieg geboten hatte, war das Theologiestudium notorisch überfrequentiert und die individuelle Erfolgs- und Berufsaussicht entsprechend gering. Prekär gestaltete sich auch die Versorgungslage der evangelischen Pfarrer, die sich, um

---

[432] AaO 61. – Noch pessimistischer äußerte sich Möser in seiner kurzen, der zweiten Auflage (1786) beigefügten „Nachschrift" (SW III, 62f).

[433] Vgl. P. DREWS, Der evangelische Geistliche in der deutschen Vergangenheit, [2]1924; BEUTEL, Kirchengeschichte im Zeitalter der Aufklärung (s. Anm. 416), 233–237 (Lit.).

ihre meist dürftigen finanziellen Bezüge aufzubessern, oft einer beschwerlichen landwirtschaftlichen Existenzsicherung annehmen mussten. Zugleich schwand das gesellschaftliche Ansehen des geistlichen Standes; die Vorwürfe konzentrierten sich auf die ungenügende Aus- und Selbstbildung der evangelischen Amtsträger sowie die insbesondere den Stadtpfarrern angelastete Neigung zur „Weltseligkeit", die man zumal an deren Vorliebe für modische Kleidung und andere weltliche Vergnügungen wie Reiten, Spielen oder Theaterbesuch festmachte. Ein weiterer Krisenfaktor lag in der Spannung, die sich zwischen dem traditionellen geistlichen Sonderbewusstsein der Pfarrer und ihrer obrigkeitlichen Instrumentalisierung zur Bekanntgabe und polizeilichen Kontrolle von staatlichen Verordnungen nun zusehends auftat.

Auch Möser kam vielfach, obgleich fast niemals thematisch zentriert, auf den Stand des Pfarrers zu sprechen. Dabei fällt auf, dass er an den angezeigten Problembereichen kaum interessiert war, sondern andere Akzente zu setzen beliebte, in denen seine eigenen kirchlichen Erfahrungen und Reformanregungen allemal dominierten.

Möser sah und schätzte die Figur des Pfarrers in der bisweilen mit dem vor Ort praktizierenden Arzt geteilten[434] Rolle einer kommunalen Respektsperson.[435] Dies konnte selbst noch in der negativen Spielart, ein selbstbewusster bäuerlicher Grundeigentümer lasse sich „nicht einmahl von seinem Pfarrer für einen Schelm schelten",[436] zum Ausdruck kommen. In der Kooperation mit einem gewissenhaften Vogt mochte daraus mancher sittliche Segen erwachsen.[437] Wer sich allerdings nicht auf dem Pfad der Tugend bewegte, dem konnte, wie Möser einen liederlichen Vogt klagen ließ, der Umgang mit seinem Pfarrer nur „unangenehm" sein, „weil ich mich gegen ihn verstellen

[434] Vgl. SW I, 123.

[435] Vgl. etwa SW VII, 35.

[436] Möser an Johann Bernhard Basedow, 1770 (BW 456f), 456.

[437] Vgl. J. Möser, Der selige Vogt, 1768 (SW IV, 133–136), 135f.

und ein Wesen annehmen muß, das meiner Natur entgegen ist".[438] Den Respekt, der einem Ortsgeistlichen normalerweise entgegengebracht wurde, wusste Möser auch durch dessen Rolle als Bildungsträger begründet: Die Menschen schätzten ihn als einen klugen Mann in Alltagsdingen,[439] profitierten von seinen reichen historischen Kenntnissen[440] und ließen sich von ihm selbst über neue agrarische Methoden, etwa zum Weizenanbau, gerne belehren.[441]

Die auch einem Pfarrer für den Staatserhalt obliegende Verantwortung illustrierte Möser an der Frage des Kriegsdienstes. Zwar bleibe es unbestritten, dass ein „Altardiener" weder zum Waffengang gezwungen noch aus eigener Entscheidung Teil eines Söldnerhaufens werden dürfe.[442] Ganz anders aber stehe es, wenn es zu militärischer Notwehr und Selbstverteidigung kommen muss. Jede dem widerstreitende Meinung wies Möser in biblischer Anspielung auf Joh 10,12f als feige und schäbig zurück:

> „Die Kirche darf nicht nach Blut dürsten: das weiß ich, und das verehre ich als eine wesentliche Christenpflicht. Aber daß sie nicht Blut vergießen dürfe, wenn eigene Rettung, die Rettung des Staats und der Herde solches von ihr erfodert: das ist die Lehre des Mietlings, der, anstatt den Wolf zu töten, ihm die Herde preisgiebt".[443]

Schließlich seien früher selbst Päpste, Bischöfe und andere geistliche Würdenträger, ohne ihre Amtspflicht zu verletzen, auf das Schlachtfeld gezogen, und der heilige Bernhard von Clairvaux habe auch Kleriker zum Kreuzzug in das Heilige

---

[438] J. Möser, Der jetzige Vogt, 1776 (SW IX, 92–96), 94f.

[439] Vgl. etwa SW VII, 74f.

[440] „Vordem war in jedem Hause, und unser Pastor sagt, es wäre bei den Hebräern, Griechen und Römern auch so gewesen, ein Webstuhl" (J. Möser, Die allerliebste Braut, 1768 [SW IV, 110–117], 115).

[441] Vgl. SW VIII, 271f.

[442] J. Möser, Der Kapitularsoldat. Auszug eines Schreibens, um 1779 (SW VII, 242–247), 243f.

[443] AaO 243.

Land rekrutiert. Umso mehr müssten deshalb heute die Geistlichen, so es die Not erfordert, zur geographisch und sachlich näherliegenden Gefahrenabwehr verpflichtet werden: „Ich sollte denken, daß es weit rühmlicher sei, sein Leben für das Vaterland als für das heil[ige] Grab zu wagen".[444]

Gelegentlich reflektierte Möser auf die pastorale Talartracht. Um in einem solchen Gewand würdevoll agieren zu können, bedürfe es gründlicher Übung.[445] Dann freilich gebe die geistliche Standesuniform jedem, der sie trage, an der besonderen Ehre und Achtung teil, die dem Generalsuperintendenten bei Hofe nicht als Privatperson, sondern als Repräsentant seiner Klasse erwiesen wird.[446]

Meist aber nahm Möser den Pfarrer als Prediger ins Visier. Durch die lebendige Arbeit, die er auf der Kanzel verrichtet, könnten Menschen ungleich wirkungsvoller berührt, bewegt und gebessert werden, als würden sie zu ihrer religiösen Erbauung allein an das „tote Buch" der Bibel verwiesen sein.[447] Allerdings hänge der Nutzen einer Kanzelrede insonderheit von einer verständlichen, lebensnahen Sprache des Predigers ab. Mochte sich mancher Pastor auch einbilden, „daß die dunkeln Begriffe in seiner Gemeinde mehr würken als deutliche",[448] so treffe doch, wie Möser einen literarisch fingierten Müllermeister sprechen ließ, just das Gegenteil zu: „Unser Herr Pfarrer am Sonntage [...] redete in lauter Kunstwörtern, wobei uns armen Leuten

---

444 AaO 247.

445 „Die europäische Kleidermode [...] ist dabey den theatralischen Königen nicht günstig, und man erkennt in einem solchen Kleide immer den kleinen Acteur. Ihre Action ist mehr pomphaft als stark [...]. Daher arbeiten die Prinzen und Prinzessinnen beständig mit ihren Händen wie die Candidaten auf der Canzel, declamiren und scandiren dabey, daß einem die Ohren weh thun" (Möser an Johann Wilhelm Ludwig Gleim, 15.12.1763 [BW 301–304], 302).

446 Vgl. SW V, 66; SW 9, 62.

447 J. Möser, Der Tanz als Volksbelustigung, o.J. (SW X, 257–262), 260.

448 SW X, 327.

Hören und Sehen vergieng; ich dächte, er täte besser, wenn er wie ich seiner Gemeine gutes Mehl lieferte und die Kunstwörter für die Bauverständigen sparte".[449] Diese Einsicht des lebensklugen Handwerkers konnte Möser vollauf bestätigen: „Die Wissenschaft sollte meiner Meinung nach für den Meister und die Frucht derselben für das allgemeine Beste sein".[450]

Der Predigtdienst, hieß es andernorts, gehe dann seinen geordneten Gang, wenn der Pfarrer seine religiöse Botschaft als christliche Sitten- und Tugendlehre vorträgt.[451] Allerdings müsse er sich dabei jederzeit hüten, die biblischen Moralvorstellungen aus vermeintlicher Menschenliebe unstatthaft zu ermäßigen[452] oder eigene ideologische Fixierungen religiös zu verbrämen.[453] Nicht weniger misslich sei der umgekehrte Fall, wenn etwa ein Pfarrer gegen konkrete Versuchungen anpredigt, die es in seiner Hörerwelt gar nicht gibt.[454] Überdies hielt

---

[449] J. MÖSER, Über die verfeinerten Begriffe, 1777 (SW VI, 220–223), 221; s.u. Anhang 4. – Diese geistreiche, vergnügliche, jederzeit lesenswerte Erzählung verbindet ihre Empfehlungen zur predigtpraktischen Sprachgestaltung mit beißender Kritik an metaphysischer Spekulation, ferner an den Abarten einer damals einreißenden psychologischen und physiognomischen Pseudowissenschaft sowie an einer literarisch inszenierten schwärmerischen Empfindsamkeit, denen sie das von Möser verfolgte szientifische Prinzip des „gesunden Menschenverstand[s]" entgegensetzt.

[450] AaO 222.

[451] Vgl. SW VII, 71.

[452] In indirekter Anspielung auf Mk 10,25 parr äußerte Möser in einem fingierten Brief: „Du selbst hast mir zugestanden, daß es keine Sünde sei, ein Fürst, Graf oder Edelmann zu sein; unser Pfarrer hat es mehrmals öffentlich gepredigt, man könne hunderttausend Taler besitzen und doch selig werden, obs gleich ein bißgen hart hergienge" (J. MÖSER, Über die Sittlichkeit der Vergnügungen, 1780 [SW VII, 30–33], 30).

[453] „Die Prediger in manchen Kirchspielen eifern gegen das Verheuren an den Meistbietenden auf den Kanzeln als gegen eine Sünde" (J. MÖSER, Die Frage: Ist es gut, daß die Untertanen jährlich nach Holland gehen? wird bejahet, 1767 [SW IV, 84–97], 88).

[454] „Brief an einen Dorfpastoren, sich doch nicht so viel Mühe mit

Möser noch eine spezielle homiletische Empfehlung bereit. Denn um die Verhängung peinlicher Justizstrafen zu reduzieren, könne es durchaus hilfreich sein, wenn der Prediger zur Abschreckung die Wege, auf denen verurteilte Verbrecher „einem schmählichen und grausamen Tode entgegengeeilet, umständlich und auf eine recht feierliche Weise bekannt zu machen suchte und diese Bekanntmachung zu Zeiten wiederholete".[455] Damit sollte der kirchliche Prediger durchaus nicht auf einen willfährigen Adjutanten der Staatsgewalt reduziert, sondern das organische Zusammenspiel kirchlich-religiöser und politisch-gesellschaftlicher Daseinsfürsorge postuliert werden.

Vergleicht man die verstreuten pastoraltheologischen Ansätze Mösers mit dem eingangs skizzierten Problemhorizont, so dürfte sich wohl, unbeschadet der Möglichkeit mancher ironischen Brechung, der Eindruck nahelegen, die ortskirchlichen Verhältnisse, die ihm im Fürstbistum Osnabrück vor Augen standen, seien insgesamt leidlich zufriedenstellend und von metropolischen Zuständen, wie sie in Hamburg, Berlin oder Frankfurt geherrscht haben mochten, signifikant unterschieden gewesen. Interessant sind seine diesbezüglichen Einlassungen als Beispiele der ihm eigenen religionspraktischen Aufmerksamkeit und heiteren Reformwilligkeit allemal.

4. Frömmigkeit

Auch in der Wahrnehmung der vielfältigen Erscheinungsformen christlicher Frömmigkeit, ihrer vernünftig begründeten Wesensart und ihrer zahlreichen, durch außervernünftige Motive deformierten Abarten erwies Möser ein psychologisch sen-

---

den Gründen wider den Selbstmord zu geben. Der Schulze und die Bauern liebten das Leben und den Krug zu sehr, um in dieses Laster zu verfallen" (J. Möser, Intelligenz, o.J. [SW X, 194f], 195).

[455] J. Möser, Von den Todesstrafen, wie sie recht wirksam etc. zu machen, 1770 (SW VIII, 240–242), 241.

sibles Gespür. Grundsätzlich galt ihm die Frömmigkeit als eine Gemütsbewegung, deren Beschaffenheit und Bedingungen sich zu anderen Gemütsbewegungen wie Liebe, Freundschaft oder Leidenschaft in struktureller Hinsicht durchaus analog verhielten. Kämen diese Gemütsbewegungen doch, wovon er überzeugt war, allesamt darin überein, dass sie, um nicht abzustumpfen oder zu erlahmen, sondern in anhaltender Bewegung zu bleiben, fortwährend mit neuen, stärkeren Impulsen genährt werden müssten.[456] Als lebensweltliches Erfahrungsbeispiel verwies er etwa auf einen von langer Krankheit genesenden Menschen, der den Wert und Reiz des Lebens wieder ganz neu zu empfinden beginnt.[457]

Zugleich markierte Möser dabei auch eine ihm wichtig erscheinende Differenz: Während der Fortbestand von Liebe und Freundschaft zumal von der in diese emotionalen Kommunikationsbeziehungen investierten eigenen, aktiven Motorik abhänge, habe Gott für den Unterhalt rechter Frömmigkeit ein unerschöpfliches Reservoir an Motiven zur Verfügung gestellt, deren sich der Gläubige nur zu bedienen brauche.[458] Im Übrigen gelte die Intensität und Ausdauer der persönlichen Frömmigkeit stets auch als ein Gradmesser des jeweiligen Temperaments.[459]

---

[456] „Der Mensch bleibt sich allemal gleich, er mag mit neuer Frömmigkeit, mit junger Liebe oder Freundschaft erfüllet sein. Die Herzensbewegung, welche diesen dreien Neigungen den Schwung giebet, ist allemal die nämliche. Im Anfang ist sie siedend heiß; in der Mitte laulicht und am Ende kalt. Die ganze Kunst bestehet darin, daß man sie beständig in einem gleichen Grad der Hitze unterhält und das Feuer nähret" (SW I, 166).

[457] Vgl. Möser an Johanna Catharina Friderici, 30.10.1784 (BW 660).

[458] „Wir können also nimmer in der Liebe gegen Gott erkalten, weil die unendliche Reihe seiner Vollkommenheiten immer noch etwas übrig behält, unser Herz durch eine Neuigkeit zu vergnügen" (SW I, 167).

[459] „Nichts ist in der Welt gewisser, als daß eine Begierde durch die andre unterdrücket wird. Die stärkere überwindet die schwächere. Wer im äußersten Grad lasterhaft ist, wird nimmermehr mittelmäßig

So diskret Möser die Koordinaten seiner eigenen Frömmigkeit zu verbergen wusste,[460] so schonungslos liebte er die Depravationen scheinheiliger Bigotterie zu entlarven (a). Daneben zielte er etliche Male darauf ab, die in dem vermeintlichen Aberglauben der Vorväter verborgene volkspädagogische und religionsdidaktische Rationalität freizulegen (b). In konstruktiver Absicht gab er zumindest zwei Grundelemente einer in seinen Augen dem Wesen des Christentums gemäßen Frömmigkeit zu erkennen: einerseits die Einsicht in die von Gott verfügte Bestimmung des Menschen (c), andererseits die Hoffnung auf eine identitätswahrende personhafte Unsterblichkeit (d).

a) Bigotterie

Zu einer Zeit, in der die gesellschaftliche und kulturelle Dominanz des Christentums allgegenwärtig war, blieb für Menschen, die der Religion skeptisch, agnostisch oder einfach nur gleichgültig gegenüberstanden, meist nicht mehr als eine Flucht in die Scheinheiligkeit. Möser wurde nicht müde, die unterschiedlichen Spielarten solcher Heuchelei um der Wahrhaftigkeit willen aufzuspüren und in aufklärerischer Absicht zu demaskieren. Dabei legte er eine breite Palette eskapistischer Variationen frei: Mochten sich die einen frömmlerisch geben, „weil es Mode war, gottesfürchtig zu tun“,[461] bereiteten sich andere ein Vergnügen daraus, „christlich zu hecheln“[462] oder ihre Verweigerung niederträchtig in religiösen Sarkasmus zu kleiden.[463]

---

fromm werden. So wie er in den Lastern ausgeschweifet hat, ebenso wird er auch in seiner vermeinten Frömmigkeit ausschweifen“ (SW I, 45).

[460] S.o. Abschnitt I.4.

[461] SW I, 352.

[462] SW I, 129.

[463] In einer Erzählung schilderte Möser: „Ein gewisser Kaufmann“, der sich mit einer kinderreichen Witwe zusammengetan hatte, „sagte

Der sonntägliche Kirchgang, stellte Möser des Öfteren fest, werde, ähnlich dem Theaterbesuch,[464] von den Frauen[465] als die beste Gelegenheit zum öffentlichen Schaulaufen genutzt. Die fahrenden Galanteriewarenhändler verstünden es meisterhaft, als „Modekrämer der Landwirtinnen" ihre weibliche Kundschaft zum Erwerb von Textilien zu verführen, „woran sie ohne ihm niemals gedacht haben würden",[466] und schwatzten „der gefälligen Mutter selbst eine neue Spitze auf [...], damit sie sich vor ihrer Tochter im sitzenden Kamisole beim nächsten Kirchgange nicht schämen dürfe".[467] In einer etwas boshaften Erzählung ließ Möser einen Ehemann die detaillierte Rechnung über eine einzige modische Sonntagsausstattung seiner Gattin aufstellen und die dabei detailliert errechnete Summe von stolzen 203 Talern mit dem schicksalsergebenen Stoßseufzer quittieren: „Der Putz unser Weiber ist die Zuchtrute des Himmels, womit wir weidlich gestäupet werden".[468] Noch beißender präsentierte sich die Klage einer vormals vermögenden, nun aber in Armut gestürzten Frau, die in trostlosem Entsetzen kundtat, „wie sauer ihr der erste Kirchgang nach ihren verän-

---

ihr gleich des andern Tages: ‚Gott erhalte dich, gutes Weib, im ewigen Leben sehen wir uns wieder', und gieng damit nach Holland" (J. Möser, Also sollten geringe Nebenwohner, wenn sie wollten, wegen ihrer Schulden nicht belangt, sondern mit kurzer Hand zur Zahlung angehalten werden, 1779 [SW VII, 247–251], 248f).

[464] Vgl. SW I, 99.

[465] Mitunter allerdings auch von Männern: „Er [...] hatte Geschmack und einen natürlichen Hang zum Überflüssigen, welchen er in seiner ersten Jugend nicht verbergen konnte, da er schon nicht anders als mit einem Federhute nach der Kirchen gehen wollte" (SW IV, 45). – Anders hingegen ein Bürger, der sich ob seines schlichten Gewands in der Öffentlichkeit meist zu verstecken suchte: „Meine Frau schämt sich bereits, mit mir in die Kirche zu gehen" (SW V, 193).

[466] J. Möser, Klage wider die Packenträger, 1767 (SW IV, 185–189), 187.

[467] AaO 186f.

[468] J. Möser, Klagen eines Meiers über den Putz seiner Frauen, 1767 (SW IV, 63–65), 64f.

derten Umständen geworden ist":[469] Als sie fußläufig vor dem Gotteshaus eintraf, wo früher ihre Kutsche gehalten und ein Lakai ihr den Verschlag geöffnet hatte, musste sie bittere Tränen vergießen, und in der Kirche konnte sie ihren Blick nicht wenden, „ohne überall einem spöttischen und neugierigen Blicke zu begegnen",[470] bis sich die schadenfrohe, hämische Neugier nach etlichen Wochen in herablassendes Mitleid verwandelt hatte.[471] Die fingierte Szene mochte übertreibend pointiert worden sein, fing aber zweifellos einen Grundzug der allsonntäglich im Gottesdienst zur Schau gestellten religionsfreien Eitelkeit ein.

Überhaupt sah Möser in der öffentlich zelebrierten Frömmigkeit vor allem die Selbstliebe am Werk. Ihr könne nicht kräftiger geschmeichelt werden, als wenn eine bigotte Frau dessen gewahr wird, dass „eine andre, die noch mehr Betstunden besuchet als sie, erniedriget wird".[472] Herrlich böse war das fingierte *Schreiben an einen verstorbenen Freund*, in dem der Absender inständig darauf hofft, dem Hingeschiedenen einen jenseitigen Vorteil verschaffen, dabei als dessen Wohltäter namhaft werden und sich dadurch die ewige Dankbarkeit des Freundes erwerben zu können:

> „Mögte Gott ihm [sic] eine Stunde eher zur ewigen Freude bringen und ihm dann sagen, daß er es der eifrigen Fürbitte seines Freundes zu danken hätte; wie froh, wie zärtlich würde ich nicht sein? Würklich, teurester Freund, einige Qual würden Sie ertragen, um mir diese Freude zu machen. Einige Zeit brächten Sie im Fegefeuer zu, wenn es unter der Bedingung geschehen könnte, sich durch mein Gebet immer glücklicher und glücklicher, dankbarer und dankbarer zu sehen".[473]

---

[469] J. MÖSER, Die Politik im Unglück. Briefe eines Frauenzimmers, 1775 (SW VI, 29–44), 36.

[470] Ebd.

[471] Vgl. ebd.

[472] SW I, 185.

[473] J. MÖSER, Schreiben an einen verstorbenen Freund, o.J. (SW IX, 213–215), 214.

In einer *Nützliche[n] Beylage* zum Osnabrücker Intelligenzblatt hatte Möser am 30. Dezember 1769 die hinreißende Satire über eine am Silvestertag abgelegte religiöse Jahresbilanz eingerückt.[474] Darin wandte sich eine feine Dame brieflich an ihren Kaplan, den sie um seelsorgerliche Beratung ersuchte, weil sie von dessen fortgesetzter Ermahnung, jeder Mensch müsse am Ende des Lebens über alle seine Stunden Rechenschaft ablegen, in tiefe Skrupel gestürzt worden war. So bedrängte sie ihn nun mit verschiedenen Fragen zur eigenen Zeitökonomie. Dass sie täglich drei Stunden bei Tisch verweilen könne, lasse sich ja wohl als eine dankenswerte göttliche Gnade verbuchen. Ob aber ihre ausgedehnte Nachtruhe, die sich, anders als bei Menschen, welche wegen schwerer Arbeit täglich nur fünf oder sechs Stunden Schlaf finden, auf neun Stunden erstrecke, als rechtens anerkannt würde, wollte sie wissen. Außerdem fragte sie ihren geistlichen Betreuer, ob für die Stunden, die sie, da sich mittlerweile „vor dem Spiegel kein Trost mehr" einstelle, nicht länger am Toilettentisch zubringen möge, eine „Entschädigung"[475] zu erwarten sei.

Bald aber ging die arme, dem Müßiggang ausgelieferte, im Süßwein Trost suchende Dame von der bangen Erkundung zur Selbstrechtfertigung über: „Gesetzt also, ich hätte weniger Zeit im Bette oder bei Tische zubringen wollen, was hätte ich in aller Welt anfangen sollen?"[476] Reiten habe sie niemals gelernt, Spazierengehen sei ihr zu mühsam, und andere Möglichkeiten sinnvoller Beschäftigung kamen ihr nicht in den Sinn. Dass sie sich abends seicht-harmloser Lektüre widme – denn Bücher wie Edward Youngs auch in Deutschland viel gelesene Dichtung *Nachtgedanken*[477] machten ihr Kopfschmerzen und raubten den

---

[474] J. MÖSER, Schreiben einer Dame an ihren Kapellan über den Gebrauch ihrer Zeit, 1769 (SW IV, 232–235); s. u. Anhang 2.

[475] AaO 232f.

[476] AaO 233.

[477] E. YOUNG, The Complaint, or Night-Thoughts on Life, Death,

Schlaf[478] –, könne doch wohl „richtig berechnet werden".[479] Ihre selige Mutter habe sie einst mit dem schlagenden Argument „Kind, wer will dir die Hand küssen, wenn sie nach der Küche riecht?"[480] von jeglicher Hausarbeit ferngehalten. Außerdem entspringe aus ihrer sozialen Passivität ein erheblicher sozialer und volkswirtschaftlicher Vorteil, denn „durch jede Arbeit, die ich verrichtet hätte, würde ein armer Mensch sein Brod verloren haben".[481] Zugleich beneidete sie alle Leute, die täglich 16 Stunden mit nützlicher Arbeit zubringen können, und regte buchhalterisch an, deren innerweltliche Bevorteilung bei der eschatologischen Endbilanz entsprechend in Abzug zu bringen.[482] Mit dieser beißenden Satire, die ein Lichtenberg, Voltaire oder Jonathan Swift kaum trefflicher hätte abfassen können, erwies sich Möser auf der Höhe seiner literarischen Kraft.[483]

Einen weiteren Aspekt christlicher Bigotterie, der Möser zeitlebens interessierte und von dem er auch in entfremdeter Selbstbezüglichkeit Gebrauch machen konnte,[484] fand er in der

---

and Immortality, 8 Bde., 1742–1745. – Eine deutsche Übersetzung erschien erstmals 1759.

[478] Vgl. MÖSER, Schreiben einer Dame (s. Anm. 474), 235.

[479] AaO 233.

[480] AaO 235.

[481] AaO 233. – „Mein gutes Einkommen überhebt mich auch der Arbeit, und je weniger ich selbst tue, je mehr gebe ich fleißigen Armen zu verdienen. Es würde ein sträflicher Geiz sein, wenn ich selbst die Küche versehen oder ein Kammermädgen weniger halten wollte" (aaO 233f).

[482] „Mich dünkt, daß Leute, die im Leben so glücklich sind, alle ihre Stunden nützlich hinbringen zu können, wenn es dermaleinst zur Rechnung kommen sollte, mindern Lohn verdient haben als ich, der es so sauer wird, nur eine Stunde ohne Schlaf, Spiel oder Essen zu nutzen" (aaO 234).

[483] Hinter diesem glänzenden Kabinettstück scheint Mösers *Antwort des Herrn Kommandeurs auf das Schreiben einer Dame über den Gebrauch ihrer Zeit* (SW IV, 235–239), die er gleich am 6. Januar 1770 am selben Ort folgen ließ, ein wenig zurückzustehen.

[484] „Ich denke, meine noch übrige Zeit bloß der vaterländischen Geschichte zu widmen, die mir immer am Herzen liegt und jetzt die Stel-

verbreiteten Spielart der Altersfrömmigkeit. Anders als man vielleicht zunächst vermuten könnte, wusste er sie in beiden Geschlechtern verankert: Sie konnte einen „alte[n] Mann, den gar zu viel Vergnügen im Alter fromm und stumpf und schwach gemacht"[485] hatte, ebenso heimsuchen wie eine liebestolle Frau, die in reiferen Jahren religiös wurde und von der Möser fürchtete, sie habe die figürliche Rede von der Liebe zu Gott „in einer gar zu menschlichen Bedeutung genommen", weshalb „bei ihrer Bekehrung ihre natürliche Neigung sich sehr mit eingemischet habe und diese an sich nicht, sondern nur der Vorwurf [i.e. Gegenstand] derselben verändert worden sei".[486]

Überhaupt erwies Möser nüchternen psychologischen Spürsinn, wenn er die erstarkten religiösen Gemütswallungen älterer Menschen dem Verdacht einer narzisstischen Unterfütterung aussetzte. Als einen Ausdruck solcher religiös verbrämter Selbstliebe verspottete er auch das Begehren, nach dem Tod einen in der Kirche errichteten Gedenkstein verehrt zu bekommen oder, wie es in früheren Zeiten noch üblich war, einer pompösen Leichenpredigt gewürdigt zu werden.[487]

Der prototypischen Erzählung, die Möser dazu verfasste, war ein besonderes Schicksal beschieden. Er hatte sie 1746 dem *Hannöverische[n] Wochenblatt*, das ihn als Autor kleiner unterhaltsamer Beiträge schätzte, zugesandt, bekam sie aber von dem Zensor, der darin Blasphemie witterte, mit der Anweisung, sich „künftig dergleichen gefährlicher Schilderungen zu

---

le der Andacht bey mir vertritt, wozu die Damen ihre Zuflucht nehmen sollen, wenn sie nicht mehr kokettiren können" (Möser an Friedrich Nicolai, 22.3.1786 [BW 672]).

[485] J. Möser, Eine alte Erzählung in neuen Versen, 1747 (SW I, 311–313), 311.

[486] SW I, 219.

[487] Prägnant greifbar etwa in J. Möser, Die Ehre nach dem Tode, 1774 (SW V, 268–270). – „Ich will mir selbst meine Leichenpredigt nicht halten; sie mögte nicht so gut ausfallen als diejenige, so man dazu nach meinem Tode erkaufen wird" (J. Möser, Antwort einer Dame auf einen erhaltenen Neujahrswunsch, 1769 [SW VIII, 171–174], 172f).

enthalten",[488] alsbald retourniert. Vier Jahrzehnte später brachte Möser den Text, den er als ein Dokument früherer Engherzigkeit aufbewahrt hatte,[489] unverändert zum Druck.[490] Dieses unverhohlen religionskritische Kabinettstück *Die Bekehrung im Alter* berichtet von drei jungen Männern, die dem jähen Frömmigkeitsschub eines älteren Freundes misstrauten und binnen Kurzem in ihrer Skepsis bestätigt wurden, als der fromm Gewordene, nachdem ihm eine große Erbschaft zugefallen war, den Geiz als neues Anwendungsfeld seiner Leidenschaft für sich entdeckt hatte.

Die vorige Hinwendung zur Frömmigkeit ließ die Freunde, weil sie die Wesensart des Älteren kannten, ganz unbeeindruckt: Er habe, konstatierten sie, „die Laster so lange versucht, bis sie ihm nunmehro unschmackhaft geworden sind. Sie haben keine Reizungen mehr für ihn, und [...] so hat er wohl aus Not fromm werden müssen".[491] In unbestechlicher Nüchternheit diagnostizierten sie die Wandlung des Freundes als eine „negative Frömmigkeit",[492] die „nicht die Frucht einer Überwindung, sondern eines erschlafften Herzens"[493] darstelle. Immerhin aber vermöge sie dem Betroffenen zwei neue Reize schmackhaft zu machen, indem die „frommen Aufwallungen" auf ein bislang ungenutztes Erfahrungsfeld ausgriffen und in der Sündenzerknirschung zugleich das „Vergnügen der Reue" gewährten:[494] Was dabei zu beobachten war, lasse sich, hieß es weiter, getrost verallgemeinern:

---

488 Möser an Friedrich Nicolai, 17.12.1785 (BW 668f), 668.

489 Vgl. Jenny von Voigts an Friedrich Nicolai, um 1786 (SW VII, 9f), 9.

490 Vgl. J. Möser, Die Bekehrung im Alter, 1786 (SW VII, 158–162).

491 AaO 158. – „Große Herren, wenn sie die Wollust aller Leckerbissen erschöpfet haben, essen oft auf einem Meierhofe, um ihre stumpf gewordenen Zungen ein wenig zu schärfen" (ebd.).

492 AaO 160.

493 AaO 159.

494 AaO 160.

„Solche Personen opfern Gott nur denjenigen Ekel auf, welchen sie verbannen wollen, es koste, was es wolle. [...] Die angenehme Verfluchung ihrer vorigen Ausschweifungen schmeichelt noch immer der sterbenden Neigung, und die Tränen über die Sünden sind fast immer mit solchen Tropfen vermischt, welche aus einer zweideutigen Zärtlichkeit entspringen. Aus diesem Grunde kann ein alter Mann allemal bei seiner Frömmigkeit des Vergnügens der Reue genießen".[495]

An der von Möser in *Die Bekehrung im Alter* eingestreuten Beteuerung, nach fünfzig Jahren könne sich ehrlicher Weise kein Mensch bekehren, hatte der Zensor besonderen Anstoß genommen.[496] Sie mag zugleich als ein Hinweis darauf verstanden sein, dass es ihm um die Kultivierung aufrichtiger, lebensbegleitender Frömmigkeit, auch wenn er sich, was den eigenen Glaubenshaushalt betraf, gerne in Schweigen hüllte, zeitlebens ernst war.

b) Aberglaube

Möser geißelte und verspottete die verschiedenen Erscheinungsformen religiöser Bigotterie immer wieder nach Kräften, hat sie dabei aber niemals in die Nähe einer irrigen oder verlogenen Religionsauffassung gerückt. Mit Fragen des Aberglaubens setzte er sich lediglich in zwei kürzeren Schriften auseinander, und dies beide Male nicht in gegenwartsdiagnostischer, sondern in historisch-apologetischer Absicht.

In seiner Vorrede zu dem 1749 entstandenen Trauerspiel *Arminius* findet sich der beiläufige Hinweis, die Einschätzung des altrömischen Historikers Tacitus, die Germanen hätten einer monotheistischen Religion gehuldigt, sei „mit ziemlicher Wahrscheinlichkeit"[497] als zutreffend anzusehen. Damit verwies Möser indirekt auf seine zeitgleich entstehende gelehrte

---

495 Ebd.

496 Jenny von Voigts an Friedrich Nicolai, um 1786 (SW VII, 9f), 10.

497 J. Möser, Arminius. Ein Trauerspiel. Vorrede, 1749 (SW II, 120–127), 122.

Arbeit, die in gewandtem Latein *De veterum Germanorum et Gallorum theologia mystica et populari*[498] handelte und dem Jugend- und Studienfreund Ernst August Bertling als Gratulationsschrift zu dessen Berufung als Theologieprofessor nach Helmstedt gewidmet war.

Den Ausgangspunkt seiner Überlegungen setzte Möser in dem Befund, über die bei den Germanen, die er durchweg als die „alten Deutschen"[499] ansprach, kultivierte Religionsgestalt lägen widersprüchliche Nachrichten und Einschätzungen vor. Diese Spannung suchte er mit der Unterscheidung einer geheimnisvollen (religio mystica) und einer landläufigen Gottesverehrung (religio popularis) zu lösen. Demgemäß hätten bei den Germanen die Weisen und Priester eine monotheistische Glaubensgestalt unterhalten, während sie die davon abweichende Volksfrömmigkeit nicht antasteten, sondern „den gemeinen Haufen seinen Irrtümern, welche die Gesetzgeber für nützlich [!] achteten, um ihn im Zaum zu halten, überließen".[500] Einen solchen „doppelten Religionszustand"[501] gebe es in allen Religionen, auch im abendländischen Christentum, bis auf den heutigen Tag.[502]

Für die Religion der Germanen stellte Möser die beiden widersprüchlichen Grundeinschätzungen der antiken Literatur nebeneinander: Während Caesar in *De bello Gallico* einen kla-

---

[498] J. Möser, De veterum Germanorum et Gallorum theologia mystica et populari, 1749 (SW II, 266–285); vgl. die bald danach entstandene deutsche Übersetzung: Ders., Von den Mysterien und dem Volksglauben der alten Deutschen und Gallier (SW II, 393–404).

[499] Möser, Von den Mysterien (s. Anm. 498), 393.

[500] AaO 395.

[501] Ebd.

[502] „In jeder Religion gibt es gewisse höhere Sätze, welche von Alltagsköpfen oder [...] von Menschen, die durch die Natur gleichsam zum Dienen bestimmt sind, nicht begriffen werden können" (aaO 394). – „Glaubt doch auch bei uns der gemeine Mann vieles, welches zum Teil auch die Besseren bestehen lassen, ohne es darum für wahr anzunehmen" (aaO 393).

ren Polytheismus diagnostiziert habe,[503] berichte Tacitus in seiner *Germania* von der Verehrung eines einzigen geheimnisvollen Wesens (secretum), das die alten Deutschen nur hinsichtlich seiner Beschaffenheit mit verschiedenen Namen belegt hätten.[504] Daraufhin erörterte Möser diverse Möglichkeiten, diesen Widerstreit auszugleichen, um schließlich die ihm plausibel erscheinende Lösung zu bieten, Caesar sei dem Aberglauben der germanischen Volksfrömmigkeit auf den Leim gegangen, wohingegen Tacitus „seine Nachrichten aus dem Munde der Druiden und der Priester geheimer Gottesdienste oder solcher, die mit ihnen Umgang pflogen, geschöpft"[505] habe. Die darin aufscheinende Differenz manifestiere sich nicht zuletzt darin, dass dort die Vorstellung einer Seelenwanderung unterhalten wurde, hier aber die in rätselhafter Form[506] artikulierte Gewissheit, „dass unsre Seelen nach dem Tode bald […] zu einem zweiten und ewigen Leben übergehen".[507] Allerdings brachte Möser seine Erwägungen zur germanischen Religion am Ende in eine gewisse Schieflage, indem er abschließend meinte, die monotheistische Lehrart der mystagogischen Priester mit dem Freimaurertum seiner Zeit gleichsetzen zu können.[508] Tatsächlich dürfte ein solches Analogiepostulat historisch kaum zu

---

[503] „Deorum numero eos [sc. Germanos] solos ducunt, quos cernunt et quorum aperte opibus iuvantur, Solem et Vulcanum et Lunam, reliquos ne fama quidem acceperunt" (G.I. Caesar, De bello Gallico, hg. von O. Schönberger, [4]2013, 284 [liber VI.21]). – Möser, De veterum Germanorum (s. Anm. 498) zitiert die Stelle abweichend und mit fehlerhaftem Nachweis.

[504] „Ceterum nec cohibere parietibus deos neque in ullam humani oris speciem assimulare ex magnitudine caelestium arbitrantur: lucos ac nemora consecrant deorumque nominibus appellant secretum illud, quod sola reverentia vident" (C. Tacitus, Germania, hg. von A. Mauersberger, 2013, 48–50 [cap. 9]).

[505] Möser, Von den Mysterien (s. Anm. 498), 398.

[506] Vgl. aaO 400.

[507] AaO 399.

[508] Vgl. aaO 404.

plausibilisieren sein, und andernorts hat sich Möser niemals mit der Arkandisziplin der Freimaurer auseinandergesetzt. Ungeklärt bleibt in der Analyse dieses Textes die Frage, weshalb Möser nicht die in seinem religionstheoretischen Konzept ungleich näher liegende Analogie zu der aktuellen Unterscheidung von kirchlicher Theologie und Volksfrömmigkeit ziehen mochte.

Die andere einschlägige Schrift Mösers bot *Etwas zur Verteidigung des sogenannten Aberglaubens unsrer Vorfahren* (1790).[509] Eine wohl schon früher entstandene Textvariante veröffentlichte Johann Wolfgang von Goethe 1823 im vierten Band seiner Mitteilungen *Über Kunst und Alterthum*.[510] Die von Möser autorisierte Textgestalt berichtete eingangs von der Gewohnheit der Vorfahren, kleine Holzklötze an ihre Schlüssel zu binden, um sie nicht zu verlieren oder, wenn sie abhanden gekommen waren, leichter wiederzufinden. Denselben Pragmatismus, fuhr Möser fort, hätten sie auch in der pädagogischen Absicht, der Jugend „nützliche Wahrheiten“[511] einzuprägen, in Anschlag gebracht, etwa mit den legendenhaft aufbereiteten Ermahnungen, jedes verstreute Salzkorn koste einen Tag zusätzlicher Wartezeit vor der Himmelstür, und ein auf den Rücken gelegtes Messer könne den auf dem Tisch herumspazierenden Engeln die Füße zerschneiden.[512]

Die Sorge der zeitgenössischen, allein auf rationale Begründung bauenden Reformpädagogik, solche lehrhaften „Anhängsel“[513] drohten einer abergläubischen Daseinsdeutung Vor-

---

[509] J. Möser, Etwas zur Verteidigung des sogenannten Aberglaubens unsrer Vorfahren, 1790 (SW IX, 149–151).

[510] Vgl. J.W. von Goethe, Justus Möser, 1823 (in: Ders., Über Kunst und Alterthum, Bd. 4/2 [Goethes Werke, hg. im Auftrag der Großherzogin Sophie von Sachsen, Bd. 41/2, 1903, Nachdruck 1987, 52–58]), 53f; Wiederabdruck in SW III, 195f. – Ein weiteres, undatiertes Nachlassfragment Mösers zum Thema bietet SW IX, 226.

[511] Möser, Etwas zur Verteidigung (s. Anm. 509), 149.

[512] Vgl. ebd.

[513] Ebd.

schub zu leisten, wies Möser als haltlos zurück, da doch auch die Phantasiewelt der Oper, der Fabeln und Märchen nachweislich keinen Schaden anrichte. Ebenso unsinnig wie eine Perhorreszierung solcher Formen sei es deshalb, dem moralischen Hilfsmittel, eine „trockne Lehre [...] in allegorische Handlung zu verwandeln",[514] abergläubisches Verführungspotential zu unterstellen.[515] Gefährlich werde die sinnliche Allegorisierung moralischer Postulate allererst dann, wenn man sie in betrügerischer Absicht missbrauche.[516] Dergestalt suchte Möser in den scheinbar irrationalen Denk- und Lehrformen der Vorfahren eine tiefere Rationalität freizulegen:

> „Anstatt nun überall die Reste des Aberglaubens unsrer Vorfahren aufzuspüren und ihnen solche zur äußersten Einfalt anzurechnen, sollte man den Geist oder den Sinn dieser ihrer Lehrmethode aufsuchen und sehen, ob die Allegorie wohl erfunden und mit der gehörigen Mäßigung gebraucht sei".[517]

Indessen reichte Mösers Wertschätzung einer durch allegorische Rede erzielten Vergegenständlichung über deren pädagogische Nützlichkeit weit hinaus. Denn auch die Offenbarungsreligion schien ihm von dieser Methode einen lebensdienlichen Gebrauch zu machen, ohne den eine verbindliche moralische Gesellschaftsordnung gar nicht zu denken sei. In einem mit der Pilatusfrage „Was ist Wahrheit?" (Joh 18,38) überschriebenen undatierten Nachlassfragment brachte er den Gedanken zu drastischer Anschaulichkeit:

> „Laßt uns einmal alle gesetzte Religion aus dem Wege räumen und bloß bei derjenigen bleiben, welche die Vernunft uns lehret. Nun gut;

---

514 AaO 150.

515 „Nun müßte einer aber gewiß sehr übler Laune sein, wenn er diese Art, der Einbildung oder dem Gedächtnisse zu Hülfe zu kommen, für den hellen Weg zum Aberglauben erklären und alle diese Klötzgen als so viel Merkmale der finstersten Begriffe der ersten rohen Zeiten aufstellen wollte" (ebd.).

516 Ebd.

517 AaO 151.

ich breche Ihnen jetzt den Hals; oder schlage Ihnen Arme und Beine ab; wozu bin ich verbunden? Wenn ich mächtig genug bin, zu nichts! Und wenn ich überwältigt werde, zu leiden, was Sie mir auflegen wollen".[518]

Insofern reklamierte Möser nicht allein für die auf allegorische Versinnbildlichung ausgreifende Erziehungsweisheit der Vorfahren, sondern auch und erst recht für die gegenständlichen Konkretionen der positiven Religion, die sich etwa in der Vorstellung eines göttlichen Endgerichts niederschlugen, eine tiefere, politisch nützliche, für die soziale Existenz des Menschen unentbehrliche Rationalität.

c) Die Bestimmung des Menschen

In seiner frühen, 1746 verfassten, aber erst zehn Jahre später publizierten Gedenkschrift *Der Wert wohlgewogener Neigungen und Leidenschaften*,[519] die er dem Freund Johann Friedrich von dem Bussche-Hünnefeld zueignete, hat sich Möser erstmals zusammenhängend über den Schöpfungszweck des Menschen geäußert. Dabei hob er „Neigung und Verstand",[520] Leidenschaft und Vernunft als die beiden wesentlichen Gaben des Schöpfers hervor, die freilich nicht synchron, sondern zu unterschiedlichen Zeiten hervorträten. Denn lange bevor eine vernunftgeleitete Tugend den Lebensweg zu weisen beginne, seien bereits die „edle[n] Triebe" der Dankbarkeit und des Mitgefühls, die der Schöpfer den Menschen ins Herz gepflanzt habe, tätig geworden.[521] Wenn dann auch die Vernunft eines

---

518 J. Möser, Was ist Wahrheit?, o.J. (SW X, 205–207), 207.

519 J. Möser, Der Wert wohlgewogener Neigungen und Leidenschaften, 1756 (SW II, 221–265).

520 AaO 224.

521 „Der wohltätige Schöpfer pflanzte mit seinen göttlichen Händen Triebe in unser Herz, sanfte, edle Triebe, Triebe der Erkenntlichkeit gegen seine unendliche Güte. Ehe die Tugend unsre Schritte lenkte und die Vernunft unsern Pfad bereitete, waren sie da. Wir fühlten Mitleid, ehe die Religion uns lehrte, barmherzig zu sein" (aaO 229).

Menschen erwacht ist, lasse sich im harmonischen Zusammenspiel beider Gaben der Schöpfer in seinen Schöpfungswerken, die man täglich vor Augen habe, verehren:

„Die bildende Gottheit schwebt gleichsam nah über ihren Werken; unser Herz überraschet sie in ihrer Arbeit; ihre schönen Einrichtungen scheinen unsern Augen ihre heimliche Anwesenheit zu verraten, und in jeder wachsenden Pflanze zeigt sich ihre wirksame Gegenwart; wenigstens empfinden wir sie, ohne uns durch förmliche Schlüsse davon zu überzeugen".[522]

Diese durchweg sinnliche „Gottesfurcht und Religion unsrer Empfindungen",[523] fuhr Möser fort, nähre sich aus der staunenden Bewunderung des göttlichen Schöpfungswerks, vermittle aber für sich genommen noch längst keine Seligkeit, weil darauf ein Mensch nicht schon aufgrund seiner natürlichen Anlagen Recht und Anspruch erheben könne.[524] Ohne bereits ein vollständiges Religionssystem entwerfen zu wollen, hob Möser in dieser Frühschrift allein auf die Erkenntnis ab, dass der Offenbarungsglaube die aus natürlichen Empfindungen hervorgehende Verehrung des Schöpfergottes nicht etwa alterniere, sondern in einen umfassenden Erlösungsglauben aufgehen lasse: „Die christliche Religion", bezeugte er für den Freund, „war ihm die angenehmste, weil sie keine einzige von seinen rechtschaffnen Neigungen zerstörte, sondern seine natürliche Dankbarkeit, Großmut, Liebe und Zärtlichkeit mit erhabnern Beschäftigungen beseligte".[525]

In späteren Jahren beschränkte sich Möser, wenn er die Krone der Schöpfung, die der Mensch darstellt, bedachte, auf das Lob der Vernunft, wohingegen das Rühmen der im Menschen naturhaft angelegten „edle[n] Triebe", vielleicht aufgrund eines entsprechenden Erfahrungszuwachses, nunmehr entfiel. Allerdings hatte er bereits 1746, im Entstehungsjahr jener Gedenk-

522 AaO 239f.
523 AaO 240.
524 Vgl. ebd.
525 AaO 242.

schrift, der klassischen Definition *homo animal rationale* entsprechend vollmundig ausrufen können: „Es ist keine Sache in der Welt, die unser Religion mehr Ehre machet, als die Vernunft"![526] Sie allein erhebe den Menschen über alle anderen Geschöpfe.[527] Dass damit freilich längst keine himmelsstürmende Erhabenheit angezeigt war, machte das lebenskluge Stoßgebet seines närrischen *Harlekin* klar:

> „Allmächtiger und allweiser Schöpfer! [...] Du hast mir die Vernunft zu einer notdürftigen Handlaterne gegeben, nicht um die Sonne und den Mond damit aufzusuchen, sondern meinen Weg auf dieser dunklen Erde zu finden".[528]

Dergestalt blieb für Möser nun lediglich noch die Vernunft das exklusive Organ, mit dem sich der Schöpfer in seinen Werken verehren ließ,[529] und dies nicht etwa nur im Erstaunen über das Wunderwerk der Natur, sondern zugleich in der daraus geschöpften rationalen Erkenntnis, dass der Schöpfer wie für Flora und Fauna, so auch „für jedes menschliche Geschöpf mit gleicher Freigebigkeit gesorgt"[530] und „die göttliche Vorsicht alles zum Besten geordnet habe".[531]

Auch in dergleichen theoretischen Erwägungen drängte Möser stets auf praktische Anwendung und Bewährung. Denn solche Daseinszuversicht habe sich zumal in Zeiten der Not zu

---

526 SW I, 151.

527 Vgl. J. Möser, Die Erde ist für den Menschen, der Mensch für Gott, o.J. (SW IX, 219f). – Im selben Zusammenhang definierte er den Menschen als „ein Tier, das seine Triebe, seine Leidenschaften und außerdem ein kleines Vermögen hat, was wir Vernunft nennen. Es scheinet, daß die letztere ihn besonders vor andern Tieren auszeichne" (J. Möser, Zweck der Vernunft, um 1780 [SW IX, 217f]).

528 SW II, 453.

529 „Die Religion ist für Menschen mit gesundem Verstande; und ihr weiser Urheber hat wohl dafür gesorgt, daß wir ihn aus seinen Werken anschauend erkennen, lieben und verehren können" (SW III, 183); vgl. die Parallele in SW IX, 205f.

530 SW VII, 31.

531 SW IX, 208.

bewähren, weil man andernfalls, wenn darin der Glaube schwach werde, die Vernunft auf „ein überaus mäßiges Geschenk"[532] reduzieren und „den Segen Gottes mit traurigem Undanke genießen"[533] würde. Dass darum auch eine törichte, religiös verbrämte Schicksalsergebenheit gegen die Gottesgabe der Vernunft rebelliere, hat Möser an der damals grassierenden, lebensbedrohlichen Infektionskrankheit der Blattern oder Windpocken illustriert. Längst sei man, mahnte er, den Zeiten entwachsen, da man die hohe Kindersterblichkeit als ein Naturgesetz ansah und „eine gute Mutter dem lieben Gott [dankte], wenn er redlich mit ihr teilte und auch noch wohl ein Schäfgen mehr nahm".[534] Seit es eine tendenziell wirksame Schutzimpfung gibt, sei die Auffassung, die natürlichen Blattern könnten „dem lieben Gott recht viele Engeln liefern",[535] nichts weiter als dumme oder zynische Blasphemie, da doch inzwischen mit der Inokulation ein „durch Gottes gütigste Fügung entdecktes Präserviermittel für diese so schädliche Seuche"[536] bereitstehe. Bedenkt man indessen, dass ein verlässliches, risikoarmes Verfahren der Pockenschutzimpfung erst einige Jahrzehnte später durch Edward Jenner entwickelt wurde, mag die Entschiedenheit, mit der Möser schon damals aus religiösen Gründen um Vertrauen in die entsprechenden medizinischen Versuchsmaßnahmen warb, fast schon verwegen anmuten. Auch darin schienen ihm traditioneller Vorsehungsglaube und moderner naturwissenschaftlicher Fortschritt problemlos kompatibel zu sein.

---

[532] J. Möser, Ein Patriot muß vorsichtig in seinen Klagen bei Landplagen sein, 1771 (SW V, 35f), 36.

[533] Ebd. – „In der Not zeigt der Weise seine Größe, der Christ sein Vertrauen auf Gott und der Patriot Arbeit und Dauer" (ebd.).

[534] J. Möser, Also sollte man die Einimpfung der Blattern ganz verbieten. Schreiben einer jungen Matrone, 1779 (SW VII, 59–62), 59.

[535] AaO 61 f.

[536] J. Möser, Ob eine Obrigkeit wohl das Recht habe, bei Strafe die Einpfropfung der Blattern in ihrem Lande zu befehlen?, 1769 (SW VIII, 214–217), 217.

Da sich die einschlägigen undatierten Dokumente nur in Mösers handschriftlichem Nachlass finden, wird sich nicht eindeutig klären lassen, ab wann er die bei ihm öfter aufscheinende Wendung „Bestimmung des Menschen" gebrauchte. Dieser Ausdruck ist 1748 von Johann Joachim Spalding in den anthropologischen Fachdisput eingebracht worden[537] und avancierte alsbald zu einer „Basisidee der deutschen Aufklärung".[538] Dass Möser diese Formel von Spalding übernahm, ist nicht exakt nachweisbar, aber doch höchst wahrscheinlich: Er war nicht allein mit der zeitgenössischen Debattenlage sehr gut vertraut, sondern kannte den Berliner „Patriarchen der Aufklärungstheologie"[539] zumindest literarisch von dessen früherer, ihn prägender Shaftesbury-Übersetzung[540] und dürfte zweifellos auch von seinem Freund Johann Friedrich Wilhelm Jerusalem, der mit Spalding in anhaltendem vertrauten Umgang stand, Näheres über das publizistische und kirchenleitende Wirken des Berliner Meistertheologen[541] erfahren haben. Derart mag sich erklären lassen, weshalb bei dem späteren Möser die von Spalding aufgebrachte Formel „Bestimmung des Menschen" zu einem stehenden Ausdruck geworden ist.

---

[537] Vgl. J. J. Spalding, Die Bestimmung des Menschen (^{1}1748–^{11}1794), hg. von A. Beutel / D. Kirschkowski / D. Prause (SpKA I/1), 2006.

[538] N. Hinske, Eine antike Katechismusfrage. Zu einer Basisidee der deutschen Aufklärung (in: Ders. [Hg.], Die Bestimmung des Menschen, 1999, 3–6). – Die stupend gelehrte Arbeit von L. A. Macor (Die Bestimmung des Menschen [1748–1800]. Eine Begriffsgeschichte [Forschungen und Materialien zur deutschen Aufklärung II.25], 2013) erörtert u. a. den von Thomas Abbt gegen Spaldings Entwurf erhobenen Widerspruch, den dieser brieflich auch Möser kundtat (vgl. aaO 161–181), geht auf Mösers eigene Konzeption aber nicht näher rein.

[539] A. Beutel, Kirchengeschichte im Zeitalter der Aufklärung. Ein Kompendium (UTB 3180), ^{2}2009, 121.

[540] Vgl. K. H. L. Welker, Rechtsgeschichte als Rechtspolitik. Justus Möser als Jurist und Staatsmann (Osnabrücker Geschichtsquellen und Forschungen 38), 1996, 124 f.

[541] Vgl. A. Beutel, Johann Joachim Spalding. Meistertheologe im Zeitalter der Aufklärung, 2014.

Anders aber als Spalding, der seine Gegenstände in gelassener Ernsthaftigkeit zu traktieren pflegte, ging Möser auch dieses Thema humorvoll an: „Die Bestimmung [...] von dem Menschen", konnte er feststellen, werde doch wohl nicht darin bestehen, „daß sie erschaffen sein sollen, um die Würmer zu füttern".[542] Würde sich die Bestimmung des Menschen in seiner letztlichen Verwesung erschöpfen, so wäre die teleologische Ausrichtung von Gottes Wirken verfehlt. Demgegenüber konstatierte Möser eine bipolare Zentrierung der Schöpfungsordnung: Der Mensch, zeigte er sich überzeugt, sei zum Wohlgefallen und Vergnügen des Schöpfers[543] und alles irdische Leben zur Freude des Menschen erschaffen: „Ihm singt die Nachtigall, ihm blüht die Rose, ihm schnaubt das Roß, und die liebe Sonne mag ihm noch so groß dünken, ihr Schein ist doch auch mit für uns".[544] Eben zu dem Zweck, sich an Gottes Natur zu erfreuen, besitze und gebrauche der schöpfungsgemäß handelnde Mensch die Vernunft,[545] weshalb es denn auch schlichtweg vernünftig sei, „einen Gott zu glauben, der lohnt und straft".[546] Und den tieferen Sinn der bipolaren Zentrierung erkannte Möser in der kommunikativen Absicht Gottes, sein Vergnügen an der Schöpfung mit den Menschen zu teilen.[547]

---

542 J. Möser, Meine Meinungen, o.J. (SW IX, 216f), 216.

543 „Der Schöpfer setzt die Natur sonst nirgends in falsche Unkosten, und doch ist dies [sc. die Würmer zu füttern] das Ende seines Lebenslaufes. Ich glaube, der Schöpfer habe Wohlgefallen an seinen Werken, und er habe uns wie die ganze Welt zu seinem Vergnügen erschaffen. Hierin liegt unsre Bestimmung" (Möser, Meine Meinungen [s. Anm. 542], 216f).

544 Möser, Die Erde ist für den Menschen (s. Anm. 527), 219.

545 Vgl. SW IX, 208.

546 Ebd.

547 „Mich dünkte, auf Erden wäre alles für den vernünftigen Menschen erschaffen, aber [es] müßte notwendig eine Art von höhern Wesen geben, vor deren Vergnügen wiederum die Menschen erschaffen wären und mit denen der Schöpfer sein Vergnügen teilte, der nach seiner großen Güte diese Lust nicht allein genießen könnte" (J. Möser,

Nun erschien ihm die Erhabenheit der Schöpfung allerdings so unermesslich, dass er davon überzeugt war, selbst die größten „Kindereien" der Menschen seien außerstande, den großen Plan Gottes zu stören. Dieser Einsicht könne der Mensch allein in der Haltung bescheidener Demut entsprechen, weshalb etwa die Gebetsbitte, „hier Regen und dort Sonnenschein zu geben, [...] eine strafbare Verwegenheit" darstelle und der hypertrophe Wahn, durch bestimmte Überzeugungen das Wohlgefallen Gottes erzwingen zu können, einen für das Zuchthaus reifen Narren kennzeichne.[548]

In der konzentriertesten Antwort auf die dem Psalter entlehnte Frage „Was ist der Mensch?" (Ps 8,5a) erwies sich Möser mit seinem dort formulierten Perfektibilitätspostulat[549] als ein authentischer Parteigänger der Neologie. Habe doch Gott, meinte er, dem Menschen die Vernunft in der dezidierten Absicht gegeben, „um ihn hauptsächlich dadurch zu seinem großen Zwecke, zu seiner Bestimmung zu leiten",[550] also die Triebe seiner Leidenschaften durch vernunftgeleitete Wahrheitsfindung oder Wahrheitssetzung auf eine seinem Schöpfungsziel fügliche Bahn auszurichten.[551] Dergestalt, schloss Möser, könne das Gottesgeschenk der Vernunft dem Menschen jederzeit „zu seiner eignen Erhaltung, Vervollkommung [sic] und Glückseligkeit dienen".[552] Sieht man einmal von der kleinen Akzentverschiebung ab, die bei Spalding mit der zusätzlichen

---

Briefe eines Frauenzimmers über die Sittlichkeit der Vergnügungen, um 1780 [SW X, 217f]).

548 MÖSER, Zweck der Vernunft (s, Anm. 527), 217.

549 „Wenigstens bezeugt alles, was wir aus der Schöpfung erkennen, daß die Eigenschaften jedes [!] erschaffenen Wesens zu seiner größten Vollkommenheit würken" (aaO 218).

550 Ebd.

551 „Die Vernunft dient dem Menschen, Wahrheiten und Meinungen zu erfinden oder von andern anzunehmen, solche in sich zu befestigen und darnach seine Schritte, wozu ihn Triebe und Leidenschaften führen, so gut, wie er kann, einzurichten" (ebd.).

552 Ebd.

Betonung moralischer Rechtschaffenheit vorlag, so lässt sich in dem abschließenden Satz seiner *Die Bestimmung des Menschen* überschriebenen epochalen Jugendschrift eine sachidentische Variante zu der von Möser formulierten Quintessenz ausmachen: Er wolle, hieß es bei Spalding,

> „mein ganzes Gemüth immer mehr mit der trostvollen Vorstellung erfüllen, daß ich [...] mich auf ewig mit der Quelle der Vollkommenheiten vereinigen, die ganze Wollust richtiger Neigungen unvermischt und ungestört geniessen, und also das grosse Ziel desto mehr erreichen werde, dazu ich durch meine Natur und von meinem Urheber bestimmet bin, nämlich rechtschaffen, und in der Rechtschaffenheit glückselig zu seyn".[553]

Im Unterschied zu dem kirchlich gebundenen Religionstheoretiker Spalding, der die Hauptströmung der deutschen Aufklärungstheologie exemplarisch repräsentiert, pflegte Möser seine religionstheoretischen Erwägungen stets unter dem Leitgesichtspunkt politischer Funktionalität zu entwickeln. Dass er allein hier, in der Frage nach der Bestimmung des Menschen, von dieser Perspektivierung absah und stattdessen ausschließlich die Rationalität eines offenbarungstheologisch fundierten Schöpfungs-, Erhaltungs- und Vollendungsglaubens zu plausibilisieren suchte, dürfte die durch keine externen Interessen getrübte religiöse Aufrichtigkeit, um die es ihm dabei zu tun war, eindrücklich unterstreichen.

d) Unsterblichkeit

Während Möser in seinen Äußerungen zur Bestimmung des Menschen überraschender Weise die eigene Glaubensüberzeugung durchschimmern ließ, verharrte er hinsichtlich der Frage, was es mit einem ewigen Leben bzw. der Unsterblichkeit der Seele auf sich habe, wieder in dem von ihm bevorzugten Status des Hypothetischen. Allein die erste dazu fixierte Stellungnah-

---

553 Spalding, Die Bestimmung des Menschen (s. Anm. 537), 192.

me, die er 1746, im Alter von 26 Jahren, mit seinem Essay über den *Wert wohlgewogener Neigungen und Leidenschaften* zum Ausdruck brachte, war noch einem assertorischen Grundzug verpflichtet. Denn nach der dort unbeantwortet bleibenden Frage, ob die Befristung der individuellen irdischen Lebenszeit womöglich aus heilsfürsorglichen Gründen entspringe,[554] zeigte er sich dessen gewiss, dass Tod und Verwesung des Menschen „nicht das letzte Ziel seiner weiten Bestimmung“ darstellen könnten, da doch „der Himmel [...] seinen unsterblichen Bemühungen die Laufbahn der Ewigkeit eröffnen“[555] wolle. Insofern werde der Christ ein langsames Sterben, in dessen Verlauf er sich zur Ewigkeit bereiten kann, dem Jähtod allemal vorziehen.[556] Mochten Heroen wie Sokrates oder Caesar ihr Ableben auch in stolzer Mannhaftigkeit ertragen haben, so müsste der Christ, dem Gott schon auf Erden den Horizont der Ewigkeit vor Augen geführt hat,

> „mit Angst und Schrecken seine letzte Stunde erwarten [...], wenn diese wichtige Offenbarung nicht auch zugleich solche Gnadenmittel enthielte, womit er seine Seele beruhigen und mit mehr als sokratischer Freudigkeit den Tod als eine Wohltat annehmen könnte. Ein reuiges und zerknirschtes Herz, nebst einem gläubigen Vertrauen auf das Verdienst seines Erlösers wird die Empfindungen seiner Wollust nicht schwächen, welche dadurch, daß sie geheiliget ist, nur eine größere Vollkommenheit erworben [hat]“.[557]

Der hierin aufscheinende Verweis auf die Erlösungstat Jesu Christi stellt in Mösers religionsbezogenen Einlassungen eine äußerste Seltenheit dar und sollte in seinen später angestellten eschatologischen Erwägungen gänzlich entfallen. Dies war,

---

[554] „Werden den Frommen ihre Tage verkürzt, um sie vor einem künftigen Rückfall zu bewahren? Werden sie den Bösen verlängert, um ihnen Zeit zur Besserung zu geben?“ (MÖSER, Der Wert wohlgewogener Neigungen [s. Anm. 519], 226).

[555] AaO 241.

[556] Vgl. aaO 256.

[557] AaO 261.

respektiert man seine eigene religionsbezogene Redeabsicht, nicht nur nachvollziehbar und hermeneutisch legitim, sondern auch der Ausdruck einer achtbaren, selbstgenügsamen Konsequenz.[558]

Bereits nach wenigen Jahren hatte sich der bei diesem Thema angeschlagene Ton gänzlich gewandelt. In einem am 7. März 1753 ausgestellten Brief an Henrietta Dorothea Johanna von dem Bussche-Hünnefeld scherzte Möser darüber in galant-launiger Unverbindlichkeit,[559] und im Verlauf des mit Thomas Abbt brieflich geführten Disputs über seinen *Vikarsbrief* zog er, mochte es auch nur ein verwegenes Gedankenspiel darstellen, die Sinnhaftigkeit einer Hoffnung auf das ewige Leben überhaupt in Zweifel, da doch der Mensch in seiner beschränkten irdischen Zeitlichkeit „eben so vollkommen" sei „als ein Hase oder Fuchs": „Wird der Mohr", fragte er provozierend, „weniger Vergnügen bey seiner Schönen empfinden, wenn er weis, daß seine Seele stirbt? Wird uns der Rheinwein minder kitzeln?"[560]

Offenbar genügte ihm der Rheinwein dann aber doch nicht, um den Ärger, den ihm die Lektüre von Voltaires *Candide ou l'optimisme* (1759) verursacht hatte, hinunterzuspülen. In dieser sogleich vielfach gedruckten satirischen Novelle suchte der französische Philosoph die optimistische Grundstimmung seiner Zeit, die in der von Gottfried Wilhelm Leibniz geprägten

---

558 Diese Frage wird in Abschnitt III.1. aufgegriffen und vertieft.

559 „Gestern übersandte mir der Herr Domherr [sc. Georg Ludwig von Bar] ein überaus schönes Gedichte, worin er die Unsterblichkeit der Seelen blos aus dem Grunde erwiesen, daß die Seele des Königs in Preussen [sc. Friedrich der Große] viel zu schön sey, als daß sie vergehen könne. Wenn er Euer Hochwolgebohrn Gnaden, seiner Frau Gemahlin und seiner Fräulein Tochter Seelen mit dazu gerechnet, so würde der Beweis vollkommen seyn" (Möser an Henrietta Dorothea Johanna von dem Bussche-Hünnefeld, 7.3.1753 [BW 152f], 153).

560 Möser an Thomas Abbt, 29.9.1764 (BW 343–345), 344. – „Unser ius perfectum ist blos, daß die nöthigen Bewegungen unsers Körpers ohne Schmerzen sind" (ebd.).

Rede von der besten aller möglichen Welten ihren klassischen Ausdruck gefunden hatte, dadurch zu konterkarieren, dass er den schlichten reisenden Helden Candide einer unaufhörlichen Folge von Unglücksfällen, Katastrophen und blinden Glücks-zufällen aussetzte und damit in respektlosem Sarkasmus die hoffnungslose Verdorbenheit des Menschen, die Haltlosigkeit alles religiösen Blendwerks sowie den trost- und sinnlosen Schrecken des Daseins anprangerte. Unter dem Eindruck dieser Lektüre entwarf Möser den Plan eines nicht minder satirischen *Anti-Candide*, der freilich über die Titelformulierung der elf vorgesehenen Kapitel und die anfängliche Ausarbeitung zweier Teile niemals hinauskam.[561] Indessen lassen sich die Umrisse der Gegenposition, die Möser dabei einnehmen wollte, bereits aus den beiden fragmentierten Entwürfen erkennen.

Die Einleitung seines geplanten *Anti-Candide* gedachte Möser mit der programmatischen Feststellung zu beginnen, „der Gedanke einer glücklichen Unsterblichkeit“[562] sei für das Wohlgefühl des Menschen, den Gott zum Genuss des Lebens bestimmt habe, nicht zu entbehren. Allerdings müsse die Stärke dieser Überzeugung sorgsam dosiert werden, damit sie nicht in die Verachtung des irdischen Lebens umschlage, denn andernfalls, fügte Möser in trefflicher Bildsprache hinzu, „eilt man immer nach dem Ende des Romans und überschlägt die Episoden“.[563] Solche lebensdienliche Balance zu wahren, sei dem Christentum, das den Himmel „nicht so sinnlich gemacht“[564] habe wie etwa der türkische Islam, unter allen Religionen am besten gelungen.

Die Hoffnung auf Unsterblichkeit, fuhr der Anti-Voltaire Möser fort, sei jedem Menschen, gleich welchen Alters, vonnöten. Dies erscheine im Blick auf den lebensalten Menschen, dem alle irdischen Genussquellen versiegt sind, unmittelbar evi-

[561] Vgl. J. MÖSER, Anti-Candide, o.J. (SW III, 125–135).
[562] AaO 125.
[563] Ebd.
[564] Ebd.

dent. Aber auch der noch ganz der Sinnlichkeit hingegebene Jüngling müsse auf diese Hoffnung nicht warten, bis ihm „das innerliche Feuer die Adern nicht mehr anschwellt" und „der letzte Freund gestorben ist",[565] sofern er nur die Klugheit besitze, sich von dem Gedanken der Unsterblichkeit den sinnlichen Liebesgenuss intensivieren und den natürlichen Wunsch, die Liebe zu seiner Geliebten möge ewig währen, realisierbar erscheinen zu lassen.[566] Davon ausgehend, suchte Möser unter der Parole „Und doch ist diese Welt die beste"[567] die von Leibniz markierte Position mit eigenen theologischen und popularphilosophischen Gründen zu untermauern.[568]

In der Skizze des letzten Kapitels seines *Anti-Candide* verwickelte Möser den titelgebenden Helden in einen geistreich angeregten Wortwechsel mit einem Pfarrer. Dieser weise Mann erklärte dem Gegenüber, es sei schlichtweg vernünftig, sich das Leben „so erträglich als möglich zu machen", was etwa im Fall einer trauernden Witwe durch den beruhigenden Gedanken erleichtert werde, „daß ihr Mann in eine ewige Freude versetzt und nun vieles Jammers überhoben wäre".[569]

Ob denn also, fuhr der skeptische Candide ihm dazwischen, dieser entlastende Hoffnungsgrund nichts weiter als „eine tröstliche Erfindung"[570] darstelle? Die Antwort des Pfarrers erging prompt und subtil: Der Glaube an die Unsterblichkeit des Menschen sei keine haltlos beschwichtigende Erdichtung, sondern eine durchaus vernünftige Theorie, welche die Faktizität der irdischen Lebensbedingungen „zu unserem besten Vorteil erklären"[571] könne. Um diese theologische Gelehrtenweisheit durch pragmatische Lebensklugheit zu verifizieren, ließ Möser

565 AaO 125f.
566 Vgl. aaO 126.
567 Ebd.
568 Vgl. aaO 126–129.
569 AaO 135.
570 Ebd.
571 Ebd.

am Ende einen Bauern hinzutreten, der den Pfarrer mit einem Beispiel aus seiner eigenen, erdnahen Erfahrungswelt unterstützte: Ihm dünke es, ergänzte der Landmann, allemal ratsam, „den Kuchen aus der Asche [zu] essen, weil er nun einmal darein gefallen ist; welches meiner Meinung nach besser ist, als sich dabei niederzusetzen und zu verhungern".[572] Dergestalt blieb die Frage nach dem Realitätsstatus der Unsterblichkeitshoffnung letztlich in hintergründiger Schwebe, und der von Möser stets bevorzugte Nützlichkeitsaspekt erwies sich, ohne direkt benannt zu werden, einmal mehr als der zentrale Stützpfeiler einer optimistischen, religiös grundierten Lebenszuversicht.

Auch außerhalb dieser gegen Voltaire bezogenen Frontstellung artikulierte sich Möser bisweilen im selben Sinn. Und es scheint, als habe er dabei den hypothetischen Charakter eines Glaubens an die Unsterblichkeit der Seele zwar nicht ausgeblendet, aber doch sichtlich relativiert. Jedenfalls zeigte er sich davon überzeugt, dass dem Menschen als dem einzigen Lebewesen, das sich der eigenen Endlichkeit bewusst ist, von Gott, der diese Besonderheit seiner Schöpfung hervorgebracht hatte, auch das Stärkungsmittel der Ewigkeitshoffnung zugedacht worden sei[573]: „So schenkte der Schöpfer dem Menschen, da er ihm das: ‚Du mußt sterben' nicht verhehlen konnte, die Hoffnung eines künftigen Lebens".[574] Es spricht für die gerade auch in den letzten religiösen Fragen bewiesene intellektuelle Redlichkeit Mösers, dass er selbst in seinen privaten Notizen einen eschatologischen Rationalitätsvorbehalt aufrecht erhielt. Dazu

---

572 Ebd.

573 „Die Furcht vor dem Tode macht allein das Sterben schwer, und der allgütige Schöpfer hat um deswillen dem Menschen, dem einzigen Tiere, dem es nicht verborgen bleiben konnte, daß er einmal gewiß sterben müßte, die Hoffnung zu einem andern und bessern Leben eingeflößet, um ihm bei dieser unglücklichen Wissenschaft ein Stärkungsmittel entgegenzusetzen" (J. Möser, Kindesaussetzung in Peking, o.J. [SW X, 59–61], 60).

574 J. Möser, Zu Aufklärung, o.J. (SW IX, 229f), 230.

stellte die Bemerkung, „die Aussicht in eine bessere Ewigkeit“[575] vermöge die Traurigkeit, welche die letzten Erdentage eines Sterbenden überschatte, merklich zu lindern, keinen Widerspruch dar. Und doch schien ihm das Eingeständnis der Unzulänglichkeit, die der Erkenntniskraft der Vernunft in dieser Hinsicht zukommt, mit einer rational begründeten Auferstehungshoffnung letztlich kompatibel zu sein:

„Um die Unsterblichkeit selbst mag es sein, wie es will, aber die Hoffnung eines ewigen Lebens ist zu unser Glückseligkeit notwendig, und daß diese in den Plan des Schöpfers gehört habe, geht aus der Leichtigkeit selbst hervor, womit wir Menschen uns mit einem ewigen Leben schmeicheln?“[576]

Das grammatisch unsinnige Fragezeichen, mit dem Möser diesen Aussagesatz abschloss, mag als eine religiöse Respektsbezeugung gegenüber dem, was die Grenzen der menschlichen Vernunft übersteigt, zu verstehen sein. Im Übrigen sticht bei der von Möser artikulierten Ewigkeits- oder Unsterblichkeitshoffnung, die nicht auf garantierte Sicherheit, sondern auf zuversichtliche Glaubensgewissheit gegründet war, unmittelbar ins Auge, dass er dabei weder von biblischen noch von irgendwelchen katechetisch-konfessorischen Legitimationsbezügen Gebrauch machte.

Bettet man diese frömmigkeitstheologischen Erörterungen in die diskrete Bezeugung der Ewigkeitshoffnung ein, die Möser unter der unmittelbaren Leidenserfahrung, die ihm aus dem Sterben seines Vaters, seines Sohnes und seiner Ehefrau erwachsen war, kundtat und die sich auch mit dem Entwurf seiner eigenen Grabinschrift andeutend zu erkennen gab,[577] so dürfte sich das, was in theoretischer Reflexionsanalyse zu erheben war, in ein geschlossenes, existenziell authentisches Gesamtkonzept zwanglos einfügen lassen.

[575] J. Möser, Unsterblichkeitshoffnung, o.J. (SW IX, 212).
[576] Ebd.
[577] S. o. Abschnitt I.4.

III. Bedeutung

1. Fremdgänger

Eine kirchlich-pastorale oder akademisch-theologische Laufbahn hat Möser niemals erstrebt. Deshalb stellten die zahlreichen Einlassungen, die er zu den dort professionell behandelten Themen notierte, auch nicht die Äußerungen eines Berufstheologen, sondern eines religiös interessierten Juristen, Historikers und Staatsmannes dar. Das mochte ihm, der auf anderen Berufsfeldern beheimatet war, die theologische Fachkompetenz einschränken, verlieh den Zwischenrufen des disziplinären Fremdgängers aber auch, nicht zuletzt wegen dessen institutioneller Ungebundenheit, durchweg besonderen Reiz.

Insofern würde man Möser erhebliches, hermeneutisch verstocktes Unrecht antun, wollte man seine religionsbezogenen Äußerungen an dem Plenarbestand des kirchlichen *Credo* bemessen und darum etwa das Fehlen christologischer, pneumatologischer oder soteriologischer Reflexionen als einen substantiellen Defizitärbefund ausweisen. Denn worauf er eigentlich abzielte, war nicht der Entwurf einer vollständigen Laiendogmatik, sondern lediglich das aus juristischem und staatsmännischem Blickwinkel erstellte Konzept einer funktionalen Religionstheorie.

Möser selbst wurde nicht müde, sich seinerseits als einen engagierten theologischen Dilettanten auszuweisen. Am Ende seiner schwungvoll engagierten, gegen Voltaire gerichteten Rehabilitierung Martin Luthers[1] bat er den französischen Religionsspötter zu bedenken, „daß ich weder ein Franzose noch ein

[1] Vgl. J. Möser, Sendschreiben an Herrn von Voltaire über den

Gottesgelehrter bin"; die „hitzigen Streitigkeiten jener dunklen Zeit", fügte er hinzu, seien ihm „nicht weiter bekannt [...], als insofern ein jeder *ehrlicher Mann* den Grund seiner Religion kennen muß".[2] Und nachdem er dem von Jean-Jacques Rousseau gemalten Bild einer durch natürliche Religion befriedeten Gesellschaftsidylle zu Savoyen begründeten, klaren Widerspruch entgegengesetzt hatte,[3] rechtfertigte er seinen Verzicht auf eine umfassende Apologie der christlichen Religion mit dem Hinweis, er sei „kein Theologe, sondern ein Rechtsgelehrter", und habe „seine Betrachtungen bloß so entworfen, wie ich glaube, daß sie ein unparteiischer Mann, der von unsrer Religion nur etwas versteht, entwerfen könnte".[4] Auch andernorts betonte Möser vielfach, er rede lediglich „als ein frommer Laie",[5] als „ein Philosoph" und „ein Christ".[6]

Charakter Dr. Martin Luthers und über seine Reformation, 1750 (SW II, 405–416). – S.o. Abschnitt II.3.b.

[2] AaO 416; Hervorhebung von mir. – Möser konnte nicht ahnen, dass der Aufklärungstheologe Johann Joachim Spalding etliche Jahre später erwägen sollte, als Fortsetzung seines erfolgreichen, vielfach neu aufgelegten literarischen Erstlingswerks *Die Bestimmung des Menschen* ([1]1748–[11]1794) ein freilich niemals realisiertes Buch über *Das Christenthum eines ehrlichen Mannes* zu schreiben, in welchem er die Übereinstimmung der „eigenthümlichen Lehren des Christenthums [...] mit den Absichten der natürlichen Religion und der Bestimmung des Menschen" zu zeigen gedachte (J.C. LAVATER, Reisetagebücher, hg. von H. WEIGELT. Teil 1: Tagebuch von der Studien- und Bildungsreise nach Deutschland 1763 und 1764 [TGP VIII.3], 1997, 491).

[3] Vgl. J. MÖSER, Schreiben an den Herrn Vicar in Savoyen, abzugeben bei dem Herrn Johann Jacob Rousseau, 1764 (SW III, 15–33). – S.o. Abschnitt II.2.a.

[4] AaO 32.

[5] J. MÖSER, Schreiben an den P.J.K. in W..., den ersten Schritt zur künftigen Vereinigung der Evangelischen und Katholischen Kirche betreffend von dem Verfasser der Patriotischen Phantasien, 1780, [2]1786 (SW III, 55–63), 55. – S.o. Abschnitt II.3.c.

[6] J. MÖSER, Schreiben an Herrn Aaron Mendez da Costa, Oberrabbiner zu Utrecht, über den leichten Übergang von der pharisäi-

In solchen Zusammenhängen bezeugte er glaubhaften Respekt vor den Berufstheologen seines Vertrauens,[7] mied darum auch jede dogmatische Erörterung und maßte sich eigene theologische Urteile kaum einmal an. Der damit bezeichnete Vorbehalt manifestierte sich zudem in der grammatischen Gestalt von Fragesätzen, Selbstrelativierungen und Vorsichtsformeln wie „so meine ich",[8] in die Möser seine religionsbezogenen Darlegungen einzukleiden beliebte. Dergestalt hat er sich ohne jeden fachtheologischen Kompetenzanspruch mit dem seiner eigenen Profession zukommenden Blickwinkel beschieden; er votiere, hieß es einmal, „mit redlicher Absicht und mit Ehrfurcht für die theologischen Gründe, welche außer meiner Sphäre liegen […] – ohne den Vorwurf zu verdienen, daß ich mit der Religion scherze".[9] In diesem Sinn konnte er das Christentum als die für ein Staatswesen denkbar beste Religion würdigen[10] und zugleich etwa die Frage, wo ein Kirchhof sich anzulegen empfehle, ohne jede religiöse oder theologische Bezugnahme erörtern.[11] Man wird kaum fehlgehen, selbst noch den

schen Sekte zur christlichen Religion, 1773 (SW III, 34–42), 42. – S.o. Abschnitt II.1.b.

[7] „Es […] bleibt fast kein ander Mittel übrig, als dem Ausspruch solcher Männer zu folgen, welche Einsicht, Gelehrsamkeit und Unpartheylichkeit genug haben, um meinen Beyfall und mein Vertrauen zu verdienen" (Möser an Hans Werner von Hammerstein-Equord, 16.9.1763 [BW 293–297], 295).

[8] Friedrich Nicolai stellte in seiner 1797 erschienenen Biographie die Erwägung an, ob sich ein Zusammenhang zwischen Mösers Scheu vor definitiven Urteilen und seiner Berufswahl herstellen lasse: „Es ist ein merkwürdiger Zug an Mösern, daß er von Jugend auf eine Abneigung fühlte ein richterliches Amt zu übernehmen – vielleicht, weil er nicht gern entschied" (F. NICOLAI, Leben Justus Mösers, 1797, Nachdruck 1995, 32).

[9] J. MÖSER, Das Cölibat der Geistlichkeit, von seiner politischen Seite betrachtet, 1783 (SW III, 95–104), 104.

[10] Vgl. etwa MÖSER, Schreiben an den Herrn Vicar (s. Anm. 3), 32.

[11] Vgl. J. MÖSER, Vorschlag, wie die Kirchhöfe aus der Stadt zu bringen, 1779 (SW VII, 147–151).

Wechsel von hypothetischem Gottespostulat zu assertorischer Gottesgewissheit, der bei Möser etliche Male begegnet,[12] als einen Niederschlag der Scheu vor einer offenen, direkten Glaubensbekundung zu deuten.

Diese konsequente Selbstbescheidung gewährte ihm die unbeschränkte Freiheit des eigenen Urteils. Darin war er der Verpflichtung enthoben, den normativen kirchlichen Texten unbedingte Loyalität zu erweisen oder eine umfassende diskursive Kontextualisierung der von ihm berührten theologischen Themen zu leisten. Dass Möser, mehr als mancher Gelehrte der damaligen Zeit, über eine grundsolide Bibelkenntnis verfügte, steht außer Zweifel. Jedoch mag es gerade ein Ausweis seiner argumentationsstrategischen Unabhängigkeit zu würdigen sein, dass er niemals einen legitimatorischen Rückgriff auf Texte der Heiligen Schrift oder autoritative Glaubens- und Bekenntnisfixierungen der eigenen konfessionskirchlichen Tradition unternahm. Vielmehr war alles, was Möser in religiöser Hinsicht zum Besten gab, auf die eigene Klugheit und Umsicht, seinen laientheologischen Scharfsinn und Realismus und insbesondere seine lebensweltliche Erfahrung gestützt. Zumal an dem Letzteren, klagte er gegenüber Wilhelm von Edelsheim, gebreche es den bestallten Gottesgelehrten, die sich zumeist in ihrem Standesdünkel verschanzten und dabei nichts als nutzlosen Hader erzeugten:

„Wie glücklich würde es für die Religion seyn, wenn einmahl die Theologen keinen besondern Stand mehr ausmachten! Nur Gelehrte

---

[12] Ein repräsentatives Beispiel, in dem der unmittelbare Übergang von einer religionskritischen Projektionstheorie zur eigenen Gebetshaltung besonders deutlich hervortritt, bietet die folgende Sequenz: „Der Mensch will einen Gott haben, in seinen Leiden wie in seinen Freuden. Dank dem allmächtigen, allweisen und allgütigen Wesen, was für eine Quelle von Wollust; und was für eine Quelle von Trost im Unglück, hoffen zu können, daß die göttliche Vorsicht alles zum Besten geordnet habe“ (J. Möser, Le François veut un maître, o.J. [SW IX, 208f], 208).

von Profession haben sich über die Verschiedenheit ihrer Theorien gezankt und verfolgt".[13]

Selbst wenn sich Möser ausnahmsweise in einen substantiellen kontroverstheologischen Problembereich einmischte, zog er sich dabei ausdrücklich in seinen religiösen Laienstatus oder die Schar „verständige[r] und billige[r] Männer"[14] zurück.

Die theologische Außenperspektive, die Möser grundsätzlich einnahm, gewährte ihm den eminenten Vorzug, sich nicht in die fachspezifischen Kommunikationsverläufe einbinden zu müssen, sondern in ungehinderter Selbstständigkeit originelle Sichtweisen eröffnen, pragmatische Realitätsvermittlung leisten, innovative Einsichten und Handlungsoptionen freisetzen zu können. Dergestalt hat Möser fast durchweg ins Zentrum seiner religionsbezogenen Überlegungen gerückt, was im theologischen Expertendisput allzu oft vergessen oder vernachlässigt wurde: die faktische soziale und gesellschaftliche Funktionalität christlicher Religionspraxis. Mochte er von einem verbindlichen Wahrheitserweis der christlichen Offenbarungsreligion auch abstehen, so zeigte er sich von der Unentbehrlichkeit, die ihr für das Gemeinwesen zukam, doch unerschütterlich überzeugt. Und mochte er die Belastbarkeit seiner eigenen religiösen Erfahrung gelegentlich auch relativieren, so schien ihm die empirische Vergewisserung religiöser Daseinsdeutungen einer bloß spekulativen Theoriebildung doch allemal überlegen zu sein. Was darüber hinaus noch hinzukam, war die ersichtliche Lust am intellektuellen Duell, die er zumal im Wortgefecht mit Voltaire, Rousseau oder Moses Mendelssohn zu stilistisch und geistig glänzendem Ausdruck brachte.

Während Möser den von einer Offenbarungsreligion notorisch erhobenen Absolutheitsanspruch als unbedingt funktional geboten ansah, hielt er sich selbst von der Konstruktion oder

---

13 Möser an Wilhelm von Edelsheim, 28.9.1786 (BW 676–678), 677.

14 J. Möser, Schreiben an den P.J. K [...] (s. Anm. 5). Nachschrift, 1786 (SW III, 62f), 62.

Verteidigung eines derartigen Exklusivitätspostulats durchweg fern. Denn gerade dadurch, dass er für sich die totalitären Wahrheitsforderungen des Christentums suspendierte und die eigene Glaubensüberzeugung in kaum durchdringlichem Dunkel verborgen hielt, meinte er die real aufweisbare Nützlichkeit der christlichen Religion umso einleuchtender freilegen zu können. Dass dabei Religion und Moralität, auch wenn sie sich aus unterschiedlichen Quellen speisten, als die zentralen Stützpfeiler einer lebensdienlichen Gesellschaftsordnung oft Hand in Hand gingen, entsprach einer Grundüberzeugung der zeitgleich aufblühenden protestantischen Aufklärungstheologie. Überhaupt stand Möser in seiner laienhaft, aber engagiert vertretenen Religionstheologie den Intentionen und Konzepten der religiösen Aufklärer um Vieles näher, als seine ausdrücklichen Bekundungen im ersten Augenschein würden vermuten lassen. In dieser Hinsicht mag man bedauern, dass Mösers intensiver brieflicher Austausch mit dem im Herzogtum Braunschweig-Wolfenbüttel wirkenden Abt Johann Friedrich Wilhelm Jerusalem, der fraglos unter die führenden Repräsentanten der Neologie zu rechnen ist, nur sporadisch erhalten blieb und die Gespräche, die zwischen den beiden auch verwandtschaftlich verbundenen Freunden geführt wurden, der Mit- und Nachwelt, wie es scheint, gänzlich verborgen blieben.

Einen in sich systematisch geschlossenen religionstheoretischen Gesamtentwurf hat Möser selbstverständlich weder vorgelegt noch intendiert. Insofern müsste es als ein Ausdruck sachwidriger Vermessenheit gelten, aus den über sein vielgestaltiges Schriften- und Briefwerk verstreuten Äußerungen und Anspielungen, die oben in historisch kontrollierter Sachordnung vorgeführt wurden, eine immanente Systembildung rekonstruieren zu wollen. Jedoch ließ sich für Möser das Profil einer funktionalen Religionstheorie, deren analogielose Originalität und bodenständige Weitsicht aus dem Konzert der einschlägigen aufklärerischen Reflexionsarbeit unüberhörbar hervorklingt, zumindest andeutend profilieren.

Indessen erschöpften sich Mösers einschlägige Äußerungen darin noch keineswegs, wiesen vielmehr einen beträchtlichen, nicht minder instruktiven Überschuss auf. Die subtile psychologische Entlarvung bigotter Deformationen, die er vornahm, aber auch die Aufrichtigkeit und Sachtreue, die er in der pastoralen Berufsausübung und religiösen Praxis seines Umfeldes nicht nur vielfältig aufwies, sondern entschieden zu stabilisieren suchte, wie überhaupt das bei ihm fast durchweg aufscheinende religiöse Humanitätspotenzial geben dafür nur drei von sehr vielen möglichen Beispielen ab. Ein Ausgriff auf Möser dürfte der religiösen Kartographie seiner Zeit einen nicht zu unterschätzenden Zugewinn an Vielfalt, Buntheit und Tiefenschärfe verleihen.

Insofern mag abermals unterstrichen sein, dass theologische Grenzgänger wie Georg Christoph Lichtenberg,[15] Gotthold Ephraim Lessing,[16] Wilhelm Heinrich Wackenroder,[17] Johann Wolfgang von Goethe,[18] Friedrich Nietzsche[19] oder Möser über die wissenschaftliche Theologieproduktion und kirchliche Religionspflege hinaus etliche unkonventionell anregende Reflexions- und Korrekturschübe freisetzen konnten. Versteht man Kirchengeschichte als „die Geschichte der Inanspruchnahme

---

[15] Vgl. A. Beutel, Lichtenberg und die Religion. Aspekte einer vielschichtigen Konstellation (BHTh 93), 1996.

[16] Vgl. A. Beutel, Gotthold Ephraim Lessing und die Theologie der Aufklärung (in: Ders., Spurensicherung. Studien zur Identitätsgeschichte des Protestantismus, 2013, 147–164).

[17] Vgl. A. Beutel, Kunst als Manifestation des Unendlichen. Wackenroders „Herzensergießungen eines kunstliebenden Klosterbruders" (1796/97) (in: Ders., Reflektierte Religion. Beiträge zur Geschichte des Protestantismus, 2007, 299–326).

[18] Vgl. A. Beutel, Der junge Goethe als Zaungast der Neologie. Theologiegeschichtliche Bemerkungen zum *Pastorbrief* von 1773 (ZThK 116, 2019, 290–321).

[19] Vgl. A. Beutel, „Der unmögliche Mönch". Das Lutherbild Friedrich Nietzsches (in: Ders., Spurensicherung [s. Anm. 16], 203–225).

des Christlichen",[20] so stellen die Impulse und Wirkungen solcher Repräsentanten einen ebenso konstitutiven Teil der christlichen Historie dar wie die von den Heroen der binnentheologischen Tradition hervorgebrachten oder ausgelösten Entwürfe, Maßnahmen und Rezeptionen.

2. Aufklärung

Die staatspolitische Fokussierung Mösers könnte verständlich machen, weshalb er im Interesse einer Stabilisierung oder Restituierung der überkommenen Ständeordnung eine unbeschränkte Glaubens- und Gewissensfreiheit nicht zu gestatten vermochte. Denn unbeschadet der von ihm eingeräumten privatreligiösen Autonomie[21] maß er den verfassten christlichen Kirchen, wie gezeigt, eine unersetzliche ordnungsstrategische Bedeutung zu, deren gesellschaftsstabilisierende Funktion er weder von einer atheistischen noch von einer deistischen Weltanschauung gewährleistet sah.[22] Diese Auffassung trug bereits zu ihrer Zeit deutliche konservative Züge und sollte vom Lauf der Geschichte alsbald überholt werden. Gleichwohl wies sie im Kontext des späteren 18. Jahrhunderts insofern auch innovative Züge auf, als es Möser damit gelungen war, die Notwendigkeit einer ekklesiologisch-institutionellen Verbindlichkeit christlicher Religion darzustellen oder auch einzuklagen, während gerade in dieser Hinsicht, nämlich in der Entwicklung einer pragmatisch-funktionalen Kirchentheorie, die aufklärungstheologischen Entwürfe frappierende Leerstellen aufwiesen und nicht zuletzt deshalb in ihrem Versuch einer realitäts-

---

[20] Vgl. A. Beutel, Vom Nutzen und Nachteil der Kirchengeschichte. Begriff und Funktion einer theologischen Kerndisziplin (in: Ders., Protestantische Konkretionen. Studien zur Kirchengeschichte, 1998, 1–27), 5 u. passim.

[21] S.o. Abschnitt II.2.b.aa.

[22] Vgl. J. Möser, Über Toleranz, o.J. (SW III, 183f).

konformen Erneuerung der institutionalisierten christlichen Lebenswelt letztlich gescheitert sein dürften.[23]

Der in Mösers Denken hervortretende konservative Grundzug war durch die praktischen Erfordernisse seiner realpolitischen Gestaltungsaufgaben genährt. Er prägte auch sein Verständnis von *Aufklärung*, dem durchaus ein gewisser elitärer Zug innewohnt. Möser ging dabei von der Voraussetzung aus, das Unendliche lasse sich weder metaphysisch noch religionstheologisch ergründen. Seine Auskunft, der Mensch gelange diesbezüglich, selbst wenn die Aufklärung „jetzt so manchen ehrwürdigen Vorhang aufzieht",[24] über „Täuschungen"[25] niemals hinaus,[26] könnte zynisch anmuten, erweist sich jedoch, näher besehen, als die pragmatisch-handfeste Variante der von Immanuel Kant transzendentalphilosophisch freigelegten Einsicht in die Grenzen rationaler Begreifungskraft.

Dergestalt wusste Möser den Menschen mit sinnlichen Bildern und Vorstellungen ausgestattet, in denen er sich, seinen Bedürfnissen gemäß, die Weltwirklichkeit symbolisch zu erschließen vermöge. Insofern, meinte er, herrsche diachron zwischen Vorfahren und Zeitgenossen,[27] aber auch synchron zwischen Landmann und Philosoph keine prinzipielle, sondern nur eine graduelle Differenz:

„Ein bißgen Dunkelheit [...] läßt dasjenige, was sie verbirgt, oft schöner vermuten, als es ist, und heiliget nicht selten eine ganz natürliche

---

23 Vgl. A. Beutel, Kirchengeschichte im Zeitalter der Aufklärung. Ein Kompendium (UTB 3180), ²2009, 223–239.

24 J. Möser, Wer die Kunst verstand, verriet den Meister nicht, o.J. (SW X, 203f).

25 J. Möser, Verschiedenes Maß der Aufklärung, o.J. (SW IX, 224f), 224.

26 „In der Erkenntnis von Gott wird und muß es immer Hypothesen geben, die nach dem Grade unsrer Empfänglichkeit bald große und bald kleine, bald feine und bald grobe sind. Wir haben Hypothesen in der Götterlehre, aber die Hypothesen der Aufklärer verfeinern sich" (J. Möser, Zu Aufklärung, o.J. [SW IX, 229f], 230).

27 S. u. Anm. 41.

Begebenheit zu einem dem Forschungsgeiste allezeit willkommenen Geheimnisse. Die Seele hebt sich zu dem großen Gedanken, daß bei Gott kein Ding unmöglich sei, und hält das Übernatürlichste für das Höchste; anstatt daß ein volles Liecht alle die süßen Täuschungen hebt, womit der größere Teil der Menschen sich vergnügt und bloß der scharfsinnige Philosophe an jene Grenzen führt, wo er sich auf seine Weise mit andern Täuschungen ergötzen kann; denn das Unendliche ergründet doch niemand; genug, daß sich jeder nach seiner Weise vergnügt und befriedigt".[28]

Damit einhergehend postulierte Möser ein „verschiedenes Maß der Aufklärung",[29] dessen voller Umfang allein der Regentschaft zustehe, während es für Bürger und Bauern nur zurückhaltend zu dosieren sei. Solches Misstrauen gegenüber einer damals breit betriebenen „Volksaufklärung"[30] entsprang der bereits 1746 notierten Erfahrung, dass ein Übermaß an Aufklärung die meisten Menschen skeptisch,[31] verbittert und unglücklich werden lasse:

„Große Erkenntnis machet große Zweifel. [...] Die Erfahrung muß es bestätigen, daß diejenigen Personen am vergnügtesten in der Welt leben, welcher nur einen mittelmäßigen Verstand besitzen".[32]

Außerdem sah Möser in der Annahme, man könne „allen Menschen und Menschenarten gleiche Empfänglichkeit für Vernunftsgründe zutrauen",[33] lediglich wirklichkeitsblinde Naivi-

---

[28] Möser, Verschiedenes Maß (s. Anm. 25), 224.

[29] Ebd.

[30] Vgl. Beutel, Kirchengeschichte (s. Anm. 23), 146–151.

[31] „Die Aufgeklärten sind es, die uns [!] Ungelehrten die Zweifel vermehren" (Möser, Zu Aufklärung [s. Anm. 26], 230).

[32] SW I, 83. – Vgl. dazu eingehend H. Böning, Justus Möser. Anwalt der praktischen Vernunft. Der Aufklärer, Publizist und Intelligenzblattherausgeber [...] (Presse und Geschichte – Neue Beiträge 110), 2017, 115–154.

[33] J. Möser, Keine gleiche Empfänglichkeit für Vernunftsgründe, o.J. (SW X, 208f), 209.

tät am Werk.[34] Zumal auf den Landschulen,[35] forderte er, solle den Bauernkindern nicht theoretischer Unterricht geboten, sondern die Befähigung zu erfahrungsgeleitetem praktischen Handeln vermittelt werden, wobei auch die von der aufklärerischen Reformpädagogik empfohlene Orientierung am gesunden Menschenverstand nicht über die Frage hinweghelfe, „wie es den Kindern gehen möchte, wenn sie hernach im gemeinen Leben so viel dem gesunden Verstande zuwider laufendes finden würden".[36] Das Letztgenannte ist nicht aus Mösers eigenen Texten, sondern aus dem wohl glaubhaften Bericht seines ersten Biographen Friedrich Nicolai bezogen, der sich dabei seinerseits nicht der dezent kritischen Bemerkung enthalten konnte, es möge „hierüber [...] freylich dem Menschenfreunde überhaupt wohl ein Seufzer entfahren".[37]

Überdies sah sich Möser zu der nicht nur die Bauernschaft, sondern alle erwerbstätigen Menschen angehenden Befürch-

---

[34] „Da alle Menschen nicht auf gleiche Weise aufgekläret werden können und das Maß auch nicht bestimmt ist, was einem jeden davon nach Standesgebühr gehört: so ist es so ganz unrecht nicht, bei deren Ausbreitung sich ein wenig nach den Köpfen der Unterredner und dem Hausumstande zu richten" (MÖSER, Verschiedenes Maß [s. Anm. 25], 224).

[35] Um die den beiden Konfessionen im Osnabrücker Schulwesen herkömmlich zustehenden Besitztümer aufzuweichen, plädierte Möser für eine Orientierung an den aktuell bestehenden konfessionellen Verhältnissen (vgl. etwa Mösers 1777 verfasste Denkschrift „Von der Beschaffenheit und dem Rechte der Privat-Schulen im Hochstifte Osnabrück [...]" [Niedersächsisches Staatsarchiv Osnabrück, Rep 100 Abschn. 355 Nr. 20, Blatt 2–31]) und trat mit seiner „Formel wegen der Nebenschulen" (Niedersächsisches Staatsarchiv Osnabrück, Rep 110 II Nr. 634, Blatt 130–133; vgl. auch Mösers „Gedanken eines Privati [...] [aaO Rep 100 Abschn. 340b Nr. 28, Blatt 56–69]) unterschwellig für eine Trennung von Schule und Kirche ein (vgl. K. H. L. WELKER, Rechtsgeschichte als Rechtspolitik. Justus Möser als Jurist und Staatsmann [Osnabrücker Geschichtsquellen und Forschungen 38], 1996, 880–891).

[36] NICOLAI, Leben Justus Mösers (s. Anm. 8), 67.

[37] Ebd.

tung veranlasst, eine unachtsam breit gestreute Aufklärung halte am Ende doch nur von der notwendigen Berufs- und Hausarbeit ab.[38] Dieses elitäre Aufklärungskonzept hat Möser bisweilen in das sarkastische Bild gefasst, Aberglaube und Intoleranz seien die beiden Hörner der menschlichen Ochsen, an denen das Staatsvolk gefasst und gelenkt werden könne.[39] Dabei, meinte er, solle man es getrost belassen, „nur muß man dafür sorgen, daß die Ochsentreiber ihre Hörner ablegen. [...] Wenn die Aufklärung unsrer Zeiten es auch nur so weit bringt, daß die Regenten tolerant werden, so mag der Pöbel und, was dazu gehört, immer stößig bleiben".[40]

Zugleich geißelte Möser die Selbstüberschätzung derer, die sich, als seien sie allen voraufgehenden Zeiten epochal überlegen, vollmundig für aufgeklärt auswiesen,[41] und machte von dem „Lob unsres philosophischen Jahrhunderts"[42] allenfalls ironisch Gebrauch. Insbesondere schien ihm dabei die bunte Vielfalt der Weltwirklichkeit sträflich nivelliert zu werden,[43]

---

[38] „Ist es Pflicht, so lange zu forschen, bis man nicht weiter kommen kann? oder kann ich auch auf halbem Wege liegen bleiben und mich mit Glauben beruhigen, um über das Forschen meine andern Geschäfte nicht zu versäumen?" (MÖSER, Verschiedenes Maß [s. Anm. 25], 225).

[39] Vgl. J. MÖSER, Toleranz und Intoleranz, um 1782 (SW VII, 157).

[40] Ebd.

[41] „Meine Behauptung gieng [...] dahin, daß man unsre Vorfahren, um deswillen, daß sie die Klötzgen gebraucht, nicht gleich für finstre Dummköpfe schelten und uns mit unsrer Aufklärung nicht so gar groß düncken sollte" (J. MÖSER, Aberglaube und Wunder, o.J. [SW IX, 227–229], 228). – Zu den „Klötzgen" s. o. Abschnitt II.4.b.

[42] J. MÖSER, Amerika und die Gleichheit aller Menschen, o.J. (SW IX, 377f), 377.

[43] „Die Aufklärung ebnet alles und raubt der Natur ihre Mannigfaltigkeit. Der praktisch geleitete Mensch zeigt mehrere Mannigfaltigkeit" (J. MÖSER, Leitsätze zur Erziehung, o.J. [SW X, 288f], 289). – In Anspielung auf das astronomische Zentralsymbol der Aufklärung notierte Möser, es sei zu beobachten, „daß in den Ländern, worin die Vernunft am mehrsten aufgeräumet hat und worin die Sonne alles bescheinet, das Land auch weit mehr ausgedörret werde als hier, wo noch

und ein Zugewinn an praktischer Religiosität lasse sich davon erst recht nicht erwarten, was er etwa in der folgenden hübschen Bemerkung zum Ausdruck brachte:

„Ich habe lange darauf geachtet, ob die sorgfältig erzognen und aufgeklärten Menschen frommer wären als die von der vorigen Saison; aber ich habe es nicht gefunden. Unter den aufgeklärten war natürlich die mehrste Rechthaberei“.[44]

Mit der Popularisierung aufklärerischer Ideen und Postulate, hielt Möser andernorts fest, verbinde sich ein konkret nachweisbarer Schwund an christlicher Nächstenliebe.[45] Erst recht aber bleibe das offensichtlich reformresistente Justiz- und Strafrechtswesen dramatisch weit hinter den Idealen der scheinbar so „erleuchteten Zeiten“[46] zurück. Denn während es allemal besser wäre, „die Diebe zu ehrlichen Leuten zu machen, [...] als sie zu hängen“,[47] betreibe man faktisch eine religiös verbrämte, dem Geist wahrer Aufklärung Hohn sprechende Verschärfung der peinlichen Strafen,[48] und die aktuelle

---

vieles hinter dem Busche liegt“ (J. Möser, Die Ursachen der häufigen Konvokationen, 1770 [SW VIII, 231–234], 234).

[44] Möser, Zu Aufklärung (s. Anm. 26), 229.

[45] „Die christliche Religion verpflichtet keinen mehr, sich armer Anverwandten anzunehmen. Man schickt sie lieber auf die Landeskasse. Das ist die Einrichtung unser erleuchteten Zeiten“ (J. Möser, Von der Armenpolizei unser Vorfahren, 1769 [SW IV, 73–76], 76).

[46] Ebd.

[47] Möser an Christoph Ludwig Hoffmann, Anfang 1777 (BW 527–529), 528.

[48] „In den ältesten Zeiten und bei allen Völkern ist das Blenden eine sehr gewöhnliche Strafe gewesen, sie vertrat die Stelle der Lebensstrafe [...]. Jetzt haben wir solche verlassen, weil wir glauben, man könne das Ebenbild Gottes wohl an den Galgen hangen, aber nicht seiner Augen berauben“ (J. Möser, Etwas zur Verbesserung der Zuchthäuser, 1778 [SW VII, 121–126], 124). – „Ich [kann] mich der Fragen nicht enthalten, warum wir bei der besten Religion, bei der vortrefflichsten Sittenlehre und bei so vieler Aufklärung unsre Ruhe und Sicherheit durch Galgen und Rad suchen müssen?“ (J. Möser, Leibes- und Lebensstrafen, o.J. [SW X, 24]).

Rechtsordnung hinke den philanthropischen Parolen der Zeit hoffnungslos hinterher. Diesbezüglich verwies Möser auf das noch immer geltende

„Recht, einer armen Witwen den halben Nachlaß ihres Mannes und zehn unmündigen und verwaisten Kindern die ganze elterliche Erbschaft zu nehmen", und fragte: „Hat der Ruhm unser aufgeklärten Zeiten, hat die Menschenliebe, wovon so vieles gesprochen wird, hat endlich die Religion, welche die Niedrigen erhebt und die Hohen demütiget, diesem grausamen, diesem traurigen Rechte noch keine Schranken gesetzt?"[49]

Dies alles mag in der Frage, ob Möser in distinktem Sinn als ein genuiner Vertreter der Aufklärung gedacht werden könne, Zurückhaltung auferlegen. Tatsächlich wurde bei ihm gelegentlich sogar ein „Bruch mit der Aufklärung"[50] konstatiert, während andere, vorab der exzellente Sachkenner Karl H.L. Welker, das exakte Gegenteil stark machten.[51] Um sich in dieser Kontroverse plausibel zu positionieren, sollte nun freilich vorab geklärt werden, wie man seinerseits das Wesen der Aufklärung in gegenständlicher Hinsicht zu bestimmen geneigt ist. Diesbezüglich scheinen die beiden angezeigten Optionen im Bereich einer realitätsfernen, abstrakt-spekulativen Geschichtskonstruktion zu verharren.

Demgegenüber soll zunächst der unbestreitbare Sachverhalt unterstrichen sein, dass Möser ein allseits anerkannter Partizipant des aufklärerischen Kommunikationsverbundes gewesen ist: Er pflegte Austausch und Umgang mit den namhaftesten Protagonisten der literarischen, pädagogischen, politischen,

[49] J. Möser, Sterbfall, o.J. (SW X, 85–88), 85. – Für die darin aufscheinende biblische Anspielung vgl. Lk 2,51; Hi 5,11; Ps 147,6.

[50] K. Epstein, Die Ursprünge des Konservativismus in Deutschland. Der Ausgangspunkt: die Herausforderung durch die Französische Revolution 1770–1806, 1973, 358; vgl. aaO 345–388.

[51] Vgl. Welker (s. Anm. 35), 156–160. 360–364 u. passim; vgl. in diesem Sinne etwa auch H. Kanz (Hg.), Justus Möser als Alltagsphilosoph der deutschen Aufklärung, 1988; Böning (s. Anm. 32).

philosophischen und theologischen Avantgarde der Zeit.[52] Nun war die Aufklärung keineswegs eine positionell eingeschworene Überzeugungsgemeinschaft, der man mit Statutenzeichnung und Mitgliedsausweis hätte beitreten können. Vielmehr repräsentierte sie eine gesamteuropäische Modernisierungsbewegung, die, unbeschadet ihrer erheblichen materialen Divergenzen, doch in der strukturellen Ausrichtung übereinkam, die autoritativen Traditionsbestände einer vor den Instanzen der eigenen Vernunft und Erfahrung exekutierten Kritik auszusetzen, die lebenspraktischen Denk- und Handlungsvollzüge zu rationalisieren und die ihrer Kräfte und Grenzen bewusst gewordene Vernunft als Medium der sozialen, ökonomischen, politischen und nicht zuletzt auch religiösen Rechenschafts- und Gestaltungspflicht zu gebrauchen.

Dergestalt wird man, unbeschadet aller konservativen und vielleicht sogar rückschrittlichen Züge, die sich in Mösers politischem Denken mögen aufweisen lassen, am Ende wohl der Auffassung beipflichten können, dass er als ein authentischer, dabei freilich auch hoch origineller Repräsentant der vielgestaltigen deutschen Aufklärungsbewegung zu würdigen ist. Nicht nur in der allgemeinen Historiographie, sondern auch in der Kirchen- und Theologiegeschichtsschreibung gebührt ihm deshalb ein besonderer Rang.

Wollte man die Quintessenz seiner funktionalen Religionstheorie bündig zusammenfassen, so hätte Möser dies unübertrefflich schon selbst formuliert:

„O sorgen Sie nicht, liebster Freund, die Religion wird immer oben bleiben, wenn sie auch noch so sehr gedrückt wird; der Mensch bedarf ihrer zu sehr, um sie gänzlich zu entbehren; er wird sie immer unter den Ruinen wieder hervorsuchen, wenn es jemals einem Herostratus gelingen sollte, ihren Tempel zu verbrennen. Daß viele der scharfsinnigsten Männer sich gegen sie verbunden haben, irrt mich nicht. Zu

---

[52] Eine rasche Übersicht der einschlägigen Namen bietet das Personenregister der Möser-Briefausgabe (BW 739–752), in dem die direkten Korrespondenzpartner durch Fettdruck hervorgehoben sind.

scharfe Sinne geben unrichtige Empfindungen, und zu scharfes Nachdenken macht schwindeln. Die Religion ist für Menschen von gesundem Verstande".[53]

---

[53] J. MÖSER, Über Toleranz, o.J. (SW III, 183f), 183.

Anhang 1: Religiöse Redensarten in Mösers Schriften und Briefen

Das Register bietet die in Mösers Schriften und Briefen aufscheinenden religiösen Redensarten in erstrebter Vollständigkeit. Sie finden sich in der grammatischen Grundform und alphabetischen Ordnung aufgelistet. Dabei werden die mehr- oder vielfach gebrauchten Wendungen jeweils nur mit einem einzigen Quellennachweis belegt. Für die kompakte Analyse und Interpretation dieser Redensarten s. o. Abschnitt I.4.

aber wenn es Gott doch so versehen hätte? (SW VI, 47)
ach mein Gott! (SW III, 171)
alle Freuden der Schöpfung (SW VI, 55)
alle Jahrhunderte, so seit der Schöpfung vergangen (SW V, 64)
alle Tage, die Gott werden läßt (SW V, 219)
allmächtiger Gott! (SW X, 66)
beim Himmel! (SW X, 141)
bis uns endlich Gott mit Kindern segnete (SW IV, 66)
Dank für die gesegnete Ernte (SW V, 52)
dann genade Gott dem armen Kaufmann (SW VIII, 139)
dann sei Gott dem armen Staate gnädig (SW V, 139)
das hieße ja, im Paradiese verdammt sein! (SW IX, 175)
das ist seit dem Sündenfall nicht erfunden worden (SW V, 68)
das weiß der Himmel (SW VI, 14)
daß Gott erbarme (SW IV, 225)
dem Himmel danken (SW VI, 25)
dem Himmel für diesen Segen danken (SW IX, 44)
dem Himmel sei Dank (SW IX, 27)
dem lieben Gott den Tag stehlen (SW IV, 224)
der Allmacht des Höchsten noch vieles zutrauen (BW 148)
der Augenblick, da einer sich zum Übergang in die Ewigkeit bereitet (SW VII, 95)
der Gott der Liebe (SW IV, 53)
der Himmel behüte mich zu sagen (SW V, 235)
der Himmel erbarme sich (SW IV, 113)

der Himmel gebe (BW 484)
der Himmel ist mein Zeuge (SW V, 205)
der Himmel möge gnädig sein (SW V, 155)
der Himmel möge sich erbarmen (SW VII, 57)
der Himmel raubte ihr ihr Kind (SW VII, 96)
der Himmel segne Sie (BW 548)
der Himmel sei demjenigen gnädig, der (SW IV, 112)
der Himmel soll mich bewahren (SW V, 57)
der Himmel soll mich davor bewahren (SW V, 262)
der Himmel überschütte das neue Jahr mit seinem besten Segen (BW 653)
der Himmel weiß (SW IV, 106)
der liebe Himmel bewahre mich (SW I, 88)
der mächtige Schöpfer (BW 354)
der rauhe Segen: Nun geht in Gottes Namen! (SW V, 298)
der sanfteste Trieb, den Gott dem Menschen gab (SW VII, 82)
der Tag, den ihm der Himmel gibt (SW V, 269)
des Himmels letztes Meisterstück, ich meine das schöne Geschlecht (SW VIII, 151)
des Schöpfers Absichten (SW IV, 215)
die durch Gottes Segen und Stärkung glückliche und, so viel es Christen möglich ist, beruhigte Freundin (BW 244)
die göttliche Fürsehung (SW VI, 148)
die göttliche Vorsehung (SW IV, 145)
die Güte des Schöpfers bewundern (SW VII, 40)
die herannahende Ewigkeit (SW VII, 97)
die Ratschläge der Vorsicht (BW 149)
die unendliche Gütigkeit des Schöpfers (SW I, 144)
die versäumten Posttage summieren sich wie die Sünden (BW 573)
dies ist unser Los, und zwar unser von Gott gezogenes Los (SW VII, 137)
dieses kann ich Ihnen vor Gott bezeugen (SW X, 34)
durch die Hand der Allmacht so gestärkt sein (SW X, 238)
ein Hagelschlag, ein Mißwachs, ein Viehsterben und dergleichen Strafen Gottes (SW VI, 274)
eine Rute, womit der Allmächtige dieses Land züchtiget (SW VII, 247)
eine solche Strafe des Himmels (SW V, 53)
einen förmlichen Seufzer gen Himmel schicken (SW I, 16)
endlich ist es mir, Gott Lob! gelungen (SW IV, 11)
es bleibt nichts übrig, als den Himmel zu bitten (SW VII, 155)
es hat dem Allerhöchsten gefallen (BW 457)

es ist Sünde, die Jahre nicht ein bißgen für die Freundschaft zu nutzen (BW 641)
es sollte mit Gott nichts imstande sein, ihr den Mut zu rauben (SW X, 238)
es war, als wenn die Menschen Siegel und Briefe von Gott hätten (SW V, 53)
etwas von Gottes Segen erwarten (SW VIII, 132)
geliebt es Gott (BW 373)
gerechter Himmel! (SW V, 82)
Geschenk der Gottheit (SW V, 56)
Gott! (SW III, 139)
Gott bessere die Zeiten und gebe uns einen guten Winter (SW IV, 306)
Gott, du weißt (SW V, 57)
Gott erbarme es! (SW V, 159)
Gott erhalte dich mir so wie bisher (SW III, 146)
Gott fordert seinen Vater ab (SW IV, 78)
Gott gebe (SW VI, 198)
Gott gefällig (SW VII, 60)
Gott hat das menschliche Geschlecht gesegnet (SW IV, 15)
Gott hat uns Mittel gegeben, daher können wir es mit Anstand tun (SW IV, 12)
Gott ist mein Zeuge (BW 684)
Gott lasse (SW IV, 178)
Gott Lob! (SW VIII, 171)
Gott lohn es tausendmal! (SW VII, 78)
Gott segne ihn für und für (BW 631)
Gott segne und erhalte dich (SW X, 235)
Gott segnete seinen Fleiß sichtbar (SW IV, 66)
Gott sei Dank (BW 538)
Gott sei ewig Lob und Dank (SW VII, 74)
Gott sei Lob und Dank (SW V, 187)
Gott sei mir gnädig (SW VI, 60)
Gott verzeih mir meine Sünde (SW I, 170)
Gott verzeihe es denen, die an diesem Unwesen schuld sind (SW VIII, 262)
Gott verzeihe es Ihnen (SW VIII, 266f)
Gott weiß was alles (SW IV, 161)
Gott weiß was mehr für Leute (SW V, 137)
Gott wende die Versuchung (SW IV, 278)
Gott, wie hart ist es (SW III, 139)
Gottes Segen im Halme (SW VIII, 335)
Gottlob! (SW V, 251)

hernach, wenn Gott bessere Zeiten gibt (SW VIII, 314)
hiemit Gott befohlen (BW 562)
hiemit Gott befohlen und die Rechnung bezahlt (SW V, 190)
hilf Gott! (SW X, 236)
hilf Gott mit Gnaden (BW 562)
Himmel! (SW IV, 137)
ich bin völlig überzeugt, daß, wem Gott das Amt gibt, dem gibt er auch den Verstand (SW IX, 92)
ich habe den allmächtigen Gott um Stärke gebeten (SW X, 237)
ich kann Gott lob mit leichtem Herzen anzeigen (BW 505)
ich muß dem lieben Himmel danken (BW 542)
ich will den Himmel alle Morgen und alle Abend bitten (SW VI, 54)
in Gottes Namen hingehen (SW VI, 138)
jetzt hat der Himmel oft Mühe (SW IV, 145)
lieber Himmel! (SW VIII, 18)
man darf kaum noch auf ungeschärfte Absolution rechnen (BW 573)
mehr Heu von unsern Wiesen ziehen, als der liebe Gott darauf wachsen läßt (SW IX, 114)
mein Gott! (SW IV, 79)
meine viertausend Taler, die mir von Gott und Rechts wegen zukommen (SW VI, 63)
mit christlicher Geduld ertragen (SW VI, 50)
mit göttlicher Hilfe (SW VIII, 276)
noch ist es Zeit, sich zu bekehren (SW IV, 139)
nun könnt ihr in Gottes Namen reisen (SW VII, 74)
o daß der Himmel mich dies sehn und leben läßt (SW II, 170)
o Himmel! (SW I, 347)
ohne Sünde zu tun, hätte ich dies nicht verschieben dürfen (BW 156)
seinen Nächsten gottlos bestehlen (SW VIII, 134)
sie bauten den ihnen von Gott verliehenen Acker (SW IV, 201)
so Gott will (SW V, 181)
sollte Ihnen Gott ein Unglück zuschicken (SW IV, 116)
Strafen des Himmels (SW V, 40)
um des Himmels willen (SW VII, 15f)
um Gottes willen (SW X, 271)
ums Himmels willen (SW I, 299)
vielleicht hat die göttliche Vorsehung auch hier ihre Weisheit zeigen wollen (SW V, 112)
von der Vorsehung angemessene Fußwerke (SW IV, 186)
was ich als frommer Christ und guter Freund auf dem Herzen und Gewissen habe (BW 413)
weiß Gott (SW X, 294)

wenn auch der Himmel mir solchen Schatz bescheret hätte (SW III, 159)
wenn der liebe Gott sein Ehebette segnet (SW VII, 204)
wenn Gott mir Leben und Gesundheit verleiht (SW XII/1, 44)
wenn Gott mit Unglücksfällen heimsucht (SW VI, 310)
wenn Gott nicht zuwider ist (BW 199)
wenn ihm der Himmel das Leben gegönnt hätte (BW 432)
wenn uns der Himmel noch eine spätere Quelle beschert (SW V, 235)
wie Gott meine alte Mutter zu sich nahm (SW VI, 60)

Anhang 2: Justus Möser: Schreiben einer Dame an ihren Kapellan über den Gebrauch ihrer Zeit (1769)[1]

|232| Mein lieber Herr Kapellan! Ich muß Ihnen einmal einige Gewissensfragen tun. Sie sagen mir immer, ich müßte von jeder Stunde meines Lebens am Ende Rechenschaft geben; und die Stunde dieser Rechenschaft rücke mit jedem Augenblicke näher. Nun wollte ich gern beim Schlusse dieses Jahres, um nicht übereilt zu werden, einen kleinen Anfang mit der Rechnung machen. Ich finde aber dabei einige Schwierigkeiten, worüber ich mir Ihre Erläuterungen ausbitten muß.

Erstlich habe ich auf dem Lande gesehen, daß die Leute bei der schwersten Arbeit nur 5 oder höchstens 6 Stunde schlafen. Ich aber bin des Abends um 11 Uhr zu Bette gegangen und des Morgens um |233| 8 wieder aufgestanden, mithin vier Stunden länger im Bette geblieben. Sollte ich diese auch berechnen müssen, oder werden sie so mit durchlaufen?

Zweitens habe ich in meinen jungen Jahren wohl einige Stunden am Kaffee- und Nachttische zugebracht; jetzt aber, da ich eben keinen Trost mehr vor dem Spiegel finde und meine Dormeuse sehr geschwind aufsetze, bringe ich diese Zeit mit der größten Langeweile zu. Sollte ich dafür nicht billig eine Schadloshaltung fordern können?

Drittens habe ich oft Gott gedankt, daß ich drei Stunde am Tische verweilen könnte, weil mir sonst die Zeit bis zur Assemblee zu lang wurde. Diese Wohltat habe ich mit Dank genossen; und so wird man von mir doch nicht verlangen, daß ich dieserhalb noch lange Rechnung geben solle?

[1] SW IV, 232–235.

Viertens hoffe ich doch, eine Stunde zum Kaffeetrinken werde einem jeden Christenmenschen freigegeben sein?

Fünftens habe ich vor 5 Uhr bis um 8 in diesem Jahre 730 Spiel Karten verbrauchen helfen und solchergestalt arme Fabrikanten unterstützt; könnte ich diese nützliche Anwendung meiner Zeit nicht doppelt anrechnen?

Sechstens habe ich von 8 Uhr bis um 11 zu Abend gegessen und mich einigermaßen zu den Verrichtungen des folgenden Tages vorbereitet; auch wohl, nachdem ich eben aufgeräumet war, ein hübsches Buch zu meiner Ermunterung in die Hand genommen; diese Stunden können also richtig berechnet werden. Wollten Sie mir aber wohl dieserhalb ein Zeugnis geben, womit ich bestehen könnte?

Sagen Sie mir nicht, daß ich die Zeit hätte nützlicher anwenden sollen. Denn dieses ist hiesigen Orts, wo man weder Opern noch Komedien, weder Redouten noch Akademie hält, schier unmöglich. Gesetzt also, ich hätte weniger Zeit im Bette und bei Tische zubringen wollen, was hätte ich in aller Welt anfangen sollen? Reiten habe ich nicht gelernt; die Jagd ist mir zu mühsam; des Spazierens werde ich bald müde; und durch jede Arbeit, die ich verrichtet hätte, würde ein armer Mensch sein Brod verloren haben. Mein gutes Einkommen über|234|hebt mich auch der Arbeit, und je weniger ich selbst tue, je mehr gebe ich fleißigen Armen zu verdienen. Es würde ein sträflicher Geiz sein, wenn ich selbst die Küche versehen oder ein Kammermädgen weniger halten wollte.

Ich habe es einmal versucht und bin mit einem heroischen Vorsatze um 4 Uhr des Morgens aufgestanden; allein, so wahr ich ehrlich bin, ich mußte mich um 6 Uhr wieder niederlegen, bloß um mich von der Langenweile zu erholen. Was für ein entsetzlicher Morgen war dieser! Es fror mich; ich gähnte; mein Kammermädgen grämelte; die Leute murreten; und die ganze Haushaltung geriet in Unordnung. Ich las ein Buch, ohne das Gelesene zu empfinden; ich war geschäftig, ohne was zu beschicken; dabei regnete es, sonst wäre ich wohl hingegangen, um ein bißgen im Holze bei den Nachtigallen zu schaudern. Kurz, den ganzen Tag über war mir nicht wohl; und da tat ich ein Gelübde, niemals ohne die höchste Not vor 8 Uhren aufzustehen.

Ebenso bin ich einmal des Nachmittags zu Hause und allein geblieben. Um 4 Uhr trank ich meinen Kaffee; um 5 Uhr Tee; um 6 Uhr ward ich etwas matt; ich ließ mir meine Tropfen und eine kleine Bouteille Kapwein geben. Ich nahm etwas davon und las; nahm wieder ein bißgen, und was meinen Sie? – Aus war die Bouteille, ehe es achte schlug. Bei Tische des Abends war ich nicht ein bißgen heiter, und alles, was ich mit Mühe herunterbringen konnte, war eine Tasse Schokolade, und nach Tische mußte ich mich gleich zu Bette legen. So übel lief dieser Versuch ab.

Was aber bei dem allen das Beste sein mag, mein Herr Kapellan, so preise ich die Leute glücklich, die alle Tage 16 Stunde mit nützlichen Arbeiten zubringen können; ich beneide sie sogar, wenn dieses etwas zu meiner Entschuldigung helfen kann. Ja, mich dünkt, daß Leute, die im Leben so glücklich sind, alle ihre Stunden nützlich hinbringen zu können, wenn es dermaleinst zur Rechnung kommen sollte, mindern Lohn verdient haben als ich, der es so sauer wird, nur eine Stunde ohne Schlaf, Spiel oder Essen zu nutzen. Ich spreche im Ernst; die Tage gehen mir so langsam und die Jahre so geschwind hin, |235| daß ich ganz verwirret darüber bin. Oft schmäle ich noch mit meiner seligen Mutter im Grabe, daß sie mich nicht mehrern Geschmack an der Haushaltung beigebracht und daß ich in den Jahren, wo die Begierde zu gefallen mich zu keiner ernsthaften Überlegung kommen ließ, mir nicht wenigstens eine kleine gute Faust, womit ich einen Topf vom Feuer nehmen könnte, erworben habe. Allein, da sagte meine liebe Mutter: „Kind, wer will dir die Hand küssen, wenn sie nach der Küche riecht?“ Und um einen kleinen Fuß zu behalten, trippelte ich höchstens einmal auf einer grünen Terrasse herum. Jetzt in meinem Alter kann ich mir nicht einmal abgewöhnen, ohne Handschuh zu schlafen; wie wollte ich mich denn in andern Stücken ändern können?

Sie, Herr Kapellan, haben mir oft gesagt, daß Sie keine Stunde hinbringen könnten, ohne eine Prise Tabak zu nehmen. Ach, nehmen Sie jetzt auch eine und überlegen dabei einmal, wie ich meine Rechnung besser einrichten könne? Zeigen Sie mir einen Plan, der meinen Kräften und meiner Gewohnheit angemessen ist. Einen Plan, wobei ich nicht nötig habe, mein Bette früher zu verlassen oder die Assemblee zu versäumen. Nehmen Sie mich als ein Geschöpfe an, das lahme Füße und Hände und dabei einen Kopf hat, der durch die Länge der Zeit nun einmal so verdorben ist, daß er zu einsamen ernsthaften Betrachtungen gar nicht mehr aufgelegt ist, dem Youngs Nachtgedanken sogleich die heftigste Kopfschmerzen verursachen und der diese Nacht gewiß nicht schlafen wird, da ich so lange geschrieben habe.

Ich bin in dessen Erwartung etc.

Anhang 3: Justus Möser: Der erste Jahreswechsel. Eine Legende (1777)[1]

|132| Gott hatte die Tür des Paradieses noch kaum abgeschlossen, als Eva von fern einen schönen weitglänzenden Apfelbaum erblickte und zu ihrem lieben Adam sagte: „Siehst du wohl, auch da sind Äpfel.“ So wie sie dieses sagte, gieng sie auch hinzu und Adam voll tiefer Wehmut, wozu ihm noch der Ausdruck mangelte, hinter ihr drein ... „Ich wüßte nicht, was dem Apfel fehlte, daß er nicht ebenso gut als im Paradiese sein sollte!“ rief sie nach dem ersten Biß aus; aber Adam schüttelte den Kopf und spuckte das Abgebissene auf die Erde. So brachten sie eine Weile mit dem Kosten verschiedener Früchte zu, als Nacht und Müdigkeit die beiden Vertriebenen zur Ruhe lockte und Adam zum erstenmal einschlief, ohne seiner Eva eine gute Nacht zu wünschen. Sie mußte indessen, wie alle Schuldigen, den Schmerz verbeißen, so gern sie auch ihrem Mann noch einmal gesagt hätte, daß er es besser verstehen und sich von seinem schwachen Weibe nicht verführen lassen sollen.

Es regnete die Nacht gewaltig, und dabei war es schon etwas kalt, wie gemeiniglich in den Herbstnächten. Ihre Pelze, welche ihnen Gott beim Abschiede auf die Reise gegeben hatte, waren durch und durch naß geworden, und ein nasser Pelz ist eine elende Decke. „Wir müssen es machen wie die Tiere und uns künftig des Nachts in eine Höhle oder unter dem Laube bergen“, sagte Adam, und noch hatte er sich nicht dreimal umgesehn, als er einige große abgeschlagene Zweige entdeckte, solche an einem großen Baum stützte und sich darunter ein bessers Lager |133| bereitete. Sein Vergnügen war, solches jeden Tag im-

[1] SW VI, 132–135.

mer mehr und mehr mit Schilfe und großen Blättern gegen das Wetter, welches jede Nacht unfreundlicher wurde, zu versichern, und in der Tat hatte ihn die Not recht sinnreich gemacht: denn die Hütte war so groß und geräumig, daß sie sich beide darin niederlegen und vorn zur Tür hinaussehen konnten.

Wenn sie hier des Morgens aufwachten, war ihr erster Blick nach der Sonne, und die erste astronomische Bemerkung, die sie machten, war, daß dieses große Licht immer mehr und mehr zurückblieb. „O Gott, o Gott", sagte Adam – die armen Leute hatten noch keinen Winter gesehn und im Paradiese lauter gleich lange schöne Tage gehabt – „ich befürchte, es stirbt nun so alles nacheinander aus. Man hört weder Frosch noch Vogel, die Früchte fallen überall ab, die Bäume verlieren ihre Blätter, und sogar das Dach unsrer Hütte faulet und fällt zusammen – ich fürchte, ich fürchte, Gottes Zorn folgt uns nach, es geht alles aus und wir mit, meine liebe Eva; auch du solltest wieder zur Erde werden." Hier entfiel ihm die erste bitterliche Träne, und Eva schluchzte an seinem Halse: „Auch du".

Alle Morgen, die Gott werden ließ, kam die Sonne später, und der Abend, da sie noch weder Feuer noch Licht kannten, so früh, die Tage wurden allmählich so kurz, daß sie nun schon nichts anders als eine lange ewige Nacht erwarteten und bloß vom Hunger getrieben noch durch den dicken Nebel herumliefen, um einige abgefallene Früchte zu sammeln, wobei Eva immer glücklicher war als Adam, indem sie noch oft einen Apfel entdeckte, den der Mann übersehen hatte, und sich dann recht inniglich freuete. Aber auch diese Hülfe hörte bald auf, die Tiere auf dem Felde sammelten fleißiger wie sie, und ein schöner Kürbis, den Eva einsmals im Triumph nach Hause gebracht und über alle Äpfel im Paradiese erhoben, Adam aber, um ihr kein Recht zu lassen, aus der Hütte geworfen hatte, lag, wie sie ihn jetzt aufsuchte, verfaulet da. Nun wühlte Eva mit ihren Händen Wurzeln aus der Erde, bis der Frost kam und sich ihren noch nicht abgehärteten Fingern widersetzte. Endlich bedeckte ein tiefer Schnee den ganzen Erd|134|boden und vergrub das einsame Paar unter seiner armseligen Hütte. Keine Sonne leuchtete ihnen mehr, die ganze Natur war tot, kein Vogel sang, kein Kraut wuchs, und der blasse Schimmer des Schnees entdeckte ihnen nichts als ihr beiderseitiges Elend. Sie legten sich hin, um zu erstarren, um mit der ganzen Natur einzuschlafen, um nie wieder zu erwachen; aber der Hunger verstattete ihnen auch diese letzte Ruhe nicht. Sie mußten wider ihren Willen die Rinde von dem Laube ihrer Hütte nehmen, Wurzeln unter sich hervorwühlen und den Schnee auflecken. Eva fühlte dann und wann noch ein Herz unter dem ihrigen schlagen. „Sollte dieses", sagte sie zu Adam, „wohl das Kind sein, was ich mit Schmerzen gebären soll? sollte dieses wohl noch kommen, um unser Elend zu vermehren und mit uns zu verhungern?"

Bei dieser und andern dergleichen traurigen Anmerkungen glaubte Adam zum erstenmal die Sonne wieder zu sehen; der Schnee vor der Hütte war dünner geworden, und er versuchte es, sich durch denselben mehr Licht zu verschaffen. Allein er konnte sie nicht entdecken. Des andern Tages hoffete er wiederum, und der erste Strahl fiel in seine Hütte; doch war dieses noch ein schwacher Trost, indem alles um ihn herum noch immer tot blieb. Nach und nach aber merkte er, daß der Strahl höher herabfiel und mehrere Wärme mit sich brachte. Er maß ihn einen Tag und alle Tage und fand alle Morgen mit einer Freude, die sich nicht ausdrücken läßt, daß er immer etwas höher fiel. Der Schnee fieng jetzt an zu schmelzen, und einige Mücken tanzten vor dem Loche der Hütte. „Siehst du", sagte Eva, „das Leben kommt wieder in die Natur, und wir werden nicht sterben." In dem Augenblick flog auch ein Vogel ihre Hütte vorüber, und jeder Morgen zeigte ihnen nun einen neuen Gegenstand, der sie entzückte und begeisterte. Alle Geschöpfe sangen, hüpften und brüteten Leben; alles, was Odem hatte im Walde und auf dem Gefilde, frohlockte, und die leblose Natur fühlte den lebendigen Geist der Schöpfung. Auch Eva brachte im Maien den Erstling ihrer Liebe und sahe nach überstandnem Schmerze ihren Adam stolz an. Und nun rief Adam aus, indem er seinen neugebornen Sohn aus der Hütte ans Licht brachte: „Ach Herr! Wie wohl hast du auch den |135| Winter gemacht, da du den Frühling auf ihn folgen läßt! Wie glücklich wird unser Leben sein, wenn auch hierauf einst ein anders folgt!" – Er bauete aber nun auch seine Hütte größer, sorgte im Sommer vor den Winter und in der Zeit vor die Ewigkeit.

Anhang 4: Justus Möser: Über die verfeinerten Begriffe (1777)[1]

|220| Mein Müller spielte mir gestern einen recht artigen Streich, indem er zu mir ins Zimmer kam und sagte: „Es müssen vier Stück metallene *Nüsse* in die *Poller* und *Pollerstücke* gegen die *Kruke* gemacht werden, auch haben alle *Scheiben*, *Büchsen*, *Bol*|221|*ten* und *Splinten* eine Verbesserung nötig, der eine eiserne *Pfahlhake* mit der *Hinterfeder* ist nicht mehr zu gebrauchen, und das *Kreitau* –". „So spreche Er doch deutsch, mein Freund! ich höre wohl, daß von Seiner Windmühle die Rede ist, aber ich bin kein Mühlenbaumeister, der die tausend Kleinigkeiten, so zu einer Mühle gehören, mit Namen kennet." Hier fieng der Schalk an zu lachen und sagte mit einer recht witzigen Gebärde: „Machte es doch unser Herr Pfarrer am Sonntage ebenso, er redete in lauter Kunstwörtern, wobei uns armen Leuten Hören und Sehen vergieng; ich dächte, er täte besser, wenn er wie ich seiner Gemeine gutes Mehl lieferte und die Kunstwörter für die Bauverständigen sparte."

„Wie, mein Freund!" fieng der Pfarrer lächelnd an, der, ohne daß ihn der Müller gesehen hatte, im Fenster stand, – aber dieser machte sich geschwind aus dem Staube – und so gieng die Rede unter uns beiden an, worin der Pfarrer, welcher ein sehr vernünftiger Mann war, dem Müller würklich recht gab, ob er gleich dafür hielt, daß er selbst gegen die von demselben angegebene Regel nicht gefehlt und seiner Gemeine etwas vorgetragen hätte, was ihren Begriffen nicht angemessen gewesen wäre. Wie aber ein Wort so das andre holte: so kamen wir endlich auf die jetzt allgemein herrschende Verfeinerung der Begriffe und

[1] SW VI, 220–223.

auf die Frage: ob solche nicht in ihrer Art ein eben solches Übel als die weiland beliebte Empfindsamkeit werden würde? „Und Sie wollten es nicht billigen“, hob der Pfarrer an, „wenn unsre Philosophen in das Innerste der Natur dringen, jeden Begriff bis in seine Quelle verfolgen, hier die würkenden Kräfte aufsuchen, solche mit Namen bezeichnen und das Unsichtbare der Natur gleichsam zum Anschauen bringen? Sie wollten es nicht gut finden, daß unsre Physiognomisten in unendlichen bisher unbemerkten Zügen die Abdrücke unsers Charakters finden und damit unser Erkenntnis bereichern, daß unsre Psychologisten alle Töne und Kräfte der Seele unterscheiden und den Maßstab ans Unendliche legen und daß endlich unsre Sittenlehrer die unzähligen Wendungen des menschlichen Herzens in Klassen ordnen und die chaotische Masse der dunkeln Begriffe zu lauter deutlichen erheben?“

|222| „Das kann ich freilich wohl nicht mißbilligen“, war meine Antwort, „so lange solches für Bauverständige und nicht für solche geschieht, die nun endlich das Mehl erwarten, ohne sich um die *Nüsse*, *Poller* und *Splinten* zu bekümmern. Aber mich dünkt, die wenigsten unter den Schriftstellern, welche jetzt für das Publikum schreiben, beweisen diese Mäßigung. Auch die besten unter ihnen schreiben nicht mehr vor das gemeine Auge, ihre Worte sind nach ihrer zu scharfen Einsicht gestimmt, ihre Begriffe sind zu tief aus der Sache geschöpft, sie beziehen sich auf Verhältnisse, die nur den Baumeistern bekannt sind, und es kömmt mir oft so vor, als wenn sie durch ein Vergrößerungsglas arbeiteten und die Dinge in einem ganz andern Lichte, in einem so außerordentlichen Verhältnisse sähen, worin sie sonst niemand erblickt. Man kann doch, wenn man sich unterrichten, erbauen oder vergnügen will, nicht immer auch sein Vergrößerungsglas vor sich haben oder, wenn man krank ist, den feinen Zergliederer dem nützlichen Arzte vorziehen. Die natürliche Folge jenes Verfahrens ist, daß sie auch ihre Empfindungen erhöhen und da jauchzen oder heulen, wo ein andrer ehrlicher Mann, der das nicht siehet, was sie sehen, ganz

gleichgültig bleibt. Ja, ich kenne ihrer viele, die durch die neuentdeckten Ähnlichkeiten und Verhältnisse in dem Unendlichen der Natur in eine für den gemeinen Leser ganz unbegreifliche Schwärmerei versetzet werden. Die Wissenschaft sollte meiner Meinung nach für den Meister und die Frucht derselben für das allgemeine Beste sein. Mir ist das Resultat einer großen Geistesarbeit und zum Beispiel der Gedanke, das Einweihungsfest der katholischen Kirche in Berlin mit dem Gesange: *Wir glauben alle an einen Gott etc.* anzufangen,[2] lieber und lehrreicher, auch in seiner Stelle schöner und besser als die feinste Zergliederung einer menschlichen Tugend".

„Wenn aber", fiel hier der Pfarrer ein, „die feinsten Wahrheiten populär gemacht werden können!" „O", sagte ich, „wo das geschehn kann, da höret mein Widerspruch auf; aber es ist gegen die Natur der Sache, unendlich kleinen Teilgen und unendlich feinen Unterscheiden |223| Größe und Farbe zu geben, daß sie ein jeder sehen und empfinden kann. Außer dem engen Kreise der Wissenschaften verwirret man nur damit den gesunden Menschenverstand. Die ganze Behandlung einer Sache und die zu deren Vortrag gewidmete Sprache wird dadurch entweder zu scharf bestimmt oder zu mannigfaltig, um sie zu seinen ordentlichen Bedürfnissen zu gebrauchen. Es geht derselben

[2] Anspielung auf die Berliner St.-Hedwigs-Kathedrale: Nach dem Ende des Zweiten Schlesischen Krieges (1744–1745), als dessen Folge das überwiegend katholische Schlesien in preußischen Besitz kam, wurde sie auf Anregung Friedrichs des Großen nach Plänen von Georg Wenzeslaus von Knobelsdorff ab 1747 errichtet, empfing aber wegen der sehr langen Bauzeit erst am 1. November 1773 die Kirchweihe. Der zitierte Kirchengesang verweist nicht, was bei einem katholischen Gotteshaus ganz abwegig wäre, auf Martin Luthers 1524 entstandene liedhafte Credo-Paraphrase „Wir glauben all an einen Gott", sondern auf eine von ihm benutzte, schon im 15. Jahrhundert bezeugte deutschsprachige Vorlage, die ebenfalls mit den angeführten Worten begann (vgl. M. Jenny, Luthers geistliche Lieder und Gesänge. Vollständige Neuedition in Ergänzung zu Band 35 der Weimarer Ausgabe [AWA 4], 1985, 88–96).

wie unsern fünf Sinnen, wenn sie schärfer empfinden, als es für unsre Gesundheit und Bequemlichkeit gut ist. Das ganze Reich des Unendlichen, was vor unsre Sinnen versteckt liegt, ist überdem das Feld der Spekulation und Systeme. Jeder legt hier sein Eignes an, bestimmt darnach seine Worte oder erfindet für seine Hypothese besondre Zeichen, und wann die gemeine Menschensprache damit überladen wird: so entsteht daraus, eben wie aus einer Menge zu vielerlei Münzen, Beschwerde und Verwirrung; man unterscheidet, wo man nicht unterscheiden sollte, und wird spitzfindig, anstatt brauchbar zu werden; oder ein Mensch versteht den andern nicht mehr; und unsrer jetzigen Sprache wird es wie der ehmaligen scholastischen ergehn, die durch ihre Feinheit verunglückt ist, oder sie wird der gotischen Schnitzelei ähnlich werden, welche den Mangel der Größe ersetzen sollte. Sehe ich nun weiter auf die Menge derjenigen, die in Raffaels Manier arbeiten, ohne Raffaels Geist zu haben –“

„O! der Müller soll recht haben“, schloß mein Freund, „das Kreitau soll für die Kunstverständigen bleiben, wir wollen uns an sein Mehl halten.“

Anhang 5: Justus Möser: Eine Bauren-Theodicee (um 1786)[1]

|210| 1.

Ich kam neulich in die Kinderstube eines Landmannes und sah, daß viele kleine Kinder darin miteinander spielten, ohne daß jemand acht auf sie hatte. „Dürfet Ihr", sagte ich zu der Mutter, die ich draußen fand, „Eure Kinder so allein lassen; und müßt Ihr nicht besorgen, daß sie unter sich ein Unglück anrichten?" „O!", war ihre Antwort, „das hat so leicht nichts zu sagen: ich habe alles auf die Seite gelegt, womit sie sich Schaden tun könnten; und wenn einem zu nahe geschehen sollte, so wird es schon schreien, daß ich es höre. Ich mache es wie der liebe Gott mit den Menschenkindern. Der hat ihnen den Brodkorb so hoch gehängt, daß sie ihn nicht herunterreißen können; und um die Brocken mögen sie sich seinethalben so viel schlagen, als sie Lust haben. Wenn sie es zu arg machen, so weiß er wohl, was er zu tun hat."

„So meint Ihr, liebe Frau, Gott sehe nicht in die Stube, sondern lasse die Kinder kramen und beruhige sich damit, daß sie ihm nichts verderben können?" – „Ja! das meine ich", erwiderte sie schnell, „und ich sehe nicht, warum er es anders halten sollte. Könnten wir ihm wohl etwas von seinem großen Werke verderben? Und kann er uns |211| nicht nach unserm Willen laufen lassen, bis wir zu ihm schreien? oder bis er es der Mühe wert achtet, holla zu rufen?" –

[1] SW IX, 210–212.

2.

Ich kam neulich in die Hütte eines Landmanns, dem die vorige Nacht das Wasser seine vier lehmerne Wände ausgespület und alles verdorben hatte. „Guter Freund“, sagte ich zu ihm, „wie könnt Ihr hier, wo Ihr beinahe auf eine Stunde Wegs keinen Nachbarn und keine Hülfe habt, wo Ihr allen vier Elementen zum baren Raube offen liegt, wo Diebe und Mörder und alles, was einen armen hülflosen Menschen überfallen kann, eine fast unumschränkte Gewalt über Euch haben, wie könnt Ihr hier, mit Eurer Frau und Euren kleinen Kindern, die Ihr noch nicht weit schicken könnt, mit Ruhe schlafen? Wenn einem von Euch in der Nacht etwas zustieße, so müßtet Ihr Euch ja schlechterdings auf Gottes Barmherzigkeit verlassen.“

„Ich kann wohl sehen“, antwortete mir der Mann, „daß Sie aus der Stadt sind, wo die Kinder nicht schlafen können, wenn die Magd nicht bei der Wiege sitzt. Hier auf dem Lande sind wir ganz anders gewöhnt. Sobald wir des Abends unser Gebet getan haben, so sind wir in Gottes Gewalt; und nun mag es regnen und schneien, stürmen und wehen, so können alle vier Elemente uns wohl aus dem Bette bringen, wie es auch das Wasser noch vorige Nacht getan hat; aber sonst denken wir: Was Gott will, das geschehe! und damit schlafen wir ruhiger ein, als wenn alle Wächter aus der Stadt uns die Ohren voll bliesen. Wer dem lieben Gott vertraut, dem steht er in allen seinen Nöten wunderbarlich bei. – Der Bürger zwischen seinen hohen Mauern mag sich vor Dieben fürchten; mir ist es noch nicht eingefallen: und wie mir in den teuern Jahren mein Backofen erbrochen wurde, so bat ich Gott, daß er mich nicht in die Not setzen mögte, ein Gleiches zu tun.“

Ich verließ den Mann, um ihn von der Ausbesserung seiner Hütte nicht länger abzuhalten; machte aber doch die natürliche Anmerkung, daß die Religion auf dem Lande weit stärker sei als in den Städten, |212| und sagte zu mir selbst: Wie wollten dergleichen Leute fertig werden, wenn sie nicht einen so starken Glauben hätten? Dieses führte mich endlich auf den Schluß: daß, wenn auch die sogenannte feinere Welt alle Religion aus der Welt wegdisputierte, die Bedürfnisse des Landmanns sie allemal wieder zurückrufen würden. Die Not würde überall und allemal wieder beten lehren.

Bibliographie

1. Quellengut

a) Justus Möser

Sämtliche Werke. Historisch-kritische Ausgabe in 14 Bänden, hg. von der Akademie der Wissenschaften zu Göttingen, 1943–1990 (abgekürzt: SW).

Briefwechsel, hg. von William F. Sheldon (Veröffentlichungen der Historischen Kommission für Niedersachsen und Bremen 21), 1992 (abgekürzt: BW).

Niedersächsisches Staatsarchiv Osnabrück:
- Rep 2: Handschriften des Staatsarchivs
- Rep 100: Osnabrücker Hauptarchiv
- Rep 110: Geheimer Rat zu Hannover und zu Osnabrück und Deutsche Kanzlei zu London betr. Osnabrück
- Rep 150: Ämter
- Rep 350: Ämter bis 1885
- Rep 701 I: Evangelisches Konsistorium zu Osnabrück
- Rep 903: Land- und Justizkanzlei
- Dep 3 b: Stadtarchiv Osnabrück
- Dep 85 Hs: Ratsgymnasium zu Osnabrück

b) Andere

Biester, Johann Erich: Rez. Justus Möser, Schreiben an den Herrn Vikar in Savoyen, abzugeben bey dem Herrn Johann Jakob Rousseau. Neue Auflage, 1777 (Allgemeine deutsche Bibliothek 33, 1778, 16).

–: Möser's Tod: am 8. Jänner 1794 im 74sten Jahr seines Lebens (Berlinische Monatsschrift 23, 1794, 277–283).

Brinckmann, Johann Peter: Philosophische Betrachtungen eines Christen über Toleranz in Religion, zur Grundlage der Vereinigung sämmtlicher christlicher Religionen, 1780.

BÜSCHING, Anton Friedrich: Allgemeine Anmerkungen über die symbolischen Schriften der evangelisch-lutherischen Kirche und besonders Erläuterung der augsburgischen Confession [...], 1770, [2]1771.

CAESAR, Gaius Iulius: De bello Gallico, hg. von Otto SCHÖNBERGER, [4]2013.

DOHM, Christian Wilhelm: Ueber die bürgerliche Verbesserung der Juden. Zweyter Theil, 1783, Nachdruck 2013.

GOETHE, Johann Wolfgang von: Dichtung und Wahrheit III, 1814 (Goethes Werke. Hg. im Auftrage der Großherzogin SOPHIE VON SACHSEN, Bd. I/28, 1890, Nachdruck 1987).

–: Justus Möser, 1823 (in: DERS.: Über Kunst und Alterthum, Bd. 4/2 [Goethes Werke. Hg. im Auftrage der Großherzogin SOPHIE VON SACHSEN, Bd. 41/2, 1903, Nachdruck 1987, 52–58]).

GROTIUS, HUGO: De jure belli ac pacis, 1625.

–: De imperio summarum potestatum circa sacra, 1647.

HERDER, Johann Gottfried: Rez. der Wöchentlichen Osnabrücker Anzeigen (Allgemeine deutsche Bibliothek 17, 1772, 2. Stück, 609–613).

–: Von Deutscher Art und Kunst. Einige fliegende Blätter, 1773.

JERUSALEM, Johann Friedrich Wilhelm: Von der Kirchenvereinigung, 1772.

KLEUKER, Johann Friedrich: Noch etwas über Möser's Tod. An Herrn Bibliothekar Biester (Berlinische Monatsschrift 23, 1794, 486–491).

LAVATER, Johann Caspar: Reisetagebücher, hg. von Horst WEIGELT. Teil 1: Tagebuch von der Studien- und Bildungsreise nach Deutschland 1763 und 1764 (TGP VIII.3), 1997.

–: Herrn Carl Bonnets [...] philosophische Untersuchung der Beweise für das Christenthum [...]. Aus dem Französischen übersetzt und mit Anmerkungen herausgegeben, 1769.

LESSING, Gotthold Ephraim: Rettung des Lemnius in acht Briefen, 1753 (in: DERS.: Werke und Briefe in zwölf Bänden, hg. von Wilfried BARNER, Bd. 2, 1998, 655–678).

–: Die Erziehung des Menschengeschlechts, 1777/80 (in: DERS.: Werke. Bd. 8: Theologiekritische Schriften III. Philosophische Schriften, hg. von Herbert G. GÖPFERT, 1979, 489–510).

LICHTENBERG, Georg Christoph: Goettinger Taschen Calender. Taschenbuch zum Nutzen und Vergnügen 1796.

–: Briefwechsel. Im Auftrag der Akademie der Wissenschaften zu Göttingen hg. von Ulrich JOOST / Albrecht SCHÖNE, Bd. 1, 1983.

–: Tagebuch (Staats- und Universitätsbibliothek Göttingen, Ms. Lichtenberg IV,7).

Locke, John: The Reasonableness of Christianity, as delivered in the Scriptures, 1695.

Lüdke, Friedrich Germanus: Vom falschen Religionseifer, 1767.

–: Ueber Toleranz und Gewissensfreiheit, insofern die rechtmäßige Religion sie befördert und die unrechtmäßige sie verhindert, 1774.

Luther, Martin: An den christlichen Adel deutscher Nation von des christlichen Standes Besserung, 1520 (WA 6; 404–469).

–: Der Kleine Katechismus, 1529 (WA 30,1; 243–245).

Majer, Johann Christian: Teutsches geistliches Staatsrecht abgetheilt in Reichs- und Landrecht, 1772.

Mayr, Beda: Der erste Schritt zur künftigen Vereinigung der katholischen und der evangelischen Kirche, gewaget von – Fast wird man es nicht glauben, gewaget von einem Mönche, 1778, [2]1779.

–: Vertheidigung der natürlichen, christlichen, und katholischen Religion. Nach den Bedürfnissen unserer Zeiten, 3 Bde., 1787/89.

Mendelssohn, Moses: Phädon oder über die Unsterblichkeit der Seele, 1767.

–: Jerusalem oder über die religiöse Macht und Judenthum, 1783.

Michaelis, Johann David: Rez. Gotthold Ephraim Lessing, Die Juden (GAGS vom 13.6.1754, 621).

Nicolai, Friedrich: Leben Justus Mösers, 1797, Nachdruck 1995.

Piderit, Johann Rudolf Anton: Entwurf und Plan zum Versuche einer zwischen den streitigen Theilen im Römischen Reiche vorzunehmenden Religions-Vereinigung, 1781.

Prätorius, Matthäus: Tuba pacis […], 1685.

Rousseau, Jean-Jacques: Du contrat social; ou principes du droit politique, 1762.

–: Émile ou de l'éduction, 1762.

Schleiermacher, Friedrich: An die Herren D.D.D. von Cölln und D. Schulz, 1780 (KGA I.10, 1990, 397–426).

Semler, Johann Salomo: Apparatus ad libris symbolicis ecclesiae Lutheranae, 1775.

Spalding, Johann Joachim: Die Bestimmung des Menschen ([1]1748–[11]1794), hg. von Albrecht Beutel / Daniela Kirschkowski / Dennis Prause (SpKA I/1), 2006.

–: Ueber die Nutzbarkeit des Predigtamtes und deren Beförderung ([1]1772; [2]1773; [3]1791), hg. von Tobias Jersak (SpKA I/3), 2002.

–: Briefe, hg. von Albrecht Beutel / Olga Söntgerath, 2018.

Tacitus, Cornelius: Germania, hg. von Arno Mauersberger, 2013.
Toellner, Johann Gottlieb: Unterricht von den symbolischen Büchern überhaupt, 1769.
Voltaire: Lettres sur les Anglais, 1734.
–: Candide ou l'optimisme, 1759.
Young, Edward: The Complaint, or Night-Thoughts on Life, Death, and Immortality, 8 Bde., 1742–1745.

2. Literatur

Achenbach, Reinhard: Überlegungen zur Rekonstruktion des Urdeuteronomiums 2: Die Reform der Rechtsordnung in Deuteronomium 16–19 (ZAR 25, 2019, 213–245).
Albrecht, Michael u.a. (Hg.): Moses Mendelssohn und die Kreise seiner Wirksamkeit, 1994.
Allerhand, Jacob: Das Judentum in der Aufklärung, 1980.
Altmann, Alexander: Moses Mendelssohn. A Biographical Study, 1973.
Anton, Annette C.: Authentizität als Fiktion. Briefkultur im 18. und 19. Jahrhundert, 1995.
Ayers, Michael: Locke, 2 Bde., 1991.
Beckers, Hartmut: Justus Möser und die beginnende Wiederentdeckung der mittelalterlichen deutschen Literatur im 18. Jahrhundert (in: Möser-Forum 1 [Osnabrücker Geschichtsquellen und Forschungen 27], 99–116).
Behr, Hans-Joachim: Franz von Waldeck: Fürstbischof zu Münster und Osnabrück, Administrator zu Minden (1491–1553). Sein Leben in seiner Zeit, 2 Bde., 1996/98.
Berghahn, Klaus L.: Grenzen der Toleranz. Christen und Juden im Zeitalter der Aufklärung, ^{2}2001.
Beutel, Albrecht: Lichtenberg und die Religion. Aspekte eine vielschichtigen Konstellation (BHTh 93), 1996.
–: Vom Nutzen und Nachteil der Kirchengeschichte. Begriff und Funktion einer theologischen Kerndisziplin (in: Ders.: Protestantische Konkretionen. Studien zur Kirchengeschichte, 1998, 1–27).
–: „Jenseit des Monds ist alles unvergänglich". Das „Abendlied" von Matthias Claudius (aaO 192–225).
–: „Gebessert und zum Himmel tüchtig gemacht". Die Theologie der

Predigt nach Johann Joachim Spalding (in: Ders.: Reflektierte Religion. Beiträge zur Geschichte des Protestantismus, 2007, 210–236).

–: Kunst als Manifestation des Unendlichen. Wackenroders „Herzensergießungen eines kunstliebenden Klosterbruders“ (1796/97) (aaO 299–326).

–: Kirchengeschichte im Zeitalter der Aufklärung. Ein Kompendium (UTB 3180), [2]2009.

–: Gotthold Ephraim Lessing und die Theologie der Aufklärung (in: Ders.: Spurensicherung. Studien zur Identitätsgeschichte des Protestantismus, 2013, 147–164).

–: „Der unmögliche Mönch“. Das Lutherbild Friedrich Nietzsches (aaO 203–225).

–: Johann Joachim Spalding. Meistertheologe im Zeitalter der Aufklärung, 2014.

–: Martin Luther im Urteil der deutschen Aufklärung. Beobachtungen zu einem epochalen Paradigmenwechsel (ZThK 112, 2015, 164–191).

–: Deutsche Aufklärung und Judentum. Eine Feldvermessung in exemplarischem Zugriff (in: Dorothea Wendebourg / Andreas Stegmann / Martin Ohst [Hg.]: Protestantismus, Antijudaismus, Antisemitismus. Konvergenzen und Konfrontationen in ihren Kontexten, 2017, 181–204).

–: Von der Nutzbarkeit des Glaubens. Die Umrisse einer funktionalen Religionstheorie bei Justus Möser (ZThK 115, 2018, 260–294).

–: Der junge Goethe als Zaungast der Neologie. Theologiegeschichtliche Bemerkungen zum *Pastorbrief* von 1773 (ZThK 116, 2019, 290–321).

Blanckmeister, Franz: Justus Möser, der deutsche Patriot, als Apologet des Christentums (in: Sammlung von Vorträgen für das deutsche Volk XIV/10, 1885, 395–436).

Blickle, Peter: Von der Leibeigenschaft zu den Menschenrechten. Eine Geschichte der Freiheit in Deutschland, 2003.

Bödeker, Hans Erich: „Menschenrechte“ im deutschen publizistischen Diskurs vor 1789 (in: Günter Birtsch [Hg.]: Grund- und Freiheitsrechte von der ständischen zur spätbürgerlichen Gesellschaft [Veröffentlichungen zur Geschichte der Grund- und Freiheitsrechte 2], 1987, 392–433).

Böning, Holger: Justus Möser. Anwalt der praktischen Vernunft. Der Aufklärer, Publizist und Intelligenzblattherausgeber […] (Presse und Geschichte – Neue Beiträge 110), 2017.

Böttigheimer, Christoph: Zwischen Polemik und Irenik. Die Theologie der einen Kirche bei Georg Calixt, 1996.

Braudel, Fernand: Sozialgeschichte des 15.–18. Jahrhunderts. Bd. 2: Der Handel, 1986.

Breuer, Mordechai: Frühe Neuzeit und Beginn der Moderne (in: Ders. / Michael Graetz [Hg.]: Deutsch-jüdische Geschichte in der Neuzeit. Bd. 1: Tradition und Aufklärung 1600–1780, 1996, 83–247).

Brinkmann, Richard: Theodor Fontane. Über die Verbindlichkeit des Unverbindlichen (Untersuchungen zur deutschen Literaturgeschichte 19), [2]1977.

Carmely, Klara: Wie aufgeklärt waren die Aufklärer im Bezug auf die Juden? (in: Ehrhard Bahr / Edward P. Harris / Laurence G. Lyon [Hg.]: Humanität und Dialog. Lessing und Mendelssohn in neuer Sicht. Beiträge zum Internationalen Lessing-Mendelssohn-Symposion 1979, 1982, 177–188).

Catsch, Regina: Die Bedeutung von Leibniz, Molanus und Jablonski bei den kirchlichen Unionsbestrebungen im 17. und 18. Jahrhundert (in: Gerhard Besier / Christof Gestrich [Hg.]: 450 Jahre Evangelische Theologie in Berlin, 1989, 105–123).

Dickmann, Fritz: Der Westfälische Frieden, [5]1985.

Drews, Paul: Der evangelische Geistliche in der deutschen Vergangenheit, [2]1924.

Efler, Stefan: Der Einfluß Justus Mösers auf das poetische Werk Goethes, 1999.

Engelhardt, Ulrich: Zum Begriff der Glückseligkeit in der kameralistischen Staatslehre des 18. Jahrhunderts (Zeitschrift für historische Forschung 8, 1981, 37–79).

Epstein, Klaus: Die Ursprünge des Konservativismus in Deutschland. Der Ausgangspunkt: die Herausforderung durch die Französische Revolution 1770–1806, 1973.

Erker, Brigitte: Justus Möser in Pyrmont. 1746–1793 (Schriftenreihe des Museums im Schloss Bad Pyrmont 17), 1991.

Erler, Adalbert / Ekkehard Kaufmann (Hg.): Handwörterbuch zur deutschen Rechtsgeschichte, Bd. 3, 1984.

Euchner, Walter: John Locke (1632–1704) (in: Hans Maier / Horst Denzer [Hg.]: Klassiker des politischen Denkens. Bd. 2: Von Locke bis Max Weber, 2001, 15–30).

Feiner, Shmuel: Moses Mendelssohn. Ein jüdischer Denker in der Zeit der Aufklärung, 2009.

Feldkamp, Michael F.: Die Ernennung der Osnabrücker Weihbischö-

fe und Generalvikare in der Zeit der „successio alternativa“ nach römischen Quellen (RQ 81, 1986, 229–247).
–: Zur Bedeutung der „successio alternativa“ im Hochstift Osnabrück während des 17. und 18. Jahrhunderts (BDLG 130, 1994, 75–110).
GÖTTSCHING, Paul: Justus Mösers Staats- und Geschichtsdenken. Der Nationalgedanke des aufgeklärten Ständetums (Der Staat 22, 1983, 33–61).
HAARMANN, Erich: Wie sah Möser aus? (Mitteilungen des Vereins für Geschichte und Landeskunde von Osnabrück 59, 1939, 1–44).
HECKEL, Martin: Staat und Kirche nach den Lehren der evangelischen Juristen Deutschlands in der ersten Hälfte des 17. Jahrhunderts (Jus Ecc 6), 1968.
HEESE, Thorsten / Martin SIEMSEN (Hg.): Justus Möser 1720–1794. Aufklärer – Staatsmann – Literat. Die Sammlung Justus Möser im Kulturgeschichtlichen Museum Osnabrück (Möser-Studien 1), 2013.
HERMS, Eilert: Art. Staat (RGG[4] 7, 2004, 1632–1641).
HEUVEL, Christine van den: Beamtenschaft und Territorialstaat. Behördenentwicklung und Sozialstruktur der Beamtenschaft im Hochstift Osnabrück 1550–1800 (Osnabrücker Geschichtsquellen und Forschungen 24), 1984.
HINSKE, Norbert: Eine antike Katechismusfrage. Zu einer Basisidee der deutschen Aufklärung (in: DERS. [Hg.]: Die Bestimmung des Menschen, 1999, 3–6).
HOFFMEYER, Ludwig: Chronik der Stadt Osnabrück, [6]1995.
HOLLMANN, Wolfgang: Justus Mösers Zeitungsidee und ihre Verwirklichung (Zeitung und Leben 40), 1937.
JENNY, Markus: Luthers geistliche Lieder und Gesänge. Vollständige Neuedition in Ergänzung zu Band 35 der Weimarer Ausgabe (AWA 4), 1985.
JERSCH-WENZEL, Stefi: Bevölkerungsentwicklung und Berufsstruktur (in: Michael BRENNER / DIES. / Michael A. MEYER [Hg.]: Deutsch-jüdische Geschichte in der Neuzeit. Bd. 2: Emanzipation und Akkulturation 1770–1871, 1996, 57–95).
JOOST, Ulrich: „… nach meinem Urtheil einer der vollkommensten Männer“. Lichtenberg und Justus Möser, und dabei etwas zu Lichtenberg in Osnabrück (Lichtenberg-Jahrbuch 2005, 45–67).
KANZ, Heinrich (Hg.): Justus Möser als Alltagsphilosoph der deutschen Aufklärung, 1988.
KAUFMANN, Thomas: An den christlichen Adel deutscher Nation von

des christlichen Standes Besserung (Kommentare zu Schriften Luthers 3), 2014.

KHAN, Daniel Erasmus: Hugo Grotius (1583–1645) (in: Hans MAIER / Horst DENZER [Hg.]: Klassiker des politischen Denkens. Bd. 1: Von Plato bis Hobbes, 2001, 193–207).

KIEFL, Franz Xaver: Der Friedensplan des Leibniz zur Wiedervereinigung der getrennten christlichen Kirchen, 1903, Nachdruck 1975.

KLIPPEL, Diethelm: Der liberale Interventionsstaat. Staatszweck und Staatstätigkeit in der deutschen politischen Theorie des 18. und der ersten Hälfte des 19. Jahrhunderts (in: Heiner LÜCK [Hg.]: Recht und Rechtswissenschaft im mitteldeutschen Raum. Symposion für Rolf Lieberwirth, 1998, 77–103).

KLUSSMAN, Jan (Hg.): Leibeigenschaft. Bäuerliche Unfreiheit in der Frühen Neuzeit, 2003.

KOHLSCHMIDT, Werner: Justus Mösers Almanachgedichte (in: Nachrichten von der Gesellschaft der Wissenschaften zu Göttingen. Philologisch-Historische Klasse, N. F. 8, 1938, 147–162).

KRÜGER, Hartmut: Die Stadt Osnabrück zur Zeit der Schwedenherrschaft 1633–1643 (Osnabrücker Mitteilungen 56, 1936, 1–107).

LINK, Christian: Hugo Grotius als Staatsdenker (Recht und Staat in Geschichte und Gegenwart 512), 1983.

LOCHTER, Ulrich: Justus Möser und das Theater. Ein Beitrag zur Theorie und Praxis im deutschen Theater des 18. Jahrhunderts (Osnabrücker Geschichtsquellen und Forschungen 10), 1967.

MACOR, Laura Anna: Die Bestimmung des Menschen (1748–1800). Eine Begriffsgeschichte (Forschungen und Materialien zur deutschen Aufklärung II.25), 2013.

MASSER, Karin: Christóbal de Gentil de Rojas y Spinola O.F.M. und der lutherische Abt Gerardus Wolterius Molanus, 2002.

MAURER, Michael: Justus Möser in London (1763/64). Stadien seiner produktiven Anverwandlung des Fremden (in: Conrad WIEDEMANN [Hg.]: Rom – Paris – London. Erfahrung und Selbsterfahrung deutscher Schriftsteller und Künstler in den fremden Metropolen [Germanistische Symposien. Berichtsbände VIII], 1988, 571–583).

MAY, Oda: Vorwort, 1981 (SW II, 9–18).

MEYER, Michael A.: Von Moses Mendelssohn zu Leopold Zunz. Jüdische Identität in Deutschland 1749–1824, 1994.

OTTE, Hans / Richard SCHENK (Hg.): Die Reunionsgespräche im Niedersachsen des 17. Jahrhunderts. Rojas y Spinola – Molan – Leibniz (SKGNS 37), 1999.

PAHLOW, Louis: Art. Glückseligkeit (Enzyklopädie der Neuzeit 4, 2006, 974–976).

PARTHEY, Gustav Constantin Friedrich: Die Mitarbeiter an Friedrich Nicolai's Allgemeiner Deutscher Bibliothek nach ihren Namen und Zeichen in zwei Registern geordnet. Ein Beitrag zur deutschen Literaturgeschichte, 1842, Nachdruck 1973.

PECINA, Björn: Mendelssohns diskrete Religion (BHTh 181), 2016.

PELLI, Moshe: The Age of Haskalah. Studies in Hebrew Literature of the Enlightenment in Germany, 1979.

PERELS, Christoph: Studien zur Aufnahme und Kritik der Rokokolyrik zwischen 1740 und 1760, 1974.

PETERS, Albrecht: Kommentar zu Luthers Katechismen. Bd. 5: Die Beichte. Die Haustafel. Das Traubüchlein. Das Taufbüchlein, hg. von Gottfried SEEBASS, 1994.

PLEISTER, Werner: Die geistige Entwicklung Justus Mösers (Mitteilungen des Vereins für Geschichte und Landeskunde von Osnabrück 50, 1929, 1–89).

ROGGE, Helmuth: Fingierte Briefe als Mittel politischer Satire, 1966.

ROTHER, Wolfgang: Justus Möser (in: Helmut HOLZHEY / Vilem MUDROCH [Hg.]: Die Philosophie des 18. Jahrhunderts. Bd. 5: Heiliges Römisches Reich Deutscher Nation, Schweiz, Nord- und Osteuropa, 2014, 668–672).

SCHMELZEISEN, Gustav Klemens: Justus Mösers Aktientheorie als rechtsgedankliches Gefüge (ZSRG.G 97, 1980, 254–272).

SCHMIDT, Peter: Studien über Justus Möser als Historiker. Zur Genesis und Struktur der historischen Methode Justus Mösers (Göppinger Akademische Beiträge 93), 1975.

SCHNEIDER, Ulrike: Friedrich Nicolais Perspektive(n) auf die Berliner Juden und die jüdische Aufklärung (in: Stefanie STOCKHORST [Hg.]: Friedrich Nicolai im Kontext der kritischen Kultur der Aufklärung, 2013, 297–314).

SCHOEPS, Julius H.: Das Dreigestirn der Berliner Aufklärung. Eine Skizze der Freundschaftsbeziehungen zwischen Moses Mendelssohn, Gotthold E. Lessing und Friedrich Nicolai (in: Stefanie STOCKHORST [Hg.]: Friedrich Nicolai im Kontext der kritischen Kultur der Aufklärung, 2013, 275–295).

SCHULTE, Christoph: Haskala. Die jüdische Aufklärung in Deutschland 1769–1812 (Das achtzehnte Jahrhundert 23, 1999, 143–246).

–: Die jüdische Aufklärung. Philosophie, Religion, Geschichte, 2002.

SENKEL, Christian: Patriotismus und Protestantismus. Konfessionelle

Semantik im nationalen Diskurs zwischen 1749 und 1813 (BHTh 172), 2015.

Sheldon, Ulrike: Mösers Urteil über Goethes „Iphigenie“ (3. Fassung) (Goethe-Jahrbuch 52, 1975, 256–265).

Sheldon, William F. / Ulrike Sheldon: Im Geist der Empfindsamkeit. Freundschaftsbriefe der Mösertochter Jenny von Voigts an die Fürstin Luise von Anhalt-Dessau 1780–1788 (Osnabrücker Geschichtsquellen und Forschungen 17), 1971.

Sheldon, William F.: Jenny von Voigts. 1749–1814 (Niedersächsische Lebensbilder 8, 1973, 342–266).

Siemsen, Martin: Möser / biografisch-dokumentarisch (in: Thorsten Heese / Ders. [Hg.]: Justus Möser 1720–1794. Aufklärer – Staatsmann – Literat. Die Sammlung Justus Möser im Kulturgeschichtlichen Museum Osnabrück [Möser-Studien 1], 2013, 13–35).

– (Hg.): Justus Möser Lesebuch (Nylandsa Kleine Westfälische Bibliothek 63), 2017.

–: Nachwort (aaO 144–153).

–: Justus Mösers (1720–1794) letzte Worte. Zu Friedrich Nicolais Möser-Biographie (Osnabrücker Mitteilungen 122, 2017, 253–257).

Spehr, Christopher: Aufklärung und Ökumene. Reunionsversuche zwischen Katholiken und Protestanten im deutschsprachigen Raum des späteren 18. Jahrhunderts (BHTh 132), 2005.

Stauf, Renate: Justus Mösers Konzept einer deutschen Nationalidentität. Mit einem Ausblick auf Goethe (Studien zur deutschen Literatur 114), 1991.

Steinert, Mark A.: Die alternative Sukzession im Hochstift Osnabrück. Bischofswechsel und das Herrschaftsrecht des Hauses Braunschweig-Lüneburg in Osnabrück 1648–1802 (Osnabrücker Geschichtsquellen und Forschungen 47), 2003.

Steinwascher, Gerd (Hg.): Geschichte der Stadt Osnabrück, 2006.

Stratenwerth, Heide: Die Reformation in der Stadt Osnabrück (VIEG 61), 1971.

Stückemann, Frank: Justus Mösers *Lettre à Mr. de Voltaire*: Apologie pour le Dr. Martin und „Tonnenmärchen“ (GRM 67, 2017, 293–307).

Tree, Stephen: Moses Mendelssohn (rm 50671), 2007.

Vollhardt, Friedrich: Die Grundregel des Naturrechts. Definitionen und Konzepte in der Unterrichts- und Kommentarliteratur der deutschen Aufklärung (in: Frank Grunert / Ders. [Hg.]: Aufklärung als praktische Philosophie, 1998, 129–147).

Wagner, Gisela: Justus Mösers Verhältnis zu Kirche und Christentum (Osnabrücker Mitteilungen 89, 1983, 122–138).

Warmbrunn, Paul: Zwei Konfessionen in einer Stadt. Das Zusammenleben von Katholiken und Protestanten in den paritätischen Reichsstädten Augsburg, Biberach, Ravensburg und Dinkelsbühl von 1548 bis 1648 (VIEG 111), 1983.

Welker, Karl H. L.: Rechtsgeschichte als Rechtspolitik. Justus Möser als Jurist und Staatsmann (Osnabrücker Geschichtsquellen und Forschungen 38), 1996.

Wolff, Hans Matthias: Mösers religiöus [sic] Anschauungen und die Aufklärung (GermR 16, 1941, 161–176).

Zeeden, Ernst Walter: Martin Luther und die Reformation im Urteil des deutschen Luthertums. Studien zum Selbstverständnis des lutherischen Protestantismus von Luthers Tode bis zum Beginn der Goethezeit, Bd. 1, 1950.

Personenregister